Carl-Hans Graf von Hardenberg

Für meine Barbara

Klaus Gerbet

Carl-Hans Graf von Hardenberg
1891 – 1958

Ein preußischer Konservativer in Deutschland

EDITION HENTRICH

Lektorat: Reinhard Strecker
Umschlag: Grischa Meyer

Reihe Deutsche Vergangenheit
Bd. 79

Satz und Druck: Druckhaus Hentrich, Berlin

Lithos: Reprowerkstatt Rink, Berlin

Buchbinder: Buchbinderei Heinz Stein, Berlin

ISBN 3-89468-030-X
1. Auflage 1993
Printed in Germany

Inhalt

V Krieg

VI Widerstand

Vorbemerkungen

Etwa ein halbes Jahrhundert nach den Ereignissen des 20. Juli 1944 werden zum ersten Mal Leben und Wirken eines Mannes vorgestellt, der Claus Graf Schenk von Stauffenberg und vielen anderen Widerstandskämpfern sein Schloß Neuhardenberg für die Vorbereitung der Verschwörung zur Verfügung stellte, sich selbst aktiv an der Vorbereitung des Umsturzversuchs beteiligte und von dem die Übernahme eines entscheidenden Postens unter einem Reichspräsidenten Beck und Reichskanzler Goerdeler erwartet wurde:

Carl-Hans Graf von Hardenberg.

Er war ein Urgroßneffe des Staatskanzlers Karl August Fürst von Hardenberg. Zu seinem 100. Geburtstag am 22. Oktober 1991 wurde dieses Buch verfaßt.
Angehörige vieler bedeutender Adelsgeschlechter der preußisch-deutschen Geschichte waren an der Verschwörung gegen Hitler und sein System beteiligt, und ihr Denken und Handeln wurden in der Bundesrepublik gewürdigt. Im Osten Deutschlands zollte man zwar dem Mut der Männer des 20. Juli 1944 Achtung, mehr oder weniger auch ihren Zielen für den künftigen Staat, jedoch mußten diese Verdienste auf einen möglichst kleinen Personenkreis begrenzt werden, damit der Ausschließlichkeitsanspruch der KPD als gesellschaftsverändernde Kraft aufrechterhalten werden konnte. Deswegen wurde mancher aus dem bürgerlichen, aristokratischen oder militärischen Lager entweder totgeschwiegen, oder sein Anteil wurde wahrheitswidrig verkürzt; für Autoren oft die einzige Möglichkeit, überhaupt etwas über diese Widerstandskämpfer zu publizieren.
Die Auseinandersetzung um ein realistisches Hardenberg-Bild wurde in der DDR schon lange und erbittert vor 1989 geführt. Der verbalen Unterstützung dieses Vorhabens durch die DDR folgten allerdings kaum Taten! Hardenberg blieb der Großgrundbesitzer und Militär in einer Aggressionsarmee. Beide Kategorien waren von vornherein negativ belegt. Für differenzierte Persönlichkeitsanalysen gab es keine Möglichkeit, weil man die Kräfte des Widerstands außerhalb der KPD gar nicht genau erforschen wollte, um nicht etwa Vorbilder aus politisch andersdenkenden Kreisen zu präsentieren.
Am 20. Juli 1991 erinnerte daran Dr. Manfred Stolpe, Ministerpräsident von Brandenburg, in Plötzensee, der Gedenkstätte für die dort ermordeten Widerstandskämpfer und anderen Opfer der nationalsozialistischen Diktatur:

> »Unmittelbar nach dem 20. Juli 1944 und in den ersten Jahren danach wurde auch von kommunistischer Seite die Widerstandsleistung gewürdigt. Schon seit 1947 aber kam eine neue Linie auf, die den Kampf gegen Hitler nur noch als Teil des Klassenkampfes deutete. Die Vertreter des Militärs, des Adels, der Wirtschaft, der Beamten, der bürgerlichen Intelligenz, der Kirchen wurden nicht mehr nach ihren Taten, sondern nach ihrer klassenmäßigen Herkunft bewertet. Danach konnten sie keine wirklichen Widerstandskämpfer sein.

›Denn sie waren Fleisch vom Fleische des deutschen Imperialismus.‹ Sie wurden als Interessenvertreter der Junker und des Finanzkapitals verunglimpft, die letztlich keinen antifaschistischen Kampf geführt hätten. Gerade die aus Brandenburg oder Sachsen stammenden hervorragenden Persönlichkeiten des 20. Juli wurden über Jahrzehnte totgeschwiegen. Das an ihren Familien begangene Unrecht, die Enteignungsmaßnahmen der Nazis wurden fortgesetzt und bis heute nicht wieder gutgemacht. Die Wahrheit ließ sich auch im Osten auf Dauer nicht unterdrücken. Seit den 80er Jahren waren es vor allem Historiker in der DDR, die Schritt für Schritt die Tatsachen herausarbeiteten und an die Öffentlichkeit brachten. Das macht es heute leichter, der Bevölkerung und vor allem der Jugend die wirkliche Bedeutung des 20. Juli zu vermitteln.«[1]

Endlich ist es möglich, Carl-Hans Graf von Hardenberg vorzustellen.
Seine große Autorität im Kreise der Verschwörer erweist sich nicht zuletzt daran, wie früh er schon von den Verschwörern als Oberpräsident von Berlin und der Mark Brandenburg vorgesehen war. Die vorliegende Publikation enthält Dokumente zu seinem Lebensweg und versucht damit, seine Entwicklung und die Motive für seinen Kampf gegen den nationalsozialistischen Staat zu erschließen. Sicherlich ist die Darstellung der »Persönlichkeit von Hardenberg eine besondere Herausforderung«, schrieb Professor Peter Steinbach, der Wissenschaftliche Leiter der Gedenkstätte Deutscher Widerstand im Bendlerblock des ehemaligen OKW in Berlin.
Glücklicherweise konnte bei der Lebensbeschreibung Hardenbergs die wertvolle Hilfe einiger Zeitzeugen, vor allem ehemaliger Lebens- und Kampfgefährten Hardenbergs, genutzt werden; für ihre Unterstützung und ihren Rat sei hiermit Dank ausgesprochen, insbesondere Ludwig Freiherrn von Hammerstein. Die Informationen der Zeitzeugen wurden ergänzt durch Auswertung von Archiven. In mehrjähriger Quellenforschung konnte der Autor zahlreiche wertvolle historische Dokumente zusammentragen, ebenso wie viele Bilder. Nur ein Teil konnte in dieser Arbeit untergebracht werden.
Mein Dank gilt den Direktoren und Mitarbeitern des Bundesarchivs Koblenz und des Bundes- und Militärarchivs Freiburg, der Gedenkstätte Deutscher Widerstand in Berlin und der Stiftung »Hilfswerk 20. Juli 1944«, die Hardenberg, gemeinsam mit Eugen Gerstenmaier, dem späteren Bundestagspräsidenten, und anderen Überlebenden des Widerstands gründete. Gräfin Hardenberg leitete diese viele Jahre als Geschäftsführerin. Ebenfalls sei dem ehemaligen Neuhardenberger Pfarrer Martin von Essen und Heidrun Tretner, der Ortschronistin von Neuhardenberg, für vielseitige Unterstützung gedankt. Besonderer Dank gilt schließlich Reinhard Strecker, der mit großer Sachkenntnis und ausgeprägtem Engagement das Lektorat der vorliegenden Publikation besorgte.
Für die Vorbereitung der Fernsehdokumentation von Dr. Seehafer: »Auch er wollte Hitler stürzen«, gesendet im Deutschen Fernsehfunk am 19. Juli 1990, über Leben und Wirken Hardenbergs wurde dem Autor die wissenschaftliche Fachberatung übertragen. In dieser Fernsehdokumentation charakterisierte der

deutsche Bundespräsident Richard von Weizsäcker Hardenberg als eines seiner Vorbilder. Von der vorliegenden Arbeit schrieb er, es handele sich um ein »die Aufmerksamkeit vieler Leser verdienendes Buch«, dem er »eine gute Aufnahme und breite Resonanz« wünsche.

Der Autor ist sich der Worte des Staatskanzlers Karl August Fürst von Hardenberg bewußt:

> »Bei allen meinen Charakterschilderungen sage man sich immer, daß mein Grundsatz sei: niemand könne die Moralität eines anderen ganz richtig beurteilen. Wir sehen die Menschen handeln und setzen uns hiernach, nach unseren unvollkommenen Ansichten, ihren Charakter zusammen, denken uns ihre Bewegungsgründe, ihre Leidenschaften und irren vielleicht die meiste Zeit. Wie schwer ist es, sich selbst Rechenschaft von den Triebfedern unserer Handlungen und von unserm Gemütszustande bei den verschiedenen Vorfällen unseres Lebens zu geben; um wieviel größer muß nicht die Schwierigkeit in Absicht auf andere sein. Indessen ist doch immer viel Wahres in den Charakterschilderungen desjenigen, welcher sie ohne Leidenschaft und Grollsucht und so unparteiisch, als es möglich ist, aus vielen selbstbeobachteten Handlungen und Zügen seiner Zeitgenossen entwirft und gewissenhaft bei der strengen Wahrheit zu bleiben sich bestrebt. Sie sind alsdann, was die Geschichte überhaupt nur in den Händen selbst des besten Geschichtsschreibers werden kann: ein ähnliches obgleich nie vollkommen richtiges Bild.«[2]

I Quilitz – Neuhardenberg, der Staatskanzler und die Grafen von Hardenberg-Neuhardenberg

Quilitz

Der Ort Quilitz wurde vermutlich als Zollstation im 13. Jahrhundert am Quappendorfer Oderarm angelegt und 1348 erstmals urkundlich erwähnt. Es war kein geschlossener Besitz. Mehrere Lehnsanteile hatten sich herausgebildet, die in den Händen der Hohendorffs, der Beerfeldes, der Schapelows und der Gobitz' waren, später ins Eigentum der Eichendorffs, der Pfuels und der Barfus' kamen, Namen, die in der älteren märkischen Geschichte einen guten Klang haben. Gegen Ende des sechzehnten Jahrhunderts besaßen die Pfuels die Hälfte, die Beerfeldes und Schapelows je ein Viertel von Quilitz.

Drei Burgen haben hier gestanden; eine an der späteren Gastwirtschaft Gotthardt – von dort soll noch ein unterirdischer Gang zur Kirche führen – eine am Fließ; beide zwei Vettern Schapelow gehörend. Die Burg auf dem Platz des heutigen Schlosses, von einem Wassergraben umgeben, war Pfuelscher Besitz. Im Dreißigjährigen Krieg wurden alle drei Burgen zerstört und nur zum Teil und nur notdürftig wieder aufgebaut.

Im Jahre 1680 kam der Große Kurfürst mit seiner Gemahlin Dorothea durch Quilitz, und diese kaufte den verschuldeten Pfuelschen Besitz. Die Kurfürstin wurde dem Dorf eine gute Herrin. Sie gab den Bauern Vieh und Saatkorn und besorgte Baumaterial für die Häuser. So wurde allmählich durch ihre Hilfe das verheerte Dorf wieder aufgebaut. Eine neue einfache Feldsteinkirche wuchs aus den Trümmern. Die Pfuelsche Burg wurde niedergerissen und ein kleines Schloß errichtet, das den Namen »Gartenhaus zu Quilitz« erhielt. Der alte Burggraben wurde erneuert und gesäubert und ein neuer Park in französischem Geschmack angelegt.[1] Reste der damals im Park aufgestellten Steinfiguren standen noch Anfang des Jahrhunderts in der kleinen Kastanienallee zwischen Schloßgärtnerei und Teich. Die Dorfaue wurde mit Bäumen bepflanzt, und vor der Kirche entstand eine wunderschöne, großzügig angelegte Kastanienallee. Unter ihrer Herrschaft wurde das Dorf vergrößert; der neue Ortsteil wurde damals Neu-Quilitz, später Neudorf genannt. 1731 wurden dort ihres Glaubens wegen vertriebene protestantische Salzburger angesiedelt. Der Besitz ging später auf Dorotheas Sohn und dann auf ihren Enkel über, den Markgrafen Karl von Schwedt. Nach dessen Tod im Jahre 1763 fiel Quilitz zurück an die Krone.

Schloß des Generals von Prittwitz, erbaut 1763/65, Ansicht um 1800 vor dem Umbau durch Schinkel

Prittwitz

Noch im Jahr 1763 übertrug Friedrich der Große die Ämter Quilitz sowie das unweit gelegene Rosenthal Joachim Bernhard von Prittwitz, der ihn als Rittmeister bei den Ziethenschen Husaren am 12. August 1759 in der Schlacht von Cunersdorf vor drohender Gefangennahme gerettet hatte. »Lestwitz« – der das benachbarte Dorf Friedland erhielt – »a sauvé l'état; Prittwitz a sauvé le roi.« (Fontane)[1]
Prittwitz ließ die alten, von Pächtern bewohnten Bauten des Gutes Quilitz abtragen, begann noch im Jahre 1763 anstelle des »Gartenhauses« ein prunkvolles neues Herrenhaus zu errichten. Fontane erzählt: »Als der Bau schon bis zu den ersten Steinen des ersten Stockwerkes gediehen war, kam der König Friedrich des Weges. ›Prittwitz, er baut ja ein Schloß; er will ja hoch hinaus!‹ waren die nicht allzu gnädigen Worte, mit denen der König sich an den zur Seite stehenden Oberstleutnant wandte, der nunmehr seinerseits nichts Eiligeres zu tun hatte, als dem Wunsch und Winke des Königs nachzukommen und unter Fortlassung einer Bel-Etage sofort das Dach auf das Erdgeschoß setzen zu lassen.«
So entstand eine sehr malerische eingeschossige symmetrische Dreiflügelanlage mit rechteckigem Hauptbau und daran unmittelbar ansetzenden nahezu quadratischen Flügelbauten. Dieser ursprünglich eingeschossige Bau hatte ein Mansarddach und in der Mitte der Hoffront einen zweigeschossigen, bis zum Mansardknick reichenden Risalit. Die Fassade war durch Pilaster gegliedert, an den Hausecken und zwischen den Fenstern waren Lisenen vorgeblendet.[2]
Im Jahre 1792 ließ Prittwitz dem Andenken Friedrichs des Großen im Park dem Gartensaal gegenüber ein Marmor-Denkmal errichten. Giuseppe Martini, ein

Bildhauer aus Lucca, führte das Werk nach Plänen von Johann Meil, dem Vizedirektor der Berliner Akademie der Künste, in carrarischem Marmor aus. Es war das erste Denkmal für Friedrich II. überhaupt. Mars und Minerva stehen trauernd an einem mit dem Reliefbild Friedrichs des Großen geschmückten Säulenstumpf, den eine Urne krönt. Die Quilitzer sagten: »Prittwitz und seine Olle trauern um den König.«

Am 4. 6. 1793 starb Joachim Bernhard von Prittwitz als Königlich Preußischer General der Kavallerie und wurde, wie später auch seine Gemahlin, eine geborene Freiin von Seherr-Thoss, in einer Gruft der Quilitzer Kirche vor dem Altar beigesetzt. Eine Erztafel aus dem Anfang des neunzehnten Jahrhunderts mit seinem Namen liegt im Altarraum über der Gruft. Nach dem Tod der Witwe des Generals im Jahre 1799 war die Herrschaft Quilitz in den Besitz des ältesten Sohnes übergegangen.

Am 9. Juni 1801 brach vermutlich in einer Tischlerwerkstatt in Quilitz ein Brand aus, der bald den größten Teil des Dorfes erfaßte, denn die Häuser standen dicht beieinander und waren mit Schilfrohr gedeckt. Das Schloß war vom Brand verschont geblieben, aber die Wirtschaftsgebäude hatten gelitten. Am Abend des Schreckenstages hatten 160 Familien ihr Obdach verloren, waren 74 Gehöfte, Kirche, Schule und Pfarrhaus niedergebrannt.

Aber nicht nur die Einwohner bangten um ihre Zukunft, auch der Grundherr, der Königlich Preußische Geheime Oberfinanz-, Kriegs- und Domänenrat Friedrich von Prittwitz, war in Schwierigkeiten geraten, denn als Grundherrn oblag ihm die Pflicht, für Unterkunft seiner Untertanen zu sorgen. Prittwitz wandte sich an den Landbaumeister Gilly in Berlin. Dieser konnte jedoch nicht helfen, er lag krank darnieder. Er schickte seinen besten Schüler: Karl Friedrich Schinkel. Der schlug vor, das Dorf weiträumiger wieder aufzubauen. Wo bisher zwei Häuser standen, sollte in Zukunft nur ein Gehöft stehen. Die Schmieden und Backöfen sollten außerhalb der geschlossenen Ortschaft neu errichtet werden.

Die Ausführung des Vorhabens stellte den Gutsherren vor erhebliche finanzielle Probleme. Er kam auf die Idee, seinen Untertanen die Freiheit von der Erbuntertänigkeit zu geben, wenn sie ihre Höfe selbst wieder aufbauen würden. Die Betroffenen erörterten diesen Vorschlag eingehend, verfügten aber nicht über Mittel, um ihn realisieren zu können, und mußten auf diesen Weg zur Freiheit verzichten.[3]

Das Dorf wurde nach den Plänen des gerade 20jährigen Karl Friedrich Schinkel wieder aufgebaut als Angerdorf mit annähernd geradlinig verlaufender Hauptachse und mit der für märkische Verhältnisse bedeutenden Länge von zwei Kilometern. Beidseitig der Straße erhalten blieb aus dieser Zeit die weitgehend eingeschossige Bebauung: die noch zum Teil älteren Doppelstubenhäuser aus Fachwerk in Traufstellung. Ab 1801 wurden nach Schinkels Entwürfen Mittelflurhäuser errichtet, bis 1802 ein bescheidenes Schulhaus und die Wirtschaftsgebäude beim Schloß Quilitz und beim Vorwerk Bärwinkel.

Das Dorf Quilitz wurde von gleichartigen Kleinbauern- und Arbeiterhäusern geprägt. Sie säumten die zweiadrige Dorfstraße mit Lindenallee und einem weiten, sich von Osten nach Westen erweiternden, dazwischenliegenden Dorfanger mit Löschteich in unmittelbarer Nähe der Kirche. In dem Straßendorf entstanden nach Schinkels Entwürfen auch die kleine Kaserne der Gendarmen und am westlichen Abschluß der Straße der Stuthof. Nach Süden und Norden zweigten zwei weitere Straßen mit ähnlichen Reihenbebauungen ab, und weiter westlich standen zwei Mühlen.[4] Einen erfreulichen Anblick boten einige der Neubauten allerdings nicht. Sie waren mit dem geringsten Aufwand ausgeführt, kein Balken geteert, keine Wand geweißt. Sie unterschieden sich kaum von den Lehmscheunen. Mehrere der neuen Wohnhäuser wurden aber sofort oder später in massiver klassizistischer Form errichtet, wovon noch einige mit ursprünglichem Kern erhalten sind. Gleichzeitig wurden die Wirtschaftsgebäude am Schloß und die Orangerie ausgebaut und klassizistisch überfangen. Neu erbaut wurden ein Pfarrhaus und eine Schule, die Schule allerdings abweichend vom Entwurf Schinkels.[5]

1810 tauschte Prittwitz die Herrschaft Quilitz gegen die Probstei Casimir in Schlesien, die näher an dem Prittwitzschen Stammgut lag. So fiel Quilitz 1810 wieder an den Fiskus.

Der Staatskanzler

Karl August Graf von Hardenberg, aus niedersächsischem Uradel, wurde am 31. Mai 1750 als Sohn eines Landedelmannes und Offiziers im Hannoverschen geboren, in Essenrode bei Gifhorn. Er studierte die Rechte: in Leipzig, vor allem aber in Göttingen. Dort ließ er sich vom Nachtwächter der Universität besonders früh am Morgen wecken, um ein abnormes Arbeitspensum bewältigen zu können. Der junge Mann war ehrgeizig. Er wollte es zu hohen Staatsämtern bringen, weshalb er sich besonders auf das Studium von Verwaltungsfragen warf, die er bald vollendet beherrschte. Staaten, die derartige Kenntnisse brauchten, gab es ja genug. Deutschland war partikularistisch in beinahe unzählige, oft winzige feudale Herrschaften zerspalten. Dem Zwanzigjährigen bestätigte sein Lehrer Johann Stephan Pütter, der letzte Kronjurist des Heiligen Römischen Reiches, beim Abschlußexamen, der Staat, dem Hardenberg einmal dienen würde, sei zu beglückwünschen.

Zunächst führte die »Kavalierstour« den jungen Verwaltungsfachmann nach Hannover und weiter nach Braunschweig, wo er, ungemein fortschrittlich, bereits für eine strenge Trennung von Kirche und Schule eintrat, dann zum Markgrafen Karl Alexander von Ansbach-Bayreuth. Als der 1791 sein Land an Preußen abtrat, wurde Hardenberg als preußischer Minister übernommen. Übrigens ließ sich Karl Alexander auszahlen – die Preußen erwarben den Landstrich nicht anders, als 1867 die Amerikaner Alaska kauften, eine ungewöhnliche, wenngleich humane Methode. Sonst pflegten Änderungen in der Landeshoheit meist unter beträchtlichen Blutopfern vor sich zu gehen. Hardenberg leitete also die Eingliederung von Ansbach-Bayreuth als selbständige preußische Provinz. Das Volk war auf seiner Seite; in Ansbach blieb er sein Leben lang populär und wurde gern zur Lösung der Probleme dieser Provinz hinzugezogen, auch nachdem das Land später an Bayern, an Frankreich, dann wieder an Bayern gefallen war.[6]

Von 1791 bis 1798 leitete Hardenberg als preußischer Minister die Verwaltung der nunmehr preußischen Markgrafschaft Ansbach-Bayreuth. Doch das war nicht seine einzige Tätigkeit. Der Baseler Separatfrieden von April 1795, mit dem Preußen seine Teilnahme am Revolutionskrieg beendete bei gleichzeitigem vorläufigen Verzicht auf seine linksrheinischen Gebiete, war vor allem sein Verdienst. Eine Demarkationslinie neutralisierte Norddeutschland und den Fränkischen Reichskreis, also auch die Markgrafschaft Ansbach-Bayreuth.

Seit 1797 war Friedrich Wilhelm III. preußischer König, ein leutseliger, bürgerlich-einfacher, ungewöhnlich beliebter, wenn auch völlig ungeistiger Mann. Wenn er durch Berlin spazierte, begrüßten ihn die Bürger wie einen der ihren, aber starke Berater hatten es schwer bei ihm: er hörte nicht auf sie, schwankte in seiner Einstellung hin und her, er hörte höchstens auf den Ratschlag seiner Frau, der schönen, jungen Königin Luise.

Seit 1798 war Hardenberg in Berlin erst als eine Art von stellvertretendem, dann als verantwortlicher Minister für Auswärtige Angelegenheiten. Schon 1800 hatte er den Stammsitz der Familie bei Nörten, die dort schon seit dem zwölften Jahrhundert ansässig war, seinem Vetter, dem Grafen August Wilhelm Karl, überlassen und verlegte damals bereits seinen Wohnsitz nach Brandenburg, wo er das Besitztum Tempelberg bei Lebus samt Gölsdorf und Dehmsee erworben hatte. Bei jener Übersiedlung wurden aus dem Elternhaus fast alle auf seine Person bezogenen Archivalien mitgenommen. Hardenberg war ein homme à femmes (um nicht zu sagen: ein Frauenheld, zumindest in seiner Jugend). Zwei Ehen zerbrachen, eine dritte verlief unglücklich. Mit Frauen konnte Hardenberg umgehen. Auf ihn hörte die Königin Luise – bisweilen wenigstens. Das hing auch mit seinem eleganten, ein wenig arrogantem Auftreten zusammen. Dabei plagten Hardenberg stets hohe Schulden, und später, als er das preußische Kanzleramt übernahm, auf jegliche Bezüge verzichtete, wurde es für die preußische Staatskasse zu einem schlechten Geschäft, denn vereinbart wurde die Übernahme aller persönlichen Aufwendungen, und Hardenberg führte, seiner beständigen Geldknappheit zum Trotz, einen aufwendigen Lebensstil. Geld habe, so Generalfeldmarschall Boyen – neben Stein, Hardenberg und Scharnhorst einer der großen Reformer Preußens –, für Hardenberg immer nur dann einen Wert, wenn es ihm fehle. Und es fehlte ihm immer. Eine solche, auch im Persönlichen problematische, unausgeglichene, schillernde Persönlichkeit wurde für Preußen zu einem Glücksfall. Obwohl es Krieg gab und 1806 die vernichtende Niederlage von Jena und Auerstedt, verstand es Hardenberg geschickt, den Staat genauso durch alle Fährnisse hindurchzulavieren, wie er es ein Leben lang verstand, sich selbst durch seine ähnlich verwirrten persönlichen Verhältnisse hindurchzuschlängeln. Preußen blieb, auch nach dem Friedensschluß von Tilsit, ein selbstän-

diger Staat, wenn auch völlig abhängig von Frankreich, der Besatzungsmacht. Im Zusammenspiel mit dem wackeren Stein entwickelte Hardenberg die – völlig »unpreußische« – Klugheit einer Schlange, und die war für Preußen durchaus vonnöten.[7]
Verworrene, schwere Zeiten. Frankreich war übermächtig und beherrschte fast ganz Europa. Der preußische König entließ Anfang 1806 Hardenberg – auf Wunsch Napoleons, der ihn – zu Unrecht – für seinen Hauptgegner hielt. 1807 wurde er wieder zum Minister berufen, aber nach dem Friedensschluß von Tilsit auf Befehl Napoleons erneut entlassen. Im Exil in Riga verfaßte er aber im Auftrag Friedrich Wilhelms III. eine Denkschrift zur Neuordnung des preußischen Staates mit Reformvorschlägen nach französischem Vorbild: Rechtsgleichheit und Wirtschaftsfreiheit. Auch Reichsfreiherr vom und zum Stein war im Januar 1807 schroff entlassen worden. Er hatte sich brüsk geweigert, mit dem königlichen Kabinett zusammenzuarbeiten. Er ging nach Nassau zurück und legte seine Gedanken in der Nassauer Denkschrift vom Juni 1807 nieder. Er sah die Ursache des Zusammenbruchs des preußischen Staates im Absolutismus und forderte deswegen den Ausbau der Selbstverwaltung, um so weiten Bevölkerungsschichten institutionell einen Weg zur tätigen Mitarbeit im Staat zu eröffnen.
Im jeweiligen Exil verfaßten beide ihre grundlegenden Denkschriften, denn bei aller Zerrüttung der Verhältnisse sahen sie die Zeit gekommen, einen Neuanfang zu wagen. Beide entwarfen sie, in Preußens größter Not, die Utopie eines besseren Preußens, eines besser verwalteten, besser organisierten, freiheitlicher geführten Gemeinschaftswesens, eines Idealstaates. Wenn es überhaupt eine Chance gab für eine Reform, dann wahrscheinlich in eben solcher Zeit des Niedergangs. So verschieden sie waren, sie ergänzten einander vorzüglich in ihrem gemeinsamen Verlangen, Preußen vorbildlich zu machen für den Rest der Welt, ein Beispiel zu setzen, gegen das ein Napoleon mit aller Waffengewalt nicht ankam. So arbeiteten sie, mißtrauisch, aber konsequent, Hand in Hand. Unmöglich, hier nachzuzeichnen, was sich zwischen Preußen und Frankreich, Napoleon und Friedrich Wilhelm, Stein und Hardenberg alles zutrug: mal der eine Minister von Napoleons Gnaden, mal der andere. Nach dem Tilsiter Friedensschluß am 9. Juli 1807 befand sich auf Bestreben Napoleons eben wieder Stein im Amt, da führte er sogleich, wenn auch etwas überstürzt, die ersten Reformen durch. Das »Edikt, den erleichterten Besitz und den freien Gebrauch des Grundeigentums, sowie die persönlichen Verhältnisse der Landbewohner betreffend«, besiegelte die schon 1804 durchgeführte Bauernbefreiung. Alle Erbuntertänigkeit fiel fort. Ein Jahr später, 1808, wurde eine neue Städteordnung von nachhaltiger Wirkung auf den ganzen Kontinent verkündet, die Staatsspitze umorganisiert, die ersehnten und notwendigen Fachministerien eingeführt.[8]
Weiter hatte Stein eine Landgemeindeordnung geplant sowie die Einrichtung von Kreistagen, Provinziallandtagen und Reichsständen. Die Wahlberechtigung zu diesen Körperschaften wollte er auf die Grundbesitzer beschränkt wissen. Für aktive Mitarbeit in der Selbstverwaltung wollte er nur Schichten von Bildung und Besitz heranziehen.[9]

Wenig später geriet Stein durch einen abgefangenen Brief ins Zwielicht, in dem er für einen bewaffneten Kampf gegen Napoleon eintrat. Das war zu diesem Zeitpunkt voreilig und unbesonnen: Friedrich Wilhelm mußte ihn, nach langem Zögern, am 24. 11. 1808 entlassen.[10] Die Gegnerschaft des altpreußischen Adels trug dazu bei, daß der König ihn völlig fallenließ – Stein ging, von Napoleon geächtet, in die Emigration, zunächst nach Österreich, wo er als Flüchtling in Prag und Brünn von der österreichischen Regierung mißtrauisch überwacht wurde. 1812 wurde er von Zar Alexander I. als Berater nach Rußland berufen.[11]
Die Rolle, die Hardenberg bei der Entlassung gespielt hat, war – das muß man zugeben – höchst undurchsichtig. Er hat, in Ränken und Intrigen nicht unerfahren, zweifellos den Sturz Steins insgeheim mitbetrieben. Ganz gewiß war eine seiner Triebfedern aber eben jener Staatsgedanke, dem er sich verpflichtet fühlte, sowie die gemeinsamen Reformbestrebungen, deren Verwirklichung durch Steins Untergrundtätigkeit erheblich gefährdet worden war. Man mußte Prioritäten erkennen und einhalten. Das große Ziel durfte nicht durch vaterländisch lobenswerte Empörung und Skrupel aufs Spiel gesetzt werden.
Wieder schlug die Stunde Hardenbergs, der, übrigens mit Hilfe der Königin Luise, 1810 zum ersten preußischen Staatskanzler berufen wurde. Nach dem frühen Tod der Königin, noch im gleichen Jahr, wurde er sogar offizieller Vertreter Friedrich Wilhelms, ein »diktatorischer Premierminister« mit Vollmachten, wie sie nach dem Großen Kurfürsten kein zweiter Preuße neben dem König je besessen hat. In Zukunft war er es, der die Geschicke des Staates lenkte. Das bewundernswert Zielstrebige bei beiden erweist sich daran, daß sich Hardenberg, der Sieger, und Stein, der Unterlegene und Verfemte, heimlich im Riesengebirge trafen – eine Zusammenkunft, die für Preußen von ungeheurer Bedeutung werden sollte. Sosehr die beiden sich entfremdet hatten, in einem waren sie sich über alle persönlichen und politischen Meinungsverschiedenheiten hinweg einig: die Reformen mußten weitergehen. Hardenberg, im Gegensatz zum konservativen Stein, ein Mann des aufgeklärten Absolutismus und Liberalismus, setzte das begonnene Werk fort, wenn auch nicht so, wie Stein – der zum bösen Kritiker Hardenbergs wurde – es gerne gesehen hätte. »Er ist ein Hardenberg«, lautete eine brandenburgische Redensart, die bis zum Ende des vergangenen Jahrhunderts geläufig gewesen sein soll, will heißen: ein Verwässerer, ein Zauderer, ein Kompromißling.[12]
Stein hatte recht. Die Reformen blieben stecken, gingen nicht weit genug, aber Stein wußte nur allzu gut, wer die Schuld daran trug: der altpreußische Adel und andere Konservative, die immer noch stark genug waren, die Reformen massiv zu behindern. Gegen die Gewerbefreiheit, neue Agrarordnung und Judenemanzipation richtete sich ihr besonderer Zorn. Am 22. März 1811 verfaßte Friedrich August Ludwig von der Marwitz in Friedersdorf eine »Letzte Vorstellung der Stände des Lebusischen Kreises an den König«, die auf dem Provinziallandtag in Frankfurt/Oder am 9. Mai verabschiedet und dem königlichen Kabinett am 10. Juni 1811 in Potsdam überreicht wurde. Es wurde vermutet, daß Adam Müller am Entwurf beteiligt war. Darin ist unter anderem festgehalten, die Juden

seien notwendigerweise Feinde eines jeden bestehenden Staates, und befürchtet, sie würden, sobald es ihnen möglich sei, Grund und Boden erwerben und dann zu den Hauptrepräsentanten des Staates werden. So würde »unser altes ehrwürdiges Brandenburg-Preußen ein neumodischer Judenstaat werden«. Im Konzept folgte danach: »das neue wahre Jerusalem«. Das hatte Marwitz wohl gestrichen. Das Beharren auf den alten ständischen Rechten veranlaßten den König und Hardenberg, die beiden Erstunterzeichner Marwitz und den Reichsgrafen Finckenstein Ende Juni 1811 auf die Festung Spandau zu schicken, von wo sie nach fünf Wochen durch königliche Order wieder entlassen wurden.[13]

Der Antisemitismus florierte damals wieder. Man wünschte sich das alte Reich zurück, in dem es schließlich auch keine Freiheit für Juden gegeben hatte. Fichte und Arndt, die Christlich-Teutsche Tischgesellschaft mit Achim von Arnim, Brentano und Kleist, und so fort. Der ständische Adel stand nicht allein, sondern fühlte sich wohl zu recht eins mit der überwiegenden Mehrheit der Gebildeten. Um so bewundernswerter ist, was – wie verwässert auch immer – Hardenberg von den Reformen gegen diesen geballten Widerstand verwirklichte: 1810 führte er die Gewerbefreiheit ein, 1812 setzte er die Judenemanzipation durch, 1811 bis 1816 gegen erheblichen Widerstand des Landadels eine neue Agrarordnung, nachdem die Leibeigenschaft in Deutschland schon von Napoleon aufgehoben worden war. Obwohl er eine ganze Anzahl von Kompromissen eingehen mußte – so ließ sich die von ihm angestrebte völlige Gleichberechtigung aller Staatsbürger noch nicht durchsetzen –, gelang Hardenberg in zäher Arbeit ein gewaltiges Werk innerer Reformen. Da er nun auch gelernt hatte, im Äußeren mit Vorsicht zu operieren, konnte er es sogar mit Billigung Napoleons tun, der nicht ahnte, daß Hardenberg, gewitzter als zuvor Stein, nunmehr mit dessen Hilfe bei Zar Alexander nach dem demütigenden Friedensvertrag von 1812 Fäden nach Rußland knüpfte und mit seiner Geheimdiplomatie den Sturz des Korsen vorbereiten half.[14]

Nach der Niederlage Napoleons im Russischen Feldzug war es vor allem Stein gewesen, der den Zaren veranlaßt hatte, den Kampf jenseits der russischen Grenzen weiterzuführen. Im Januar 1813 ging Stein im Auftrag des Zaren nach Königsberg und rief gemeinsam mit General York, seinem alten innenpolitischen Gegner, die ostpreußischen Stände zur Erhebung auf. Dann begab er sich zum König nach Breslau. Erst nach großen Schwierigkeiten gelang es, ein preußisch-russisches Bündnis zustandezubringen. An dem Aufruf von Kalisch war Stein maßgeblich beteiligt.[15]

Der Freiheitskrieg wurde zur großen Zäsur. Es war nicht zuletzt Hardenberg zu verdanken, daß es überhaupt noch ein Preußen gab, das befreit werden konnte. Und noch einmal konnte er sein ganzes Können (und seine ganze Schlangenklugheit) für Preußen in die Waagschale werfen: 1814/15 auf dem Wiener Kongreß, an dem er, zusammen mit Wilhelm von Humboldt, als offizieller Vertreter Preußens teilnahm. Dort fand sich im Gefolge des Zaren auch der grollende Stein ein, aber es war Hardenberg, der, inzwischen mit allen Wassern gewaschen, sich auf dem Parkett und im Hinterhalt nicht weniger elegant zu benehmen und

seine Schlingen zu legen verstand als die jüngeren Diplomaten und Staatsmänner, die den Kongreß bestimmten (und ihn, wie wir es heute ausdrücken würden: »überfuhren«), so der 4 Jahre jüngere Talleyrand, der sogar 23 Jahre jüngere Metternich und der 19 Jahre jüngere Lord Castlereagh. Der »Elder Statesman«, ein gewiefter Taktiker, machte auf dem Wiener Kongreß Preußen endgültig zur Großmacht – Hardenberg erreichte einen großen Gebietszuwachs: Preußen würde von nun an von der Memel bis nach Trier reichen und rund 10 ½ Millionen Einwohner haben. Man hat das später vielfach als typisch preußischen Imperialismus bezeichnet und dabei übersehen, daß Hardenberg sich bis zuletzt gegen die Zuweisung der Gebiete weit im Westen zur Wehr gesetzt, sie sogar als »eine wahre Schädigung« bezeichnet hatte. Es waren vielmehr Österreich und Großbritannien, also Metternich und Castlereagh, die ein starkes Preußen als Gegengewicht zum gefürchteten Frankreich am Rhein sehen wollten. Preußen als Großmacht schien damals eine Angelegenheit Europas und die Sache eines ersehnten friedlichen Gleichgewichts der Kräfte – von nackter Eroberung kann da kaum die Rede sein.
Stein trat vergeblich für einen deutschen Einheitsstaat ein.[16] Während des Befreiungskriegs hatte er an der Spitze des Zentralverwaltungsrats gestanden, der die vorläufige Verwaltung der durch die Vertreibung Napoleons herrenlos gewordenen deutschen Gebiete übernehmen sollte. Schon seit 1812 hatte Stein Pläne für einen deutschen Staat entworfen, die insbesondere die Zusammenfassung der deutschen Gebiete außerhalb Österreichs und Preußens forderten. Er war der lebhafteste Vertreter der deutschen Einheit und bekämpfte besonders die ehemaligen Rheinbundfürsten. An den Verhandlungen des Wiener Kongresses war Stein nur als Vertrauensmann des Zaren beteiligt. Auch Stein hat damals keinen geschlossenen National- oder Bundesstaat geplant. Er stand aber in heftigem Gegensatz zu Metternich und wehrte sich auch gegen die Wiederherstellung der partikularen und reaktionären Zustände. Den Deutschen Bund, die Burschenschaft, die Liberalisierung lehnte er ab. Mit seiner Auffassung vom Staat rief er die lebendigen Kräfte im Bürgertum zur selbstverantwortlichen politischen Tätigkeit auf. Er wurzelte in einer Religiosität altlutheranischer Prägung. Die Verfassung sollte sich aus den gegebenen geschichtlichen Wurzeln organisch entwickeln. Er war kein Demokrat, auch nur bedingt Liberaler, aber er stand im Gegensatz zu den altpreußisch-partikularistischen und feudalen Kräften, deren Widerstand nicht zuletzt für das Scheitern weiterer Reformen verantwortlich war. Steins Nachfolger Hardenberg setzte sie in begrenztem Maße im Sinne der Aufklärung und des bürokratischen Zentralismus fort. Nach 1815 blieben die Reformen stecken und wurden sogar zurückgebildet.[17] Stein zog sich verbittert auf seine Besitzungen in Birnbaum (Posen) zurück, die er gegen seinen Landsitz in Nassau eingetauscht hatte.
Währenddessen befand sich Hardenberg auf der Höhe seiner Macht und seines Ansehens. Er war 1814 gefürstet worden und hatte am 11. November 1814 die Güter Quilitz und Rosenthal sowie die vormalige Kommende Lietzen als Dotation erhalten. »König Friedrich Wilhelm III. seinem Staatskanzler für Treue und

Verdienst. MDCCCXIV.« lautet der Text im Vestibül des Schlosses. Hardenberg zu Ehren wurde die Standesherrschaft Quilitz umbenannt.[18] Das Berliner Intelligenzblatt berichtete am 5. April 1815: »Seine Majestät der König haben allergnädigst befohlen, daß die dem Staatskanzler Herrn Fürsten Hardenberg allerhöchst erteilten Güter den Namen Herrschaft Neuhardenberg führen sollen, und daß insbesondere der Ort Quilitz künftig Neu-Hardenberg genannt werden soll.»[19]

Noch 1815 wurde Schinkel wieder in dem Oderbruchdorf tätig. Für Hardenberg wurde im alten Schloß eine Konditorei eingebaut. Etwa zur gleichen Zeit ließ Hardenberg in Berlin durch Schinkel sein Stadtpalais ausstatten. Auf 1816/17 datiert der Aufbau der 1801 ausgebrannten Quilitzer Kirche. Sie wurde nach Plänen des Baumeisters unter Verwendung von Resten errichtet. Ein rechteckiger Putzbau mit quadratischem Westturm entstand. Der hohe blockhafte Turmunterbau ist zurückhaltend schlicht. An der Ostseite der Kirche wird später das Grabmal des Fürsten Hardenberg errichtet. Im Oktober 1817 wurde die Kirche eingeweiht. Ihr Inneres erinnert an den Schinkel-Dom in Berlin, der sich an der Stelle des ab 1894 nach Plänen von Raschdorff errichteten eklektizistischen Domes am Lustgarten befand. Beide Bauten entstanden etwa gleichzeitig.

Für 1817 sind die in der Herrschaft Neuhardenberg auszuführenden Bauten wieder urkundlich belegt, Schloßbaurechnungen sind vom selben Jahr überliefert.[20]

Schloß Neuhardenberg

Salons im Schloß Neuhardenberg

Mit der Umbauplanung des Prittwitzschen Schlosses hatte Hardenberg zunächst den Maurermeister Neubarth[21] aus dem Nachbarort Wriezen beauftragt.[22] Neubarth ging in seinen Entwürfen von einer weitgehenden Übernahme des vorhandenen Schloßbaus aus. Eine Neugestaltung war nur beim Risalit der Nordseite vorgesehen. Schinkel fertigte den Gegenentwurf wohl 1820. Aus diesem Jahr ist eine perspektivische Zeichnung erhalten.[23] Der Bau wurde um ein Obergeschoß erweitert, die Fassade nun durch Horizontalbänder streng gegliedert, die rechteckigen Fenster haben gerade Verdachungen. Unter- und Obergeschoß sind in ihrer Höhe verschieden. Im Untergeschoß wirken die höheren Fenster dadurch schlanker.[24]

Dem längst zu hohem Ansehen gelangten Baumeister war es gelungen, aus dem spätbarocken Landschlößchen ein klassizistisches Adelspalais städtischen Profils zu machen, welches den anspruchsvollen Vorstellungen des Fürsten voll entsprach. Den einfachen, dabei aber ausgewogenen und zugleich elegant gestalteten Außenbau mit seiner vornehm hell-monochromen Farbigkeit hatte Schinkel wirkungsvoll mit einer Christian Daniel Rauch zugeschriebenen Adlerplastik über dem Mittelrisalit der Hoffassade bekrönt.[25]

Salon im Schloß Neuhardenberg

Bibliothek im Schloß Neuhardenberg

Auch im Innern des Schlosses suchte Schinkel die gewachsenen Nutzungs- und Repräsentationsabsichten des Fürsten umzusetzen. In der Mitte des Hauptbaus befinden sich das Vestibül zur Hofseite und der große Festsaal zur Gartenseite. Beide Räume entstanden zwischen 1780 und 1790 nach Entwürfen von Johann W. Meil, dem Vizedirektor der Berliner Akademie der Künste, vermutlich unter Einfluß des älteren Carl Gotthard Langhans. Die Wanddekorationen sind noch vom Ende des 18. Jahrhunderts erhalten: im Vestibül Supraporten mit Sphingen, im Gartensaal die panneauartige Felderaufteilung mit Reliefmedaillons, die Deckenmalerei mit gotisierenden Rosetten.[26] Wie Schinkel diese in die Neugestaltung einbezog, zeugt von seinem Respekt vor qualitätsvollen Schöpfungen älterer Meister.
Viel hat der Staatskanzler von seinem Sommersitz nicht gehabt. Seinen Einzug hielt er im Sommer 1816, doch die Geschäfte hielten ihn meist fern. Am 31. Mai 1820 feierte er hier seinen 70. Geburtstag. Goethe reimte einen Glückwunsch zu dem Ehrentag,[27] etwas sibyllinisch, aber wohl gerade darum passend – Fontane monierte »gezwungen und schwerverständlich«:

Wer die Körner wollte zählen,
Die dem Stundenglas entrinnen,
Würde Zeit und Ziel verfehlen,
Solchem Strome nachzusinnen.

Auch vergehn uns die Gedanken,
Wenn wir in Dein Leben schauen,
Freien Geist in Erdesschranken,
Festes Handeln und Vertrauen.

So entrinnen jeder Stunde
Fügsam glückliche Geschäfte.
Segen dir von Mund zu Munde!
Neuen Mut und frische Kräfte.

Heinz Ohff[28] datiert das Gedicht bereits auf die festliche Einweihung der Kirche am 13. Oktober 1817 und erzählt dazu die hübsche Geschichte von der Umgestaltung des Parks vom französischen zum englischen Stil:
Bei dieser festlichen Einweihung geschah es übrigens, daß man Hardenberg, den alten Fuchs, düpierte. Seinem Schwiegersohn, Fürst Pückler, einem der bedeutendsten Landschafts- und Gartenkünstler seiner Zeit, gefiel der altertümliche Schloßgarten des neuen Besitzes nicht. Aber Schwiegervater Hardenberg lehnte, darin konservativ, jegliche Umgestaltung nach modernen (das heißt englischen, naturähnlicheren) Gesichtspunkten ab. Während des festlichen Diners jedoch, das mehrere Stunden dauerte – Hardenberg war, unter anderem, ein leidenschaftlicher Schlemmer –, gelang es Pückler mit einigen Freunden und einem Heer von Arbeitskräften in Windeseile, eine Allee abzuholzen, einen Bruch als Parkwiese herzurichten, einen Kanal umzuleiten und lauschige Haine zu pflanzen, kurzum, den Park völlig neu herzurichten. Dem frisch gebackenen Fürsten

blieb nach genossenem Mahl nichts übrig, als inmitten all der Ehrengäste gute Miene zum keinesfalls bösgemeinten Spiel zu machen. Er war nicht oft in seinem Leben derart überlistet worden.
In Berlin ging es jetzt eher umgekehrt zu als in napoleonischen Tagen. Hatte früher der König Hardenberg tyrannisiert, so tyrannisierte Hardenberg jetzt den unglücklichen, braven König. Gegen Hardenbergs übermächtige Erscheinung ließ sich nichts mehr unternehmen. Zwei Jahrzehnte fungierte er als Staatskanzler, im Guten wie im Bösen immer bestrebt, das Beste zu leisten, das keineswegs immer das Beste war oder, bedenkt man die Ungunst der Zeiten, auch nur sein konnte. In Zeiten »nationaler Not« war ein neues Preußen entstanden, zweifellos ein besseres, gerechteres Staatswesen. In Zeiten nationalen Triumphes würde es aus und vorbei sein mit den Reformen. Was von ihnen erhalten blieb – eine ganze Menge –, hatte es schwer, sich gegen jene restaurativen Kräfte durchzusetzen, die im Gefolge des Wiener Kongresses und der Notwendigkeit, in Zukunft Großmachtpolitik zu betreiben, alles Liberale zu verdrängen drohten. Auch Hardenberg verstrickte sich in die Demagogenverfolgung, einen Rückfall in schlimmste und unaufgeklärte absolutistische Zeiten. Da er seine abschließende Verwaltungsreform (die er auch durchführte) stets wie Scheuklappen vor Augen hat, übersah er andere Probleme und machte mitunter unverantwortliche Zugeständnisse – zweifellos ging das Vorgehen gegen Männer wie Schleiermacher und Arndt, gingen auch die berüchtigten »Karlsbader Beschlüsse« mit auf sein Konto. Seine Mitstreiter Humboldt und Boyen verließen ihn. Boyen trat empört zurück, Humboldt wurde zum Rücktritt gezwungen. Der alte Mann, bald so gut wie stocktaub, wurde zwischen den Mühlsteinen der Zeit zerrieben. Freunden der Literatur mag Hardenberg zusätzlich unsympathisch sein, weil er es war, der nach dem Freitod Heinrich von Kleists dessen Bittschriften mit dem lapidaren Vermerk: »Hat sich erledigt«, zu den Akten heften ließ.
Als ein Mann übrigens von großer Bildung und auch musisch interessiert, Förderer Schinkels und Lennés, Mitbegründer der Berliner und der Bonner Universität und des Rheinischen Landesmuseums, Reformator des Staatsarchivwesens, lange Zeit auch persönlich Vorsitzender der Kommission für Schlösser und Gärten in Berlin, benutzte Hardenberg seine diplomatischen Reisen zur ständigen Weiterbildung. In Italien, wo er an einer Konferenz in Verona teilnahm, besuchte der über 72jährige Mailands Kirchen, Theater, Museen und stieg sogar auf den Dom. Eine Stunde lang sah er trotz schneidender Kälte von hoch oben in die lombardische Ebene hinab, eine Anstrengung, die ihn wenige Tage später, am Abend des 26. November 1822, in Genua dahinraffte. Noch am Morgen des gleichen Tages hatte er sich vom preußischen Konsul ausführlich Bericht erstatten lassen.

Erst ein Jahr später wurde seine Leiche nach Preußen übergeführt. Als der Trauerzug auf dem Wege nach Neuhardenberg Berlin passierte, schlossen sich ihm nur wenige Wagen an. Die Großkopfeten und neuen Ratgeber waren froh, den unbequemen Alten mit seinen immer noch latent vorhandenen Reformgedan-

ken los zu sein. Vergessen wie Hardenberg selbst war und ist bis heute die Tatsache, daß Preußen vor allem ein Staat des Kompromisses war, der absolut nicht immer »faul« sein muß. Und daß die Größe des »preußischen Staatsgedankens« eben nicht in einer ständigen Annexionsbereitschaft bestand, sondern, ganz im Gegenteil, im Bestreben, eine Ausgewogenheit aller politischen und geistigen Kräfte zu suchen und zu finden. Nur im Volk regte sich nachträglich Unmut. »Viele Leute ärgerten sich über die geringe Beeiferung«, notierte Varnhagen von Ense in seinem Tagebuch, »und es zeigte sich noch viel warmer Anteil im Publikum für das Gedächtnis des guten Staatskanzlers.«
Hardenberg: Ein Pragmatiker reinsten Wassers, der gelegentlich auch krumme Wege nicht scheute, ein Lavierer im Zickzack, ein »Macher«, wie wir heute sagen würden: alles Eigenschaften, wie sie, so ungewohnt es scheinen mag, zu Preußen gehörten und ohne die Preußen keinesfalls die Bedeutung hätte erringen können, die es innerhalb der europäischen Staaten als Ordnungsmacht – im Positiven wie im Negativen – doch immerhin einmal besessen hat. Hardenberg bewunderte die Aufklärung, die Französische Revolution, aber auch die napoleonische Staatsverwaltung, und er hat – höchst erfolgreich – versucht, einen Nenner aus diesen drei beherrschenden geistigen und politischen Kräften seiner Zeit zu ziehen. Man darf nicht übersehen, daß es Hardenberg war, der die von Stein begonnenen Reformen durchgeführt hat. Und in was für Zeiten! Hardenbergs Devise (auch eine preußische): »Warten, ohne das Ziel aus den Augen zu verlieren, dazu gehört mehr Mut, als einer Batterie entgegenzureiten.« Der schlanke Grandseigneur mit den weichen, ausgeglichenen Zügen und einem mitunter fast fraulichen Charme, der Meister gewandter Dialektik und geduldiger Nachsicht, verbarg nicht nur vor seinen Zeitgenossen, welch ausgeprägtes staatsmännisches Profil er besaß.«
Das gewiß nicht einfache Charakterbild Hardenbergs hat am gerechtesten Fontane umrissen. Selbst Hardenbergs Schwächen, schrieb Fontane, haben seiner Aufgabe, der Rettung Preußens in unwegsamen Zeiten, Vorschub geleistet. »Seine Fehler liegen klar zutage, und man braucht, wie einer seiner Biographen sich ausdrückt, ›kein moralischer Herschel zu sein, um diese Fehler mühelos zu entdecken‹. Aber diese Mischung von Edlem und minder Edlem, von Schlauheit und Offenheit, von Nachgiebigkeit und Festigkeit war genau das, was die Situation erheischte. Eigensinn und Prinzipienreiterei hätten uns verdorben. Sein Leben, Vorbild oder nicht, hat uns gerettet.«[29]

Haus und Nachfolger

Den Abschluß der Umgestaltung Neuhardenbergs im Jahre 1823 hatte Hardenberg nicht mehr erlebt. Das Schloß wird bis heute von den Wirtschaftsgebäuden flankiert, eingeschossige Putzbauten mit Krüppelwalmdächern, die einen rechteckigen Hof einschließen. Seitlich des Schloßvorplatzes lagen ursprünglich noch zwei Nebenhöfe, nach dem Schloß hin durch Orangerie im Osten und Marstall im Westen begrenzt. Davon ist nur die Orangerie erhalten, ein langgestreckter Putzbau mit hohen Rundbogenfenstern. Hinter dem Schloß liegt der ursprünglich barock angelegte Park, der 1821 nach Plänen von Peter Joseph Lenné und unter Einflußnahme von Hardenbergs Schwiegersohn Fürst Pückler zum Landschaftspark umgestaltet worden war. Ein länglicher Teich war angelegt worden, den Lenné mit einer Verengung und einem Brückenübergang gezeichnet hatte. Von dieser Brücke führt ein gerader und breiter Weg in den eigentlichen Park. Hinter dem Teich steht das Prittwitzsche Denkmal für Friedrich II., seit etwa 1821 auf einem Sockel von Christian Daniel Rauch.[30]

Bereits 1820 hatte Hardenberg aus der Herrschaft Neuhardenberg, dem Rittergut Tempelberg mit Gölsdorf und Kersdorf und Gut Lichtenberg einen Fideikommiß errichtet. Die 1816 gebildete Generalverwaltung der Hardenbergschen Güter wurde um 1850 durch das Rentamt Neuhardenberg abgelöst. 1838 war das Rittergut Lietzen durch Versteigerung an die Preußische Seehandlung gefallen. 1853 verkaufte die Familie von Hardenberg Gut Lichtenberg und erwarb Lietzen zurück.[31]

Der Besitz des Staatskanzlers war bei seinem Tode an seinen einzigen Sohn Christian gegangen. Christian Graf von Hardenberg-Reventlow, bekleidete die Stellung eines dänischen Geheimen Konferenzrats und lebte deswegen in Dänemark auf dem Familienbesitz seiner Mutter, einer geborenen Gräfin Reventlow. Die Erbschaft des Staatskanzlers trat er deshalb an seinen Vetter Carl (Adolf Christian) ab, den ältesten Sohn des schon 1816 verstorbenen preußischen Landjägermeisters Georg Adolf Graf von Hardenberg, eines Bruders des Staatskanzlers, der so zum Stammvater der Neuhardenberger Grafen von Hardenberg wurde.

Da Christian Graf Hardenberg-Reventlow bei seinem Tode nur eine Tochter hinterließ, die nach salischem Recht von der Erbfolge ausgeschlossen war, fiel die Standesherrschaft 1840 endgültig an Carl (Adolf Christian) von Hardenberg. Dessen gleichnamiger Sohn Carl (Hildebrand Christian), verheiratet mit seiner Cousine Hildegard Gräfin von Hardenberg-Neuhardenberg, wurde 1866 vierter Freier Standesherr zu Neuhardenberg. Er hatte für seine Person auf die Fürstenwürde verzichtet, wie es schon der Sohn des Staatskanzlers getan hatte, »um den Ruhm des Vaters nicht zu schmälern.«[31a] Bei seinem Tode 1873 folgte ihm sein ältester Sohn Leutnant a. D. Carl (Friedrich Toussaint) für knapp vier Jahrzehnte als neuer Erbherr der Standesherrschaft. Allerdings stand er bis zu seinem Tode 1912 wegen Krankheit unter Vormundschaft seines Bruders Kuno, der seinerzeit Regierungsassessor bei der Regierung in Liegnitz war. Verheiratet war dieser mit Etta von Burgsdorff.[32] Als Kuno Graf Hardenberg 1912 sechster Freier Standesherr auf Neuhardenberg wurde, war er Geheimer Regierungsrat, Mitglied im Reichsverband gegen die Sozialdemokratie und wurde auch Mitglied in der Deutschen Vaterlandspartei, Mitglied des Deutschen Offiziersbundes sowie im Verein ehemaliger Offiziere des Ulanenregiments Nr. 3.[33]

Zwischen 1912 und 1915 ließ er im Schloß eine Wasserleitung, elektrisches Licht und eine Zentralheizung installieren, und er gab der Veranda zum Garten heraus

Karl August Fürst von Hardenberg
1750 – 1822

wieder eine der schönen Architektur glücklich angepaßte Form. Sein Nachfolger ließ als wesentlichste Veränderung die Bibliothek aus den fünf oberen kleinen Räumen im Westflügel herunter verlegen in die beiden Räume neben dem Gartensaal nach Westen zu. Der hintere Raum war ehemals das Schlafzimmer der Staatskanzlerin, geborenen Schönemann, gewesen.[34]

Wappen

Das Karl August von Hardenberg am 3. Juni 1814 bei seiner Erhebung in den Fürstenstand erteilte Wappen derer von Hardenberg zu Neuhardenberg besteht aus einem Mittelschild, auf dem sich das Stammwappen, ein in Silber gekehrter, schwarzer Eberkopf, befindet, und einem sich darum umgebenden gevierteilten Schild

- der preußische schwarze Adler (in Silber);
- eine rote Mauerkrone, die von einem Lorbeer- und Eichenzweig umgeben ist (in Gold);
- das Ordenszeichen des Eisernen Kreuzes (in Gold);
- zwei nebeneinander gestellte, die Bärte nach oben und auswärts kehrende, goldene Schlüssel.

Das Wappen der Grafen Hardenberg-Neuhardenberg

II Jugend und Erster Weltkrieg

Jugend

Am 22. Oktober 1891 wurde Carl-Hans Graf von Hardenberg im schlesischen Glogau geboren. Der Vater Wilhelm Graf von Hardenberg war preußischer Major im Ulanenregiment Kaiser Alexander II. Er war ein Ururgroßneffe des preußischen Staatskanzlers Karl August Fürst von Hardenberg.[1] Die Mutter Helene Freiin von Hardenberg war eine Großnichte des romantischen Dichters Georg Philipp Friedrich Freiherr von Hardenberg, bekannter als »Novalis«.[2] Es gab noch zwei jüngere Söhne: Harald, der im Alter von zehn Jahren verstarb, und Wilfried sowie die Tochter Elisabeth.[3]

Carl-Hans mit Schwester Elisabeth

Carl-Hans besuchte das Kaiser-Wilhelm-Gymnasium in Hannover bis etwa 1905 und anschließend das Viktoria-Gymnasium in Potsdam. Als er bei den 1925 stattfindenden Kreistagswahlen nur auf »den letzten Platz« kam, schrieb er seinem Freund Marwitz: »Es erinnerte mich dies an die verflossene Zeit der Schuljahre, wo es mir auch meistens zu Ostern (beim Zeugnisempfang – d. A.) so erging.«[4] Nach dem Abitur am 13. September 1910 trat er als Fahnenjunker in das Erste Garderegiment zu Fuß in Potsdam ein. 1912 wurde er in diesem Regiment zum Leutnant befördert und 1914 zum Chef der Leibkompanie ernannt. Am 29. Oktober 1914 heiratete er Renate Gräfin von der Schulenburg aus dem Hause Lieberose.

Renate Gräfin von der Schulenburg und Carl-Hans Graf von Hardenberg (1914)

Carl-Hans Graf von Hardenberg

Wilhelm Graf von Hardenberg mit Sohn Carl-Hans

Carl-Hans Graf von Hardenberg (1915)

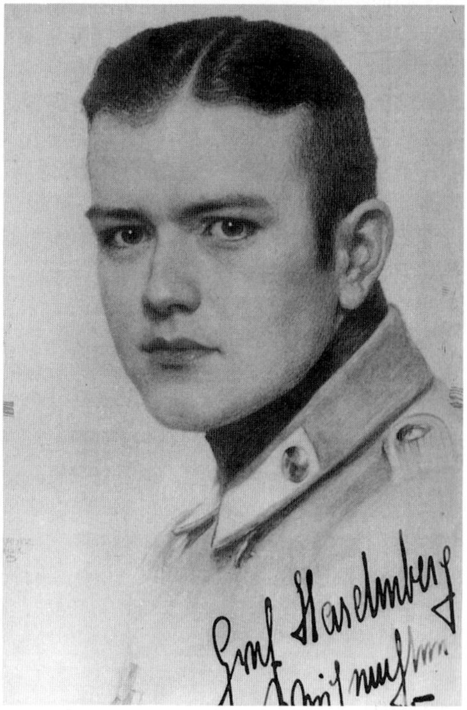

Carl-Hans Graf von Hardenberg (2. von links) mit Kameraden seines Regiments

Döberitz, Frühjahr 1914, Offiziere des 1. Bataillons des 1. Garderegiments zu Fuß. Stehend v. l.: Freiherr von Riedesel, von Waldow, von Roeder, von Bonin, Prinz Eitel Fritz, von Trotha, Freiherr von Schilling, Prinz Oskar, Herr von dem Knesebeck, Prinz Joachim; vorn v. l.: Hardenberg, Freiherr von Lyncker, Herr von Werder, Graf von der Goltz, Rudolf von Oppen, von Massow

1915 verstarb sein Vater, Major Wilhelm Graf von Hardenberg, der etwa 350 000 Mark hinterließ. 87 000 Mark davon entfielen als Erbe auf Carl-Hans.[5] Während der Kriegsjahre wohnten die Hardenbergs in Potsdam, Marienstraße 1.[6]

Zu Beginn des ersten Weltkrieges führte er die Leibkompanie des bekannten Potsdamer Regiments, wobei ihm Ehre und Anerkennung zuteil wurde. »Im militärischen Bereich war sein Name in aller Munde.«[7] Er kam sofort nach Frankreich an die Front.

Die Kräftekonstellation auf dem französischen Kriegsschauplatz wurde durch das Verhältnis von 195 deutschen Divisionen zu 185 Divisonen der Entente bestimmt. Die deutsche Offensive nördlich und südlich der Somme war bei größter Geheimhaltung vorbereitet worden. Das Oberkommando der französischen Landstreitkräfte hatte lange Zeit eine deutsche Offensive bei oder nördlich von Verdun erwartet und somit hier seine stärksten Reserven in Bereitschaft gehalten. Die Oberste Heeresleitung hatte unter anderem erwogen, die Verteidigung der französischen Heeresgruppe Nord zu durchbrechen. Damit wäre der strategische Durchbruch auf der gesamten Front zwischen Kanalküste und Verdun erreicht worden, womit entscheidende Voraussetzungen geschaffen worden wären für das Erreichen des strategischen Hauptziels, der Zerschlagung des Nordflügels der Streitkräfte der Entente.

Hardenbergs dritte Verwundung

Im Frühjahr 1918 wurde Hardenberg zum drittenmal verwundet, diesmal vor Verdun. Es war seine schwerste Verwundung; ein Teil des linken Schultergelenks und des Oberarmknochens mußten entfernt werden.
Hardenberg, zu Kriegsbeginn 23, am Kriegsende 27, wurde durch den Weltkrieg tief geprägt. Der Tod von Gefährten und Freunden, die eigenen Wunden, die Bitterkeit der Erfahrungen, all das machte ihn zu einer Persönlichkeit von eigenartiger innerer Geschlossenheit, unlöslich verpflichtet einer Gemeinschaft, die nun am Kriegsende durch die Kriegsfolgen jäh zerrissen schien. Für Hardenberg gleich vielen anderen jungen Offizieren stand das Bekenntnis zum Vaterland im Zentrum seiner Gedanken. Jedoch empfand er, sicherlich erst im Unterbewußtsein, daß dieses Vaterland einer Umformung bedürfen werde.
Zunächst mußten die schweren Kriegswunden heilen. Die folgenden Monate waren geprägt durch den Kampf gegen qualvolle Schmerzen und aufreibende Bewegungslosigkeit. Am 9. Mai 1918 schreibt seine Frau: »Mein Mann hat *sehr* zu leiden und liegt immer noch fest ohne Bewegung auf dem Rücken. Aus der Wunde am Oberarm sind schon 2 fingerlange Splitter entfernt.« Jede kleine Verbesserung in seinem gesundheitlichen Zustand sensibel wahrnehmend, schreibt sie dann am 21. Mai 1918: »Ich bin mit meinem Mann Sonnabend in Berlin angekommen u. er liegt im Elisabethkrankenhaus Lützowstraße. Der Transport ist leidlich überstanden und es wird wirklich ein bißchen besser.« Und Ende des gleichen Monats, schon ein wenig zuversichtlicher, schreibt sie: »Meinem Mann geht es ein klein wenig besser; er ist vorm. u. nachm. ein paar Stunden außer Bett. Und seit ein paar Tagen hat er kein Fieber gehabt. Hoffentlich lassen auch bald die Schmerzen nach.« Ihre Besorgnis und Fürsorge kommt in dem Satz zum Ausdruck: »Ich fahre alle 2 Tage nach Berlin zu meinem Mann.« Monate bangen Abwartens vergehen. Am 17. September 1918 schreibt sie in tiefer Sorge: »Mein Mann wird diese Woche wieder operiert. Sie wollen ihm die vielen kleinen Knochensplitter auf einmal herausnehmen..., die so viel Beschwerden machen.«[8]
Die liebevolle Fürsorge seiner Frau, gepaart mit der ärztlichen Kunst des Professors Landrois (Elisabethkrankenhaus Berlin), der Hardenberg durch eine einzigartige Operation den linken Arm rettete, indem er diesen mittels eines künstlichen Teils am Körper befestigte, läßt Hardenberg schließlich gesunden. Ein Vierteljahrhundert später wird dieser Professor auf andere, tragische Weise wiederum helfen.[9]
Immer mehr drängte sich die sorgenvolle Frage nach der Zukunft in die Gedanken. Suchte er Antwort bei Gerhart Hauptmann und Henrik Ibsen, deren Werke er in dieser Zeit las?[10]
Im Jahre 1919 schied Hardenberg als Oberleutnant aus dem aktiven Wehrdienst aus. Zu dieser Zeit wohnte er in Potsdam, Karlstraße 6.[11] Seine Ersparnisse beliefen sich nur auf gut 10 000 Mark; deswegen mußte er für weitere 25 000 Mark

Wertpapiere verkaufen, um Lebenshaltungskosten, Wohnungsauflösung und Umzug bestreiten zu können.
Welche Pläne hatte er? Sein Weg führte ihn zunächst zu seinem Schwiegervater nach Schloß Lieberose (Niederlausitz), dem Geburtshaus seiner Frau. Hier empfing er von der Standesherrschaft im Jahre 1921 ein Gehalt von 19 500 Mark. Zwischen dem Schloßherrn Otto Graf von der Schulenburg und Hardenberg entstand ein solches Vertrauensverhältnis, daß zwischen beiden am 1. Juli 1921 ein Vertrag geschlossen wurde: »Herr Graf von der Schulenburg überträgt Herrn Grafen von Hardenberg ab 1. Juli 1921 die Mitbeaufsichtigung seiner gesamten Standesherrschaft.[12] Zu dieser Zeit wohnte er in Mochlitz bei Lieberose, einem kleinen Dorf in der Niederlausitz; sein monatliches Einkommen betrug nunmehr 2 800 Mark.[13] Die Mochlitzer Zeit war für Hardenberg harte Arbeitszeit. Im Schweiße seines Angesichts lernte er das bäuerliche Leben kennen.

Das »vielleicht wichtigste und komplizierteste Element in der Zusammensetzung des Widerstandes« sind »die Konservativen. Ich meine damit sowohl die, die ihrer ausdrücklichen politischen Überzeugung nach hierzu zählen, als auch die Angehörigen jener Berufsschichten, in denen sie vorzugsweise zu finden waren: Beamte, Offiziere, Gutsbesitzer.«

Das »konservative Element in seiner bewußten politischen Gestaltung wies verschiedene Schattierungen und Richtungen auf, die für den Widerstand von großer praktischer Bedeutung wurden. Die Konservativen sind unter dem Schrecken, den sie durch ihre herkömmliche, vor allem in Weimar gezeigte Haltung mit heraufbeschworen, wenn auch so nicht gewollt hatten, mannigfaltige Wege gegangen. Zunächst waren sie durch die Symbolik von Potsdam zwischen Hindenburg und Hitler… und die Politik der Wiederaufrüstung sowie des Kampfes gegen Versailles innerlich gebunden.«[1]

Richard von Weizsäcker, 1964

III Freier Standesherr in der Weimarer Republik

Verzicht auf Fürstentitel

1920 war ein Familienverband der Grafen und Freiherren von Hardenberg gebildet worden, dem auch Hardenberg beigetreten war.[1] Der Tod seines Onkels Kuno am 25. 11. 1921 bedeutet eine Zäsur in Hardenbergs Leben.[2] Nun hatte er die Standesherrschaft Neuhardenberg mit 7631 ha geerbt. Nach der Fideikommißfolge[3] soll Hardenberg unverzüglich den Verzicht auf den Fürstentitel beantragt haben. Als sein Freund Fabian von Schlabrendorff »ihn einmal fragte, warum er denn auf diesen Verzicht so großen Wert gelegt habe, lächelte er listig und meinte: ›Wer einen Fürsten besucht, glaubt immer, es müsse bei Tische ein Leibjäger hinter ihm stehen. Das kostet zuviel Geld. Auch ein Fideikommiß wie Neuhardenberg, einer der größten landwirtschaftlichen Besitze im Lande Preußen, muß mit Sorgfalt und Sparsamkeit bewirtschaftet werden.‹[4] Vielleicht ist das nur die halbe Wahrheit, denn der Verzicht auf den Titel hatte Tradition. Schon Christian, der Sohn des ersten Fürsten, hatte auf die Fürstenwürde verzichtet, als er 1822 das Erbe antrat, und ebenso Hardenbergs Großvater.«[5]

Schinkelkirche in Neuhardenberg mit Kriegerdenkmal

Wirtschaftliche Probleme

Die Quellen belegen, daß die finanzielle Situation Hardenbergs in den »goldenen zwanziger Jahren« für den Großagrar-Debütanten alles andere als golden war. Bei den Zahlen muß man allerdings die entsprechenden Inflationsraten berücksichtigen. Das Schulenburgsche Rentamt richtet am 26. April 1922 ein Schreiben[6] an Hardenberg, in dem es heißt:

Es »stehen zu Ihren Lasten insgesamt	... 143 400.– Mk.
Infolge der Aufhebung des Pächterverhältnisses Mochlitz übernimmt die hiesige Verwaltung von Ihnen:	... 152 275.– Mk.
Unser Rentamt hat somit an Sie zu zahlen:	8 475.– Mk.«

Aufschluß über die ökonomische und finanzielle Gesamtsituation gibt eine Steuererklärung für die Standesherrschaft Neuhardenberg (Fideikommißbesitz) für die Veranlagung zur Einkommenssteuer für das Steuerjahr 1921:[7]

»1. Aus Grundvermögen	1 677 181 M
3. Aus Kapitalvermögen	6 482 M
	... 1 683 663 M
Hiervon sind abzuziehen	
a) Schuldzinsen	55 093 M
(Schuldbetrag 1 410 970 M Haupttritterschaftsdirektion Berlin)	
b) Kirchenpatronatsverpfl.	23 778 M
Mietwert Schloß 5 000,–	
Mieteinnahmen 946,–	
4.777 Hektar	Einkommen 1 607 305 M
Pachteinnahme aus 2 180 Hektar	68 306 M
zus. Reineinkommen aus Liegenschaften	1 675 611 M«

Zahlungsforderungen wurden 1922 gegenüber Etta Gräfin Hardenberg erhoben, Frau des 1921 verstorbenen Kuno Graf von Hardenberg, denen auch die Ansprüche an die Gutsverwaltung zu entnehmen sind[8]:

»... auf Grund der vorläufigen Veranlagung (sind) bis zum 30. Juni 1922 zu entrichten ...

Frau Gräfin	Verwaltung
382 390	470 560«

Mit dieser und anderen überdimensionalen finanziellen Erblasten begann der junge Hardenberg seine Laufbahn. Doch Hardenbergs Schwiegervater Otto

Lehrer Furch aus Neuhardenberg im Jahre 1916 (lehrte bis etwa 1935)

Neuhardenbergerinnen in Quilitzer Tracht

Güterdirektor Bräuninger (3. von rechts)

Graf von der Schulenburg unterstützte das gräfliche Paar entsprechend seinen begrenzten Möglichkeiten. So erhielt Hardenbergs Frau am 19. April 1923 einen Brief vom Rentmeister Walther aus Lieberose mit den Zeilen:
»Ew. Hochgeboren beehren wir uns höflichst mitzuteilen, daß Ihr Vater die monatliche Zulage ab 1. April d. Js. von Mk. 5 000.– auf Mk. 20 000.– erhöht hat.« Am 18. Juni erhielt Gräfin Hardenberg eine Bescheinigung, ebenfalls aus Lieberose, worin ihr mitgeteilt wurde, daß ihr »Vater ab 1. 7. d. Js. die monatliche Zulage von Mk. 20 000.– um Mk. 30 000.– auf Mk. 50 000.– erhöht hat«. Schon einen Monat darauf wurde ihr bescheinigt, daß ihr Vater ihre »Zulage ab 1. August dieses Jahres von Mk. 50 000.– auf Mk. 200 000.– je Monat erhöht hat«.[9]
Natürlich hingen die Zahlungserhöhungen mit der grassierenden Inflation in Deutschland zusammen. Gerade in dieser Zeit hatte die inflationäre Entwicklung unvorstellbare Ausmaße angenommen. 300 Papierfabriken waren damit beschäftigt, Banknotenpapier zu produzieren; 150 Druckereien arbeiteten rund um die Uhr, damit die erforderlichen Papiergeldmengen bereitgestellt werden konnten. Die Arbeiter holten ihre spärlichen Löhne und Gehälter nicht selten in Rücksäcken und Körben ab. Weil der Wert des Geldes oft in Stunden an Wert verlor, mußte es sofort in Umlauf gebracht werden. Der reale Einkaufswert der Einkommen der Arbeiter lag weit unter 40 Prozent, häufig nur bei 15–20 Prozent des Vorkriegsniveaus.
In dieser schweren Zeit richtete Gräfin Hardenberg wahre Bettelschreiben nach Lieberose, um nur einige wichtige Lebensmittel zu erhalten.

»Lieber Walt(h)er. Ich habe B. gebeten, mir per Post Gemüse zu senden, damit ich für den Anfang etwas in P. habe. Bitte sagen Sie doch auch Ch., er möchte Karpfen od. Hecht schicken(,) sobald er hat. Eine Kiste hat er noch von mir. – Wenn Sie mir die Kartoffeln reichlich bemessen können, wäre ich sehr froh; könnte in P. gegen Zukker eintauschen. Bitte sorgen Sie, daß meine Büchse auch mitkommt, sachgemäß verpackt, ohne Patronen. Sie steht im Fuchsbau im Schrank. Könnte ich noch Gerste für Gisela bekommen in Ermangelung von Haferflocken?
Herzlichen Gruß Gräfin Renate«

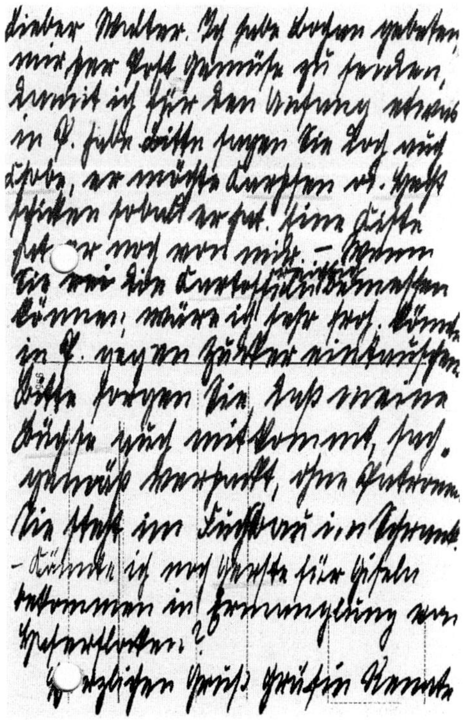

Karte von Renate Gräfin von Hardenberg an Rentmeister Walther aus Lieberose

Schloß Lieberose

Monate und Jahre nach der Inflation hatten sich die ökonomischen und finanziellen Existenzbedingungen nicht wesentlich verbessert. Dennoch gewährte Hardenberg Notleidenden in seinem Rahmen Hilfe.

Im Mai 1926 mußte er seinem Schwager Schilling von Cannstatt 20 000 RM überweisen und im Juni 1926 mußte er sich an die Kur- und Neumärkische Ritterschaftliche Darlehnskasse, Berlin, mit der Bitte wenden, den ihm »eingeräumten Credit um 60 000 Mk. zu erhöhen, da (er) auch diese Summe zum Ankauf des Pächterinventars benötige.«[10] An den Rand des Bankrotts wird Hardenberg durch die Auflösung der Fideikommißherrschaft gebracht. In seinem Schreiben an die Kur- und Neumärkische Ritterschaftliche Darlehnskasse, Berlin, stellte er fest: »Der Familienschluß, der die sofortige Auflösung der Fideikomißherrschaft Neuhardenberg vorsieht, hat am 8. d. Mts. Rechtskraft erhalten. In diesem Familienschluß ist vorgesehen, daß zur Ablösung der bisher für die Agnaten in den Grundbüchern eingetragenen Apanagen der Betrag von 78 750 Mk. nominal 8 % Goldpfandbriefen zur Auszahlung gelangen soll. Hardenberg«.[11] Quälend sind für Hardenberg die ständigen Zahlungsforderungen dieser Darlehnskasse. Im Oktober 1926 erfolgt die Aufforderung: »... Am 28. ds. Mts. werden Ihre Akzepte über RM 50 000 und RM 33 300, Ansteller Wilfried Graf Hardenberg, fällig.«[12]In dieser völlig aussichtslosen Situation, als er zahlungsunfähig vor dem Konkurs stand, reichte ihm sein Freund Bodo von der Marwitz die rettende Hand. Im November 1926 konnte Hardenberg erleichtert an die Kur- und Neumärkische Ritterschaftliche Darlehnskasse, Berlin, schreiben: »... Für die Folge werden die zur Prolongation übersandten Wechsel die Unterschrift des Herrn von der Marwitz–Friedersdorf tragen. Rentamt Neuhardenberg«.[13]

Aber die Zahlungsforderungen wollen nicht enden. »Obiges Konto weist jetzt eine Schuld von RM 17 707.82 zuzüglich Zinsen auf«, stellte im Dezember 1926 die Kur- und Neumärkische Ritterschaftliche Darlehnskasse fest. Hinzu »kommen die Akzeptverpflichtungen mit zusammen RM 643 540.–, so daß die Gesamtverpflichtung RM 661 247.82 zuzüglich Zinsen beträgt«.[14] Einen weiteren Brief schickte die Darlehnskasse am 14. Januar 1927: Die »Prolongation der Wechsel ist erfolgt unter der Bedingung, daß Sie Ihre Kontoschuld von z. Zt. RM 12 763.70 zuzüglich Zinsen begleichen und daß die noch freien GM 144 000.– Ihrer Aufwertungshypothek zur Verstärkung Ihrer dinglichen Sicherheiten an uns abgetreten werden.«[15] Im März des gleichen Jahres dann: »Am 25. ds. Mts. wird Ihr Akzept über RM 14 840.– fällig... Vereinbarungsgemäß sollte Ihre Kontoschuld durch Wirtschaftseingänge bis März abgedeckt werden.«[16] Am 14. März 1927 konnte das Rentamt Neuhardenberg dann der Darlehnskasse erleichtert mitteilen: »... Die auf dem laufenden Konto noch bestehende Schuld wird verabredungsgemäß bis Ende des Monats abgedeckt sein.«[17]

Doch damit war der Schuldenberg nur verkleinert. Hardenberg kämpfte verzweifelt weiter darum, diesen völlig abzutragen. Im Juni 1927 schrieb er dem Vorstand der Kur- und Neumärkischen Ritterschaftlichen Darlehnskasse: »Zur Ablösung der auf meinen Besitzungen noch ruhenden 8 %igen Landschaftlichen

Central-Pfandbriefen in Höhe von 146 000 M bitte ich 8 %ige Pfandbriefe aufzukaufen... Hochachtungsvoll Freier Standesherr«.[18]
Auch Otto Graf von der Schulenburg tat das Seine, um seiner Tochter und seinem Schwiegersohn zu helfen. Im Juli 1927 wird ihr mitgeteilt: »Ew. Hochgeboren beehren wir uns ganz ergebenst davon Kenntnis zu geben, daß Herr Graf die an Ew. Hochgeboren zu zahlende Zulage von R. Mk. 280.– auf R. Mk. 500.– je Monat erhöht hat.«[19]

Bodo von der Marwitz informierte Hardenberg am 28. Januar 1929 nach Vergleich der Statistiktabellen der Ritterschaft, daß er, Marwitz, mit seiner »Verwertung durch glücklichen Zufall im vorigen Jahr erheblich höher gelegen habe wie das beste Gut der Ritterschaft«.[20] Nach einer längeren Regenperiode schrieb Hardenberg an Marwitz deprimiert: »Man wagt kaum noch auf die Felder zu gehen, so trostlos sieht der Boden aus.«[21]

Otto Graf von der Schulenburg hatte seine Tochter, solange es möglich war, nach Kräften unterstützt, mußte aber schließlich Konkurs anmelden. Hardenberg wurde am 8. Dezember 1931 von den zwei Rechtsanwälten Dr. Stein/Siebert informiert, daß er »als Kurator (Verwalter – d. A.) verpflichtet...«[22] worden sei. Warum dies nicht Graf Ottos Sohn Albrecht übernehmen sollte, darüber geben die Quellen keine Auskunft. Nach Prüfung der Unterlagen des Rentamtes teilte Hardenberg am 14. Dezember 1931 Dr. Stein brieflich mit, daß er sich »vor einiger Zeit einen Auszug aus dem Privatverbrauch vom Bücherrevisor geben« ließ. »Sein Schwager Graf Albrecht-Friedrich (Albrecht Graf von der Schulenburg, Standesherr, Oberforstmeister, Rittmeister – d. A.) habe gegen diese Aufstellung in einzelnen Punkten Einspruch erhoben, der, wie ich zugeben muß, zum Teil berechtigt ist.«[23]
Offensichtlich war Hardenberg über die angebotene Aufgabe nicht glücklich. Wollte er keinen Zwist mit dem Bruder seiner Frau, oder meinte er in seinem Gerechtigkeitssinn, daß die Aufgabe des Kurators eher dem noch in Lieberose wohnenden Graf Albrecht zukommen würde? Jedenfalls schrieb Dr. Stein am 21. Juni 1932 an Otto Graf von der Schulenburg: Hardenberg »erklärte weiter, er selbst werde das Amt als Treuhänder nicht annehmen«.[24]
Zu dem eigenen Schuldenberg, den abzubauen er bemüht war, kam nun noch der des Grafen Schulenburg. Immerhin hatte dieser nach seinen eigenen Angaben per Oktober 1932 über 12 500 Mark Schulden.[25] Hardenberg bemühte sich, seinem Schwiegervater trotz der entstandenen finanziellen Misere einen sozial gesicherten Lebensabend zu gewährleisten. Das ergibt sich aus einem Brief an Dr. Stein:

»Neuhardenberg, den 6. Oktober 1932

> ... Ich bin gestern in Lieberose gewesen, wo der Bücherrevisor Kraft auch war, und habe mit beiden Herren die Fragen durchgesprochen. Herr von Hammerstein will schon in den nächsten Tagen die Gedanken zu Papier bringen und

sich mit Ihnen in Verbindung setzen. Auch ich weiß, daß die Unsicherheit für meinen Schwiegervater schwer erträglich ist. Andererseits mußte ich in seinem Interesse dafür sorgen, daß er, kurz gesagt, die Schulden los wird und zugleich mit einem Betrag von 1 000.– RM monatlich rechnen kann, der nicht durch erhöhte Steuerzahlungen vermindert wird. Wir sind deswegen auf den Gedanken gekommen, daß während dieses Steuerjahres der Schwiegervater seine Pension an Lieberose auszahlt und dieses dafür verpflichtet wird, sämtliche Steuern für ihn zu bezahlen. … Hardenberg«[26]

Rechtsanwalt Hammerstein bemühte sich um Klärung des Problems. Am 10. Oktober 1932 schrieb er an Dr. Stein, daß »der Vertrag mit Graf Otto … nicht auf die lange Bank geschoben (ist), sondern weiterbearbeitet …« wird.[27]

Die Bemühungen Hardenbergs, seine eigene wirtschaftliche und damit finanzielle Situation zu verbessern, wurden durch Kartoffeldiebstähle der teilweise hungernden Landbevölkerung des Kreises Lebus beeinträchtigt. Trotzdem versuchte Hardenberg, andere Landwirte dafür zu gewinnen, für die Winternothilfe Kartoffeln zu spenden.[28]

Die Analyse der Hardenbergschen Korrespondenz zeigt einen tragenden Charakterzug Hardenbergs auf: ausgeprägtes Solidarbewußtsein und damit verbunden praktiziertes Sozialverhalten.[29] So äußert er am 13. September 1922 an den Rentmeister Walther in Lieberose die Bitte, folgende »Angelegenheit … (zu) erledigen … Laut anliegenden Quittungen habe ich von Friedrich Konzak und Paul Friedrich, beide Holzarbeiter in Mochlitz, für je einen Morgen von mir bestellten Roggenlandes am 5. September d. J. die Pacht zu erhalten. Dem Friedrich habe ich auf ein Schreiben an (mich) hin genehmigt, die feste Summe von 1 800 Mark an Stelle der 3 Centner Roggen zu bezahlen. Konzak hat sich nicht an mich gewandt, für ihn kommt somit die niedrigste Notierung der Berliner Börse am 1. 9. 22 in Höhe von 2 100 Mk pro Ctr. Roggen = 6 300 Mk für 3 Centner in Frage. Ich ermächtige Sie jedoch, auch von Konzak nur den Preis von 1 800 Mk als Pacht einzufordern. Graf Hardenberg-Neuhardenberg«[30]

Daraus spricht nicht Gewinnsucht, sondern soziale Gerechtigkeit und Achtung vor den von ihm ökonomisch Abhängigen. In Wahrnehmung seiner Eigentümerfunktion zeigte Hardenberg wirtschaftlich vertretbaren sozialen Gerechtigkeitssinn. Er bemühte sich, wirtschaftliche und soziale Probleme als Einheit zu erfassen, auch im Brandenburgischen Landbund, was ihm mitunter sogar den Respekt seiner sozialdemokratischen und kommunistischen Gegenspieler einbrachte.

Auch dem geistig-kulturellen Leben widmete Hardenberg Aufmerksamkeit. So gastierte auf Initiative Hardenbergs das Berliner Ensemble des Theaterdirektors Bender am 24. Juli 1926 in Lietzen. Dennoch wollte er aus »politischen Gründen« nicht, daß »der Eindruck erweckt wird, als wenn es von mir bestellte Arbeit wäre«.[31]

Sozialabbau auf dem Lande

Die sozialen Auseinandersetzungen auf dem Lande verschärften sich. Im März 1931 schickte der Kreisverband Lebus des Brandenburgischen Landbundes ein Schreiben an den Gesamt-Vorstand[32], damit auch an Hardenberg. Hierin hieß es:

»In den bäuerlichen Betrieben ist es heute Brauch, daß bei Freiarbeitern und Arbeitern in häuslicher Gemeinschaft, oft sogar auch bei Deputatarbeitern, die Soziallasten, Krankenkasse, Invalidenversicherung, Arbeitslosenversicherung vom Arbeitgeber voll bezahlt werden.

Da schon meist ein Lohn über Tarif gezahlt wird, so stellen die Soziallasten eine große Belastung dar. Bei der heutigen Lage der Landwirtschaft, dem Abbau aller Löhne ist es aber in keiner Weise gerechtfertigt, daß der Arbeitgeber weiterhin diese Lasten übernimmt. Ein Abbau der Landarbeiterlöhne ist zur Zeit abgelehnt. Dagegen können wir damit rechnen, daß die Krankenkassenbeiträge, wenn auch gering, erhöht werden, weil die für die Beiträge festgesetzten Grundlöhne von seiten der Arbeitslosenversicherung beanstandet worden sind. ... Der Arbeiter selbst bleibt bei dem heutigen Brauch der Bezahlung der Sozialbeiträge durch den Arbeitgeber von allen Erhöhungen unberührt. Wollen wir aber den Arbeitern die Untragbarkeit der heutigen Soziallasten vor Augen führen, wollen wir, daß er selbst Reformen dieser Versicherung fordert, so muß er die Last selbst spüren. Wir richten daher an alle Landwirte die dringende Aufforderung, von jetzt ab und zwar unter Kündigung der bisherigen Abmachungen ..., den Arbeitern die Anteile von den Soziallasten abzuziehen. (Soll heißen: den Arbeitern ihren Anteil an den Soziallasten vom Lohn abzuziehen. – d. A.) Es wird der einzelne Landwirt sich scheuen, dies zu tun, wenn er nicht bestimmt weiß, daß die anderen es auch machen. Der einzige Weg, dies zu erreichen, ist, daß die Landwirte sich gegenseitig hierzu verpflichten, im Übertragungsfalle eine bestimmte Strafe zu zahlen.

Wir wissen, dies wird vielleicht auf Widerstände stoßen. Man bedenke aber: Man schimpft dauernd über die hohen Lasten und will nicht das Einfachste tun, nur das übernehmen, wozu man gesetzlich verpflichtet ist.. Wenn sich die Landwirte einig sind, so ist es heute die richtige Zeit, es durchzuführen. Jeder, der Arbeiter einstellt, hätte also eine Erklärung zu unterschreiben, die etwa folgenden Inhalt hätte: ›Ich verpflichte mich, meinen Arbeitern und Arbeiterinnen den Anteil der Soziallasten, den sie gesetzlich zu tragen verpflichtet sind, von ihrem Lohn abzuziehen, d. h.

bei der Krankenversicherung 2/3,
bei der Invalidenversicherung 1/2,
bei der Arbeitslosenversicherung 1/2.

Für den Fall jeder Übertretung verpflichte ich mich, an Herrn ... eine Strafe von ... M für jeden Übertretungsfall zu zahlen.

Ich verzichte auf jeden Einwand und erkenne den Spruch des Vorstandes der Landbundortsgruppe als für mich rechtsverbindlich an. Die augenblicklich laufenden Abmachungen habe ich zum nächsten Termin zu kündigen.‹«

Das heißt, die Großgrundbesitzer sollten unter Androhung nicht unerheblicher Strafen dazu verpflichtet werden, den Landarbeitern den oben genannten Anteil an Soziallasten aufzubürden. Da dieses Schreiben auch an Hardenberg gerichtet wurde, dürfte sicher sein, daß er an seiner Erarbeitung nicht beteiligt gewesen war.

Fritz Perlitz, damals kommunistischer Funktionär in Fürstenwalde, berichtete davon, daß er »auf dem Gut Hardenbergs« einen Streik initiiert habe. Allerdings meinte er damit nicht Neuhardenberg, sondern das kleinste Gut, das an der Peripherie des Hardenbergschen Besitzes zwischen Fürstenwalde und Müncheberg gelegene Gölsdorf.[33] Streikanlaß waren vermutlich diese Forderungen des Brandenburgischen Landbundes und des Arbeitgeberverbandes, in dessen Gremium Hardenberg nicht mitwirkte. Im zugänglichen, erhalten gebliebenen Quellenmaterial ließ sich dieser Streik jedoch nicht nachweisen.[34]

Wir wissen nicht, was Hardenberg getan hat. Von Marwitz wissen wir, daß er am 20. März 1931 sämtliche Arbeiter von Friedersdorf zu einer Versammlung einlud. Er schilderte zunächst die schlechte Situation in der Landwirtschaft. Davon leitete er ab, daß jede Familie sich verpflichten müsse, eine vorgeschriebene Fläche Rüben zu bearbeiten. Dies sollten vor allem Frauen und Kinder bewerkstelligen und nach Feierabend und sonntags auch die Männer. »Wer dazu keine Neigung verspüre, müsse unweigerlich gekündigt werden«.[35] Schon am 23. März erhielten die Frauen von Friedersdorf folgendes Schreiben: »Da ich nicht übersehen kann, ob die Entwicklung der wirtschaftlichen Verhältnisse es mir weiterhin gestattet, den Betrieb in bisherigem Umfange aufrechtzuerhalten und meinen Verpflichtungen aus Ihrem langfristigen Vertrage nachzukommen, kündige ich hiermit das bestehende Arbeitsverhältnis zum 30. September 1931. ... v. d. Marwitz«[36]
Denkbar wäre, daß sich Hardenberg ähnlich verhalten hat. Aber die großzügige Beantwortung der an Hardenberg bzw. seine Frau gerichteten Bittschriften und Gesuche beweist, wie sehr sich Hardenberg im Rahmen seiner nicht gerade umfangreichen Möglichkeiten für die Verbesserung der sozialen Lage der ihm Untergebenen einsetzte.
So weist eine Liste des Rentmeisters Brüning vom Juni 1937 aus, daß Hardenberg sowohl für seine Verwandten und Freunde als auch für Dorfbewohner mehr als 126 700 Mark Darlehn vergeben hatte.[37]
Überliefert ist auch eine Bittschrift von Frau Gerda Erdmann aus Seelow an Hardenberg vom 14. Oktober 1937, in der es heißt:

»Sehr geehrter Herr Graf von Hardenberg!
Habe eine große Bitte, wäre es Ihnen möglich, daß ich die Zahlungen für den Monat Oktober, November u. Dezember ausfallen lassen könnte, meine beiden Kleinsten waren krank und da haben wir erhebliche Arztkosten ... Gerda Erdmann«[38]

Am 20. Oktober läßt Hardenberg mitteilen, daß er »in Anbetracht der vorgekommenen Krankheitsfälle bereit ist, die Zahlungen für die Monate Oktober bis einschließlich Dezember 1937 ausfallen zu lassen«.
Seiner Sekretärin, Hertha Fahrenkampf, schenkte er im Frühjahr 1937 ca. 8 Ar für den Bau eines Hauses (Neuhardenberg, Birkenweg). Auch die Ausbildungskosten der Kinder seiner Dienerschaft und Angestellten wurden von ihm übernommen.[39]

Ostelbische Agrarstruktur

Die Provinz Brandenburg war die territorial größte des preußischen Staates. Sie umfaßte die Mittelmark (ohne Berlin), die Uckermark, die Prignitz, die Neumark, den ursprünglich schlesischen Kreis Schwiebus[40], die vormals sächsische Niederlausitz[41] sowie etwa die Hälfte der Oberlausitz. Provinzialhauptstadt war Potsdam. Die Provinz war in die beiden mit etwa 20 000 km² gleich großen Regierungsbezirke Potsdam und Frankfurt/Oder eingeteilt, die wiederum in Kreise untergliedert waren. Etwa 40 Prozent der Bevölkerung arbeitete in Industrie und Handwerk, mehr als 30 Prozent in der Land- und Forstwirtschaft. Im Regierungsbezirk Potsdam gab es etwa gleich viele Arbeiter und Bauern, aber im Regierungsbezirk Frankfurt/Oder waren es etwa zweieinhalbmal so viele Bauern.

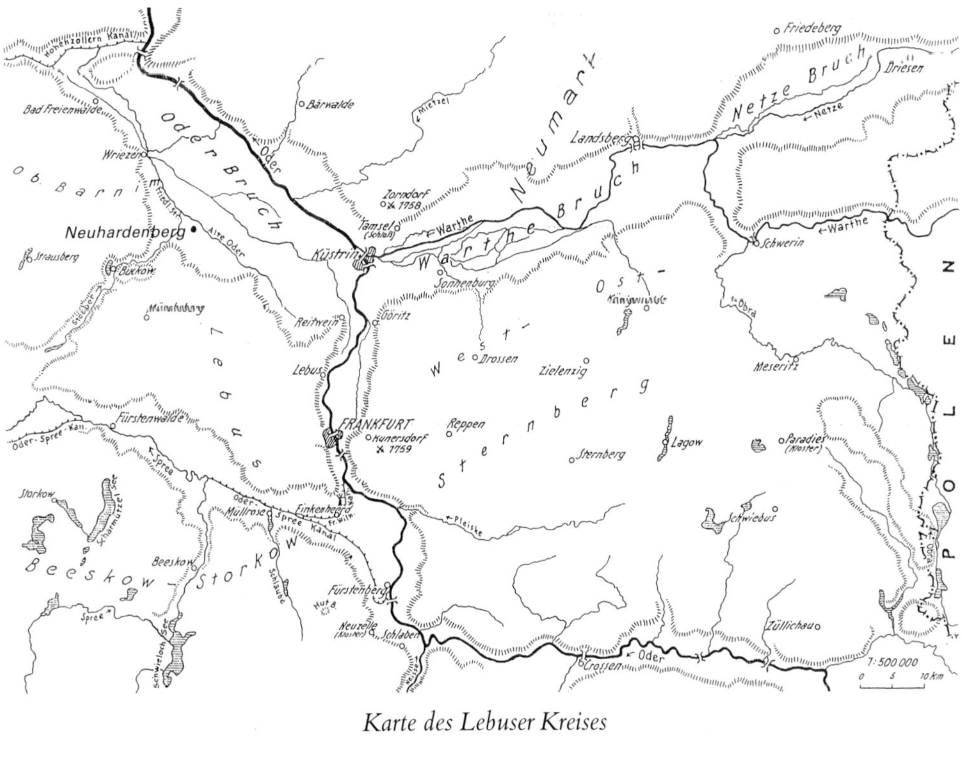

Karte des Lebuser Kreises

Gemeinsam mit den anderen ostelbischen Provinzen Mecklenburg, Pommern, Schlesien, Posen, Grenzmark Posen – Westpreußen und Ostpreußen gehörte Brandenburg zu den ökonomisch und politisch rückständigsten deutschen Gebieten. Westlich der Elbe nahmen landwirtschaftliche Mittelbetriebe zwei Drittel der landwirtschaftlichen Nutzfläche ein, östlich der Elbe beanspruchten die landwirtschaftlichen Großbetriebe den Hauptteil der Agrarfläche.

Exakten Aufschluß über die Struktur des ostelbischen Großgrundbesitzes gibt eine im Jahre 1930 von dem bekannten Agrartheoretiker Dr. Theodor Häbisch verfaßte Schrift mit dem Titel »Deutsche Latifundien«.[42] Als erste wichtige Erkenntnis ergibt sich, daß der deutsche Osten mit seinem überwiegenden Großgrundbesitz und Großgutsbetrieb, bezogen auf die landwirtschaftlich genutzte Fläche, kaum soviel Menschen ernährt und beschäftigt hat wie der Süden und Westen Deutschlands.

Die Schrift gibt auch Auskunft über die Konzentration von Grund und Boden in den Händen des preußischen Adels und der ehemals regierenden deutschen Fürsten: in manchen Landesteilen betrug sie ein Drittel des gesamten Bodens der Provinz. Im Odergebiet (Brandenburg, Schlesien, Grenzmark) ermittelte Häbisch 2,11 Millionen Hektar Adelseigentum. In Mecklenburg 377 000 Hektar, in Norddeutschland (Pommern und Ostpreußen) 1,2 Millionen Hektar Adelseigentum, davon in Pommern allein 790 000 Hektar, in Schlesien 1 124 000 Hektar, d. h. ein volles Drittel der landwirtschaftlichen Anbaufläche. In der Grenzmark ein gutes Viertel (26 Prozent).

Nach den Ermittlungen von Dr. Häbisch besaßen die adligen Großgrundbesitzer der Provinz Brandenburg folgenden Grund und Boden:[43]

	Hektar
Dietlof Graf von Arnim-Boitzenburg	14 126
Friedrich Graf von Brühl zu Pförten (Cummeltitz)	21 940
Graf von Hardenberg-Neuhardenberg	7 715
Wilhelm Fürst von Hohenzollern-Sigmaringen	14 772
Victoria Marie Fürstin zu Lynar-Görlsdorf	13 462
Preußisches (Kgl.) Hausfideikommiß (Hohenzollern)	56 267
Otto Graf von der Schulenburg-Lieberose	14 535
Friedrich Fürst zu Solms-Baruth	15 126
Karl von Waldow und Reitzenstein	10 351

Wie gliederte sich der Hardenbergsche Besitz, der zum Regierungsbezirk Frankfurt/Oder gehörte, in die agrar- und landwirtschaftliche Betriebsstruktur der Provinz Brandenburg ein?[44]

Provinz Brandenburg 1907

	Zahl der landwirtschaftlichen Betriebe	Landwirtschaftliche Nutzfläche dieser Betriebe in ha	Beschäftigte in der Landwirtschaft
– 0,5 ha	77 600	16 536	87 511
0,5 – 2 ha	62 801	63 331	101 454
3 – 5 ha	37 891	122 343	103 155
6 – 20 ha	48 237	499 950	206 404
21 – 100 ha	20 543	770 411	147 169
mehr als 100 ha	11 994	719 968	117 501
davon:			
Regierungsbezirk Potsdam	128 660	1 182 729	357 641
Regierungsbezirk Frankfurt/Oder	130 406	1 009 810	405 553
Insgesamt:			
Provinz Brandenburg	259 066	2 192 539	763 194

Der Hardenbergsche Besitz dieser Zeit war 1910 folgendermaßen in sich gegliedert:[45]

Ort	Gesamt	Acker	Grünland	Wasser	Wald	Sonstiges
Neuhardenberg	2 073,00	619,00	202,00	42,00	1 210,00	?
Lietzen	1 799,00	765,00	57,00	117,00	580,00	280,00
Alt-Rosenthal	958,00	450,00	65,00		424,00	19,00
Summe Kreis Lebus	4 830,00	1 834,00	324,00	159,00	2 214,00	299,00
Tempelberg	1 417,10	642,00	55,00	0,10	715,00	5,00
Gölsdorf	711,00	546,00	?	?	165,00	?
Berkenbrück	673,69		43,75	125,57	504,37	?
Summe Kreis Fürstenwalde	2 801,79	1 188,00	98,75	125,67	1 384,37	5,00
Gesamt	7 631,79	3 022,00	422,75	284,67	3 598,37	304,00

Bemühungen um Einfluß auf Presse und Agrarpolitik

Als einer der angesehensten Großgrundbesitzer Brandenburgs wurde Hardenberg Mitglied des Arbeitsausschusses des Brandenburgischen Landbundes. Der Brandenburgische Landbund war dem Deutschen Landbund mit 31 Kreisverbänden angeschlossen. Mit dem Landbund und dem Bund der Landwirte, der sich mit der Deutschkonservativen Partei liiert hatte, besaßen die Großgrundbesitzer Organisationen, mit denen sie ihre ökonomischen und politischen Interessen durchzusetzen sich bemühten.
Hardenberg versuchte dazu, seinen Einfluß auf die lokale Presse geltend zu machen. In der zweiten Hälfte des Jahres 1922 unterstützte er gemeinsam mit Marwitz finanziell den »Deutschen Volksboten«, eine Zeitung, die nach dem Selbstverständnis der Redaktion »*das* Blatt (ist), das den nationalen Gedanken im ganzen Landesverband Frankfurt/Oder, speziell im Kreise Lebus, hochhält...«[46] Hardenberg wurde Mitglied im Aufsichtsrat des Blattes. Am 21. August 1923 wurde er zu einer Außerordentlichen Aufsichtsratssitzung eingeladen.[47] Am 14. April 1925 schrieb er seinem Freund Marwitz: »Am Dienstag den 28. ds. M. mittags 12 Uhr findet im großen Sitzungssaale des Reichslandbundes Berlin, Dessauerstr. 26, eine Besprechung im kleinen Kreise von Herren der Provinz statt. Es handelt sich um Stellungnahme zu der Möglichkeit, maßgebenden Einfluß von unserer Seite auf die Presse zu gewinnen. Ich würde es sehr begrüßen, wenn Du Dein Erscheinen möglich machen könntest...«[48]
Auch bei seinem Brief vom 7. Mai 1925 an Marwitz ging es um die Verbindungen des Brandenburgischen Landbundes zum Reichslandbund sowie die Bemühungen um Einfluß auf die Presse. »Nachdem am 5. ds. M. eine Besprechung zwischen der Leitung der Kreuzzeitung[49] und den Vertretern der einzelnen Provinzen stattgefunden hat, erlaube ich mir, Dich zum Donnerstag, den 14. ds. M. nachm. 3.30 Uhr in den großen Sitzungssaal des Reichslandbundes Berlin, ergebenst einzuladen. Herr Müller-Wusterwitz und ich werden uns erlauben, über die Sitzung am 5. zu berichten. Ich würde besonderen Wert darauf legen, wenn Du Dein Erscheinen möglich machen könntest...«[50]

Engagement im Brandenburgischen Landbund, in der Kommunalpolitik und bei den Großgrundbesitzern

Stets war Hardenberg um eine Aktivierung der Tätigkeit des Brandenburgischen Landbundes bemüht. Dies wollte er über Vorstands- und Aufsichtsratssitzungen sowie über den Einsatz geeigneter Personen in den entsprechenden Leitungsgremien erreichen. Am 17. September 1925 berichtet er Bodo von der Marwitz in diesem Zusammenhang: »Wir haben neulich im kleinen Kreise eine Besprechung gehabt, bei der es nach eingehender Aussprache dazu kam, daß Direktor Frank seine Tätigkeit niederlegte... Wir haben aber dem Vorstand keinen Zweifel darüber gelassen, daß nun damit auch noch nicht alles gerettet ist und dringend gefordert werden müßte, daß eine Aktivierung hergestellt wird.«[51] Er war bemüht, »alle großen politischen und wirtschaftlichen Fragen«[52] zu bewältigen und sich bei aller Erkenntnis der Bedeutung der Personalfragen hierbei nicht ausschließlich auf den »Kampf der beiden Hauptkandidaten für den Kreistag«, der »wieder aufs schärfste entbrannt«[53] ist, zu beschränken.

Auch Hardenberg stellte sich im Herbst 1925 zur Wahl, nicht aber Marwitz, worüber Hardenberg nicht gerade glücklich war. So schrieb er ihm am 3. Dezember 1925: »Da Du in Deiner unbegrenzten Pflichtvergessenheit Dich nicht an der Kreistagswahl beteiligt hast, ist das Resultat mehr wie mäßig. Wir haben nicht mal eine einfache bürgerliche Mehrheit und nur mit Mühe und Not 14 Plätze erreicht, wovon ich den letzten Platz habe ...«[54] Noch in seinem Lebenslauf von Dezember 1945 schrieb er: »Neben meiner landwirtschaftlichen Tätigkeit habe ich mich der Kommunalverwaltung meines Heimatkreises gewidmet.«[55]

Hardenberg räumte der Kommunalpolitik Priorität ein gegenüber der deutschnationalen Parteipolitik. Deshalb wies er ein Angebot zurück, ab 1. Januar 1926 »den Vorsitz als Landesverbands-Führer der Deutschnationalen Partei« zu übernehmen.[56]

Die Korrespondenzen machen deutlich, daß Hardenberg sich bemühte, seine politische und ökonomische Strategie durchzusetzen; er ließ sich aber nicht für unlautere Zwecke mißbrauchen. Im Auftrag Falkenhayns vom Reichslandbund sollte sich Hardenberg »in der ablehnenden Stellungnahme gegenüber dem Landrat Schaberath« in einem »scharfen Pressefeldzug« engagieren. »Es sei nun aber wenig oder gar nichts in den Zeitungen darüber geschrieben«, monierte Marwitz Hardenberg gegenüber.[57]

Schloß Neuhardenberg

Hardenberg ging es vor allem um die Schaffung günstigerer Bedingungen für den Aufschwung der Landwirtschaft sowohl auf seinen Gütern – so nahm er 1926 für Investitionen einen Kredit von 60 000,– RM auf, die offensichtlich noch nicht ausreichten – als auch im Kreis Lebus. Zu keiner Zeit beschränkte er sich nur auf seine Besitzungen, wie manch anderer Großgrundbesitzer seiner Zeit. So wandte er sich zum Beispiel gegen die »teuren Organisationen, als da sind der Landbund und die Partei, deren Beiträge uns ungeheuer belasten«, und trat für »Herabsetzung derselben« ein.[58]

Eingangshalle im Schloß Neuhardenberg

Am 1. Juli 1926 fand in Neuhardenberg eine Großgrundbesitzer-Versammlung statt. »Graf und Gräfin von Hardenberg-Neuhardenberg bitten die Mitglieder und ihre Damen, den Nachmittag und Abend bei ihnen zu verbringen.«[59] Hardenbergs Gesamtverhalten stärkte seine Autorität im Kreise der Großgrundbesitzer. In geheimer Wahl wurde er etwa Mitte der zwanziger Jahre in den sogenannten Siebener-Ausschuß gewählt, ein Ausschuß, bestehend aus den sieben angesehensten Großgrundbesitzern. Am 8. Februar 1927 wurde er gemeinsam mit Bodo von der Marwitz in Frankfurt/Oder wieder in dieses Leitungsgremium gewählt. Hardenberg bemühte sich engagiert darum, daß der Siebener-Ausschuß und die Großgrundbesitzer-Versammlungen keineswegs nur ökonomische Probleme des Kreises Lebus diskutierten.
Die herausragendste Persönlichkeit des Siebener-Ausschusses war Karl von Stünzner-Karbe, stellvertretendes Mitglied der Landwirtschaftskammer Brandenburg.

Karl von Stünzner-Karbe

Im Dezember 1926 erfuhr Marwitz von Hardenberg, daß an seinem »Verhalten Anstoß genommen sei«. Marwitz war seit 1924 Mitglied der Seelower Ortsgruppe des Stahlhelms. Die an Marwitz geübte Kritik wegen mangelhafter Beteiligung an den Versammlungen sollte nicht der »Pflege des Stahlhelmgedankens« bzw. »dem Geist der Sache« schaden. Marwitz war es »nach Lage der Sache unmöglich, von der Ortsgruppe Seelow bzw. ihren Führern Genugtuung zu fordern«. Vielmehr erwartete er am 6. Januar 1927 vom Siebener-Ausschuß, »dem Mittel des im Großgrundbesitzerverein gepflegten Standesbewußtseins und der alten Offiziersbegriffe«, daß dieser die Angelegenheit als die eigene betrachte, damit »das gefährdete Standesinteresse« geschützt werde.[60]
Auf der Grundlage eines Gesprächs Hardenbergs mit Friedrich-Carl von Burgsdorff-Markendorf schrieb dieser an Marwitz: Die »Aussprache über die politischen Ereignisse der vergangenen und kommenden Zeit, sowie über die Stellung der in diesen Aktionen mitwirkenden Gruppen muß m. E. – im Gegensatz zu dem sonst auf diesen Sitzungen in letzter Zeit üblichen Geplätscher – von uns dazu benutzt werden, eine wirklich in jeder Hinsicht offene Aussprache über die sogenannte nationale Politik und deren wirkliche Aufgaben herbeizuführen ... Vielleicht hat Hardenberg ebenfalls bereits mit Dir (Marwitz – d. A.) darüber gesprochen!«[61]

Der Vorstand des Brandenburgischen Landbundes würdigte im April 1930 Hardenbergs großes Engagement, indem er ihn zum Mitglied des Arbeitsausschusses berief: »Wir drei Vorsitzenden glauben, mit Ihrer Berufung ein sehr wertvolles Mitglied im Interesse unserer Sache zu gewinnen.« Man hoffe, daß er »an dieser Stelle in fruchtbarer Arbeit mit Erfolg für die heimische Landwirtschaft tätig sein« werde.[62] Hardenberg antwortete darauf: »Für die Mitteilung meiner Berufung als Mitglied in den Arbeitsausschuß des Brandenburgischen Landbundes sage ich meinen verbindlichen Dank... Durchdrungen von der Wichtigkeit unserer Arbeit für unsere Landwirtschaft, verspreche ich Ihnen, mit allen Kräften mitzuarbeiten. Ich bin überzeugt, daß man auf diesem Wege auch am meisten für die Gesundung unseres Vaterlandes tun kann.«[63] Im Januar darauf wurde Hardenberg schließlich in den Vorstand des Brandenburgischen Landbundes gewählt.

Zwischen Hardenberg und seinem Friedersdorfer Nachbarn Bodo von der Marwitz entwickelten sich frühzeitig ausgeprägt freundschaftlich-familiäre Beziehungen, in welche die Kinder beider Familien einbezogen wurden. Die beiden Großgrundbesitzer nutzten ihren Besitz auch zu regelmäßig stattfindenden Jagden. Dazu luden sich beide gegenseitig ein.

Verbindungen gab es auch zum bayrischen Hochadel. Im Mai 1932 fuhr Hardenberg gemeinsam mit seinem Bruder Wilfried und seinem Freund Kurt Plettenberg in den Bayerischen Wald, um mit dem »Erbprinz von Bayern Auerhahn zu schießen«.[64]

Hardenberg vernachlässigte auch seine verwandtschaftlichen Verpflichtungen in keiner Weise, so betreute er seine Tante Marie Gräfin von Hardenberg.[65]

Schacht

Bei seinem Interesse an einer Verbesserung der sozialen Lage der Landarbeiter und der Gesundung der deutschen Landwirtschaft überhaupt, dürfte für Hardenberg ein Vortrag wichtig gewesen sein, den Reichsbankpräsident a. D. Dr. Hjalmar Schacht am 20. Mai 1931 auf der 90.Vorstandssitzung des Brandenburgischen Landbundes zum Thema »Die Tributfrage« hielt. Schacht hob hervor, daß sich seit Anfang 1929 das Reichsbudget in einem Defizit befinde, welches in der Zwischenzeit nicht nur nicht aufgehört habe, sondern immer größer geworden sei. Der Young-Plan habe sich als ungeheurer Steuerdruck auf die Wirtschaft ausgewirkt.

> »... Die Äußerungen, die man oft hört, 2 Milliarden Tributlasten würden wir schon schaffen, viel drückender seien die öffentlichen Lasten im Innern, sind unsinnig. Der Young-Plan muß revidiert werden... Auch Herr Severing hat neulich erklärt, daß er zu der Erkenntnis gekommen sei, daß die Tribute untragbar seien... Daß die Tribute revidiert werden müssen,« werde »heute also von der Majorität des deutschen Volkes bejaht... Ich bin grundsätzlich gegen jede Auslandsanleihen... Die Entwicklung der eigenen Wirtschaft ist das einzige, was uns retten kann. Durch den sozialistischen Staat, den wir mit bürgerlicher Hilfe aufgebaut haben, durch diesen sozialistischen Staat ist das Verantwortungsgefühl des einzelnen Menschen erdrosselt worden. Es fühlt sich überhaupt niemand mehr verantwortlich in der breiten Masse des Vol-

kes... Ein Volk, dem man Leistungen zumutet, die seine Kraft übersteigen, hat das moralische Recht, nicht abzuzahlen.«[66]

Hardenberg erlebte, daß Schacht, der noch unter dem Vorsitz von Owen D. Young – gemeinsam mit britischen, französischen, italienischen, belgischen und japanischen Vertretern des Finanzkapitals – den so bezeichneten Young-Plan zwei Jahre vorher selbst mit ausgearbeitet hatte, diesen nunmehr massiv ablehnte.

Inhalt dieses Planes war die Festsetzung der zu zahlenden Reparationen in Höhe von 113 Milliarden Reichsmark, die in 59 Jahresraten – bis 1988 – beglichen werden sollten. Der Young-Plan wurde angegriffen als Ausplünderung des deutschen Volkes durch das internationale Finanzkapital. Als sich die Wirtschaftskrise in Deutschland verschärfte und der finanzielle Zusammenbruch unmittelbar bevorstand, veranlaßte Herbert Hoover, der Präsident der USA, alle Reparationsgläubiger für ein Jahr auf die deutschen Zahlungen zu verzichten. Faktisch endeten die deutschen Reparationszahlungen schließlich im Juli 1932 mit der Konferenz zwischen Deutschland und seinen Reparationsgläubigern. Reichskanzler Franz von Papen versprach eine letzte Zahlung in Höhe von insgesamt drei Milliarden Reichsmark.[67]

Wahlergebnisse

Hardenbergs Freundschaft mit Bodo von der Marwitz wurde zur Grundlage eines »Leistungsvergleichs« zwischen beiden Gutswirtschaften sowie für deren innere politische Situation.

Über die Wirksamkeit des Einflusses Hardenbergs auf die politische öffentliche Meinung geben die Wahlergebnisse in Neuhardenberg einen gewissen Aufschluß. Zum Vergleich dienen die Wahlergebnisse in Friedersdorf. Deutliche Unterschiede sind erkennbar und lassen sich erklären als Ausdruck der teilweise verschiedenen Standpunkte von Hardenberg und Marwitz.

Zunächst zu 1920, also zur Zeit vor der Verwaltungsübernahme Hardenbergs. In diesem Jahr wurden die Wahlen zur Nationalversammlung und zur Preußischen Landesversammlung durchgeführt.

In Neuhardenberg wurden folgende Ergebnisse erzielt:[68]

	Dt. Nat.	Dt. Demokr.	SPD
Wahlen zur Nationalversammlung	136	143	386
Wahlen zur Preußischen Landesversammlung	94	145	374
Ganz anders die Stimmen-Verhältnisse in dem kleineren Ort Friedersdorf:			
Wahlen zur Nationalversammlung	123	10	50
Wahlen zur Preußischen Landesversammlung	120	4	40

Die Ergebnisse der Reichstagswahl vom Mai 1928:[69]

	Neuhardenberg	Friedersdorf
Zahl der Stimmberechtigten	891	216
Zahl der abgegebenen ungültigen Stimmen	21	2
Zahl der abgegebenen gültigen Stimmen	709	188
Hitlerbewegung	17	–
DNVP	299	90
DVP	20	14
Wirtschaftspartei	40	–
Deutsche Demokraten	20	5
SPD	201	53
KPD	100	3
Links-Kommunisten	1	–

Zum Vergleich mögen die Wahlergebnisse des Wahlkreises Potsdam I sowie ihre Entwicklung seit den Reichstagswahlen des Jahres 1924 dienen: Wahlkreis Potsdam I:[70]

	1924 Reichstag	1928 Reichstag
Nationalsozialisten	–	16 000
Deutschnationale	285 091	223 661
Sozialdemokraten	275 708	339 061
Kommunisten	110 095	166 965

Zur Beurteilung von Hardenbergs Engagement im Wahlkampf seiner Zeit sind zwei im November 1929 im sozialdemokratischen »Volksfreund« veröffentlichte Artikel von Interesse:
»Große Versammlung in Libbenichen. Graf Hardenberg in der Diskussion. In einer überfüllten Versammlung in Libbenichen sprach Montag abend Genosse Carl Stoll. Es waren sehr viele Stahlhelmer aus der ganzen Gegend, aber auch viele Arbeiter, die treu zu unserer Sache stehen, erschienen. In der Diskussion nahm der Kreistagskandidat der Mudrackidenliste, Graf Hardenberg, das Wort. Graf Hardenberg, der eigentliche Führer der bürgerlichen Rechten des Kreistages, sprach über Schule, Religion, Parteibuch und System, aber die Mudrackidenliste zu empfehlen, fand er keinen Anlaß. Man muß verstehen, daß es einem kultivierten Manne seiner Art unsympathisch sein muß, wenn ein so grobkörniger Mann wie Mudrack die Liste der bürgerlichen Rechten führt.«[71]
An diesem Artikel ist bemerkenswert, daß Hardenberg selbst von seinen politischen Kontrahenten Achtung und Anerkennung gezollt wurde; die sozialdemokratische Presse wußte sehr wohl im bürgerlichen Lager zu differenzieren.
Der zweite Artikel berichtet über eine Zusammenkunft unter der Überschrift:
»Lietzen. Wie in Ostelbien Wähler gewonnen werden. Am Sonnabend, dem 16. November (1929), veranstaltete auch hier Graf von Hardenberg für seine Arbei-

ter ein großes Erntefest. Die Zeit der Erntefeste ist zwar längst vorbei, und es hätte wohl auch dieses Jahr kein Erntefest gegeben, wenn nicht die Wahl gekommen wäre, denn jedes Kind in Deutschland weiß es doch, unserer Landwirtschaft geht es schlecht, sehr schlecht... Am Sonnabend nachmittag erschien nun ›Seine Durchlaucht‹ mit seinem Auto... Am Abend gab es gratis Kaffee, Kuchen, Bier, Schnaps, Likör und Zigarren, soviel nur ein jeder haben wollte... Am Morgen hatte der Herr Graf seine Leute in richtiger Wahlstimmung..., und gegen 10 Uhr schritt man zur Wahl.«[72]

Die Wahlergebnisse lassen sich nur auf dem Hintergrund der Lebensbedingungen der abhängigen Landbevölkerung dieser Zeit richtig beurteilen.

An diese erinnerte sich 1957 Anna Kranz aus Lietzen:

> »Bin seit 1930 auf dem Gut, damaliger Besitz von Hardenberg, und wohnte mit meiner 6köpfigen Familie in einer Bodenkammer. Meine Eltern bewohnten mit 8 Personen unter mir eine Stube mit Kammer, die Kammer war nicht heizbar. Ich möchte davon Abstand nehmen aufzuzeigen, unter welchen Umständen wir dort wohnten. Mein Mann verdiente die Woche 6,– RM, d. h. daß ich gezwungen war, bis zum 4. Kind ständig zu arbeiten, danach mußte ich stundenweise arbeiten. An Anschaffungen war nicht zu denken. Wenn ich an damals denke, wie es uns erging, könnte ich heute noch heulen. Die Arbeiten wurden im Akkord durchgeführt. Wenn wir leben wollten, so mußten die Kinder mitarbeiten... An soziale und kulturelle Einrichtungen war überhaupt nicht zu denken. Kinder durften sich in dem Bereich der Parkanlagen nicht aufhalten...; es ist mir zuwider, daran zu denken... Waren wir damals ›Menschen‹ oder Arbeitstiere? Das Letztere kommt wohl in Frage, um diesen ›Herren‹ die Reichtümer zu schaffen. Unsere Kräfte und Fähigkeiten wurden ausgenutzt für die Interessen dieser Junker.«[73]

Es gibt keinen Zweifel, daß die geschilderten Zustände den Tatsachen entsprachen, ähnlich wie in anderen landwirtschaftlichen Gebieten Ostelbiens.

Welche Wahlergebnisse erbrachten Hardenbergs Aktivitäten?
Die Reichstags-Wahlen vom September 1930 ergaben folgende politische Kräftekonstellation:[74]

	Neuhardenberg	Friedersdorf
Nationalsoz. Deutsche Arbeiterpartei (Hitlerbewegung)	192	47
DNVP	141	12
DVP	7	8
Deutsches Landvolk	33	61
Reichspartei des deutschen Mittelstandes	44	–
SPD	119	73
KPD	162	6

Dies spiegelt sich ebenso in den Ergebnissen der Reichstagswahlen der Monate Juli und November 1932 wider:[75]

	Neuhardenberg		Lietzen	
	31. 7.	6. 11.	31. 7.	6. 11.
Nationalsozialisten	254	185	90	75
Deutschnationale	161	204	9	11
Sozialdemokraten	196	158	48	54
Kommunisten	112	131	27	18

Im gleichen Jahr fanden die Reichspräsidentenwahlen statt, die wohl am anschaulichsten zeigen, wie sich der unterschiedliche Einfluß auswirkte. Während Hindenburg in der Gunst der Neuhardenberger vorn liegt, wählen die unter dem Einfluß des Güterdirektors Bräuninger stehenden Lietzener vorwiegend Hitler.

Reichspräsidentenwahl 1932[76]

	Neuhardenberg	Lietzen	Friedersdorf	Kreis Lebus
Hitler	216	247	96	18425
Hindenburg	268	108	120	2000
Duesterberg	151	50	31	9721
Thälmann	89	22	15	7404

Die Wahlergebnisse zeigen, daß Hardenberg politische Aktionen der Landarbeiterbewegung in seinem Verwaltungsbereich tolerierte. Vergleicht man die SPD-KPD-Stimmen, zusammen 281, mit den 192 der Nationalsozialistischen Deutschen Arbeiterpartei (Hitlerbewegung) bei der Reichstagswahl 1930, so ist die Absicht Hardenbergs zu erkennen, der aufkommenden Hitlerbewegung mittels konträrer politischer Bewegungen wirksam Paroli zu bieten. Beachtenswert ist zudem ein Vergleich der DNVP-Wählerstimmen der Neuhardenberger Bürger mit denen der Friedersdorfer. Hardenberg war zu dieser Zeit noch Mitglied der DNVP, hatte jedoch die angebotene Kandidatur zum Landesvorsitzenden dieser Partei abgelehnt; Marwitz war bereits ausgetreten. An den Wahlergebnissen zeigt sich die differenzierte politische Ausstrahlung beider Großgrundbesitzer. Durch Hardenbergs parteipolitische Überzeugung dürfte auch Marwitz beeinflußt worden sein.

Aus einem Brief vom 11. März 1932 wird deutlich, daß Marwitz Hitler am 13. März nicht wählen wird. In scharfer Form wandte er sich gegen das »Trauerspiel... (der) Rechtsopposition«.[77]

Mehr und mehr engagierte sich Hardenberg bei der Bewältigung wichtiger agrarpolitischer Grundfragen seiner Provinz, seines Kreises, seiner eigenen Verwaltung. Hierbei erhielt er freundschaftliche Hilfe von seinem Freunde Bodo von der Marwitz. Der schrieb ihm am 27. Februar 1932:
»Ich höre, daß Du am 4. März im Kreis Beeskow vor dem Großgrundbesitz über die ›allgemeine Wirtschafts- und politische Lage‹ sprechen wirst. Da ich Deinen dortigen Ausführungen aus mehr als freundschaftlichen Gründen Erfolg und Wirkung wünsche, möchte ich Dich über die dortige Einstellung – soweit sie mir bekannt ist – orientieren... Man steht wohl in der Reichspräsidentenfrage großenteils sehr unduldsam den Hindenburganhängern gegenüber, sieht in ihnen nur weichliche Anhänger Brüningscher Kompromißpolitik, glaubt sich ›männlich‹ und ›teutsch‹ nur bei schroffster Kampfansage gegen Andersmeinende zu bewähren. Von Brüning nimmt man wohl nur an, daß er um seinen Posten kämpft, dazu jedes Mittel ihm recht ist. Dagegen scheint mir Winnig's Einstellung nach seinem heutigen Artikel in der Börsen-Zeitung richtig anzuführen. Der Wahlkampf darf nicht dauernd die trennen, die im Grunde dasselbe erstreben, ist aufzufassen als letzte Läuterung unter dem Schmiedehammer der deutschen Schicksalsfragen.

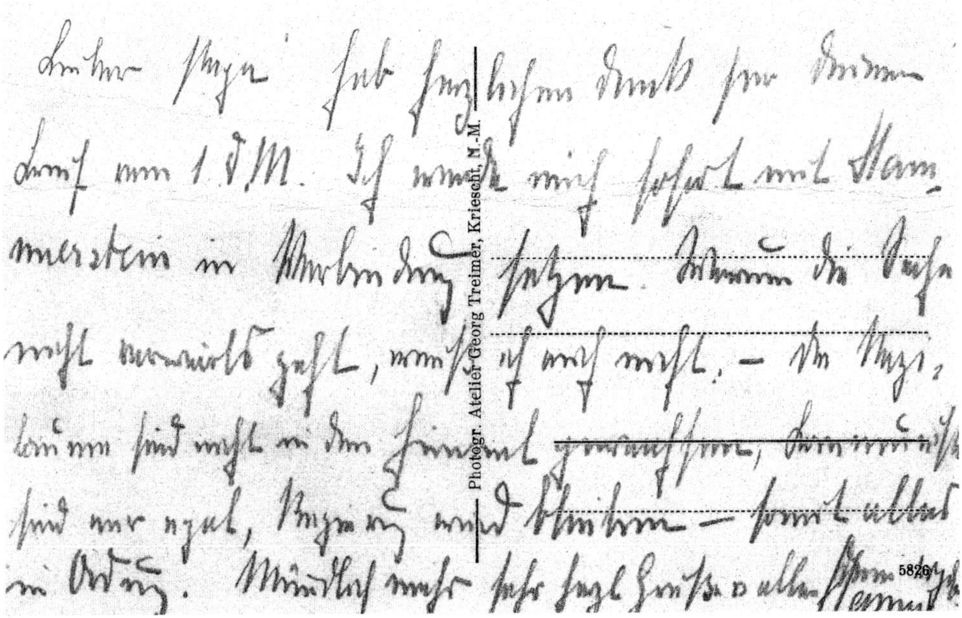

Karte Hardenbergs an seinen Schwiegervater Graf von der Schulenburg-Lieberose, wahrscheinlich Ende 1932: »Lieber Papa. Hab herzlichen Dank für Deinen Brief vom 1. d. M. Ich werde mich sofort mit Hammerstein (Rechtsanwalt – d. A.) in Verbindung setzen. Warum die Sache nicht vorwärts geht, weiß ich auch nicht – Die Nazibäume sind nicht in den Himmel gewachsen, Kommunisten sind mir egal, Regierung wird bleiben – somit alles in Ordnung. Mündlich mehr sehr herzliche Grüße v. allen Hardenbergs Hanni«

Wie dann auch immer der scheinbar schicksalgewollte Kampf ausgehen möge, es kann nur noch jetzt gottlob von den Dreien (Kreis Lebus: Hitler mit 18 425 Stimmen, Hindenburg mit 2 000 Stimmen und Duesterberg mit 9 721 Stimmen – d. A.) einer siegen, der fernab von marxistischem Denken steht. Dies Wichtigste ist über Jahre gereift, weiß Gott ein Aktivum, dessen wir uns alle freuen. Es steht m. E. außer allem Zweifel, daß auch eine Neuwahl Hindenburgs nicht die Fortführung des sogenannten ›Novembersystems‹ bedeutet, wenn man darunter schon das System Brüning verstehen will. Ganz selbstverständlich würde auch bei einem Verbleiben Brünings eine vielleicht gesunde Peitsche die Entwicklung vortreiben.

Ich möchte Dir raten, Deine Hörer zu mahnen, über den innenpolitischen Vorgängen nicht den Blick nach außen sich trüben zu lassen und namentlich bei den drohenden Fragen des deutschen Ostens und den Riesengefahren, die ihm von jenseits der dortigen Grenzen erwachsen, ausgiebig zu verweilen. … Mir liegt daran, das Verständnis für Dich, wo ich's vermag (was leider nur immer in beschränktem Kreise sein kann), zu wecken und Deinem Denken Platz zu bereiten.«[78]

Die politische Mentorenschaft Marwitz' für Hardenberg ist unverkennbar. Entscheidend war, daß in Hardenbergs Umfeld Persönlichkeiten agierten, die nicht nur, wie die Konservativen allgemein, den Marxismus strikt ablehnten, sondern

Schloß Friedersdorf (von Schinkel rekonstruiert; 1945 bombardiert und, obwohl noch restaurationsfähig, schließlich abgerissen)

sich ebenso entschieden gegen Unduldsamkeit und Totalitarismus stellten. Hier hatte Marwitz eindeutig Stellung genommen gegen die erstarkenden Hitleranhänger und sich ebenso entschieden gegen die schon im Vorfeld der NS-Herrschaft aufkommenden Erscheinungen »schroffster Kampfansage gegen Andersmeinende« gewandt. Zweifelsohne wurde Hardenberg politisch von solchen Ideen beeinflußt.

Dennoch lehnte Marwitz im Unterschied zu Hardenberg den Nationalsozialismus Anfang der dreißiger Jahre nicht prinzipiell ab. So warnte Marwitz im März 1932 vor einem »Überstürzen der Entwicklung« bei einem Erfolg Hitlers bei der Reichspräsidentenwahl und meinte, »daß die Stunde noch nicht reif ist, daß langsamere Entwicklung not tut und solche genug getrieben werden wird, wenn Vater Hindenburg ferner am Ruder verbleibt«.[79]

Und in einem Brief an Günther Schulz von Heinersdorf vom 25. Februar 1933 forderte Marwitz einen Zusammenschluß der Rechtsparteien gegen SPD und KPD.

»Ich kann mich nicht entschließen, wiederum der D. N.V. P. als offizielles Mitglied beizutreten. Ich habe die Hoffnung, daß mit der bevorstehenden Wahl das Ende der Parteizersplitterung gekommen ist. Wir brauchen keine verschiedenen Rechtsparteien mehr, die Front gegen den Marxismus ist geschlossen und bleibt geschlossen, je weniger Unterschiede innerhalb derselben noch bestehen bleiben. ›Fort mit dem Parteibuch‹ heißt hoffentlich die nächste Losung nach siegreicher Wahl. Dazu bleibt selbstverständlich mein Einsatz für ›Schwarz-weiß-rot‹.«[80]

Ein weiteres Treuebekenntnis zu Hitler gab von der Marwitz in einem an Astrid Gräfin von der Goltz (Frau von Dr. Rüdiger von der Goltz, einem Vetter von Marwitz – d. A.) gerichteten Brief vom 3. Mai 1936 ab: »Ich hörte im übrigen, daß Du am Führer-Geburtstag Hitler Deine ganze stattliche Schar ihm gratulieren ließest.«[81] Wenige Wochen später schrieb er nochmals: »Das Bild Deiner reizenden Familie als Gratulanten beim Führer hat mich sehr erfreut und wird als Dokument Aufnahme in meinem Album finden.«[82]

Schließlich wurde auch Marwitz Mitglied der NSDAP, nachdem er bereits 1930 aus der Deutschnationalen Partei ausgetreten war.[83]

Frühe Distanz zum Nationalsozialismus

Hardenberg dagegen, berichtete seine Tochter Reinhild, habe sich schon Ende Januar 1931 deutlich von Hitler und der NSDAP distanziert. In seiner Funktion als Vorstandsmitglied des Brandenburgischen Landbundes sei er nämlich gemeinsam mit Wilhelm von Oppen-Tornow und Dietlof Graf von Arnim-Boitzenburg, dem Vater seines späteren Schwiegersohnes, zu einer »Besprechung mit Hitler... im kleinen Kreise« zum 21. Januar 1931 ins Berliner Haus Bechstein eingeladen worden, die »schon im November« hatte stattfinden sollen.[84]

Oppen erfüllte »eine geradezu erbitterte Leidenschaft, mit der er der republikanischen Welt der zwanziger Jahre in Feindschaft gegenüberstand«.[85] Er hatte seine Kindheit in Altfriedland, dem Nachbarort Neuhardenbergs, verbracht. 1925 schrieb er in sein Tagebuch: »Einmal hatte Mutterchen Besuch mehrerer Gräfinnen Hardenberg, die, besonders im Winter, nur in einer geschlossenen Kutsche auszufahren pflegten und sehr empfindlich waren. Jochen und Konrad hatten das Hauen bekommen, was mit Nasenbluten des ersteren geendigt hatte. Jochen hatte mit List einen Tropfen neben den anderen in den Schnee vor der Haustür fallen lassen, bis anscheinend eine Lache entstanden war. Die Gräfinnen prallten, als sie das Haus verließen, entsetzt zurück. Aber Mutterchen beruhigte sie: ›Ach, da werden sich wohl zwei von meinen Jungens gehauen haben!‹«[86]
Im Tagebuch des gleichen Jahres kann man eine von Oppens Grundüberzeugungen lesen: »Daß alle deutschen Fürsten kampflos ihre Throne räumten, war eine Schmach ohnegleichen! ... Die schwerste Schuld aber trifft den Kaiser, der allen voranging.«[87]
Oppen hatte 1925 den durch den »Küstriner Putsch«[88] bekannt gewordenen Major Buchrucker in seinem »Haus Tornow« beherbergt.
Oppen, der mehr als nur Sympathien gegenüber Hitler hegte, hatte zu dieser »kleinen Privatversammlung«, auf der Hitler vor etwa 15 Großgrundbesitzern einen Werbevortrag hielt, eingeladen. Die Vorbehalte der Großagrarier Hitler und der NSDAP gegenüber bestanden vor allem darin, daß sie befürchteten, daß die NSDAP mit ihnen und ihrem Großgrundbesitz ebenso verfahren würde, wie der Bolschewismus es zum Ziel hatte. Für diese Annahme gab es gute Gründe,

Wilhelm von Oppen (Oppen-Tornow) mit Familie

forderte doch das Programm der NSDAP eine Bodenreform, die Schaffung eines Gesetzes zur unentgeltlichen Enteignung von Boden für gemeinnützige Zwecke, Abschaffung des Bodenzinses und Verhinderung jeglicher Bodenspekulationen (Punkt 17).

Dietlof Graf von Arnim-Boitzenburg berichtete recht anschaulich darüber, daß er »in einer ganz kleinen Privatversammlung von etwa 15 Personen, mit Herrn Hitler (im ganzen Schreiben »Hittler« – d. A.) in Berührung« gekommen sei, um »ihn über seine Zwecke und Ziele sprechen zu hören. Ich kann nur sagen, daß der Vortrag, den er hielt, ganz ausgezeichnet war, und zu irgend einer Beanstandung keinen Anlaß bot. Wenn der Nationalsozialismus sich in dieser Richtung bewegte, die Hitler als seine Richtlinien angibt, würde man ohne weiteres mit ihm einverstanden sein können. Leider liegt aber die Sache in der Praxis doch wesentlich anders, und Agitatoren, die die Ziele des Führers offenbar nicht so genau kennen, stiften nach meiner Überzeugung auf dem Lande hin und her sehr erheblichen Schaden, indem sie Versprechungen machen, die schließlich nicht eingehalten werden können und damit zu großen Mißstimmungen führen müssen. Man ist ja im gegenwärtigen Augenblick sehr geneigt, der Hitler-Bewegung Konzessionen zu machen, und ich stehe nicht an, zu erklären, daß ich in weitgehendem Maße mit ihr einverstanden bin.

Auch das Ziel, das Hitler sich gesteckt hat, nämlich die Zertrümmerung der Sozialdemokratie, muß man durchaus billigen, denn es ist eine Voraussetzung für eine Wiedergesundung Deutschlands. Sein Weg aber, dieses Ziel zu erreichen, à tout prix (um jeden Preis – d. A.) Stimmen zu gewinnen, ist an sich ganz richtig… Ich gebe zu, daß im Augenblick die Bewegung von Hitler, denn um eine solche handelt es sich mehr, als um eine Parteibildung, zweifellos einen großen Erfolg bedeutet. Auf die Dauer gesehen, würde ich mich aber doch nur ungern von einer Partei trennen, die auch noch einige andere Gesichtspunkte für sich hat. Welche sie erreichen will, – vor allen Dingen das christliche Moment, das bei Hitler zwar auch nicht ausgeschlossen, aber nicht als eine Hauptsache in den Vordergrund gerückt wird. Ich sehe in diesem Punkt eine Lebensfrage für unser Volk… Ich würde mich daher besinnen, meine alte konservative Weltanschauung auch nur für eine gewisse Zeit in den Hintergrund treten zu lassen, weil ich sie doch für wesentlich fester fundiert halte, als die noch sehr lose Grundlage der Hitlerschen Bewegung.… Ob es ihm (Hitler – d. A.) gelingt, die nötigen Persönlichkeiten zu finden, kann ich nicht sagen. Bisher hat er sie wohl zweifellos noch nicht. Es mag sein, daß sich unter unseren Standesgenossen Männer finden, die diesen zukunftsentscheidenden Halt für die Hitler-Bewegung geben… Ich verspreche mir auf die Dauer mehr von einer konservativen Parteirichtung und werde daher dieser treu bleiben…«[89]

Eine Reaktion Hardenbergs auf einen Aufruf der Adeligen der preußischen nationalsozialistischen Landtagsfraktion vom September 1932, zu denen u. a. Graf von Helldorf, August Wilhelm von Preußen und Graf Solms-Laubach gehörten, an den preußischen Adel, anzuerkennen, daß »Hitler… der wahre

Führer des preußischen Adels« sei[90], ließ sich aus den zugänglichen Quellen nicht belegen.
Aber im Gegensatz zu Arnim-Boitzenburg habe Hardenberg Hitlers programmatische Äußerungen verurteilt, ebenso wie die bei einer späteren Zusammenkunft Hitlers mit Generälen am 3. Februar 1933.[91]
Gleich nach der Machtübernahme hatte Adolf Hitler nämlich die kommandierenden Generäle am 3. Februar 1933 beim Chef der Heeresleitung Kurt Freiherrn von Hammerstein um sich versammelt und ihnen mitgeteilt, daß er in einem Waffengang die Möglichkeit sähe, die Not zu bannen, und er – im Gegensatz zu dem, was er öffentlich sagen müßte – so stark und so schnell aufrüsten werde, daß kein Staat in Europa Deutschland werde widerstehen können. Er würde einen »Blitzkrieg« in noch nie dagewesenem Ausmaße führen.[92] Es war vor allem diese Demagogie Hitlers, die Tatsache, »nachdem er das Wort, das er den anderen Staaten, im Namen des deutschen Volkes gegeben hatte, in immer wiederholtem Maße gebrochen hatte«[93], die in Hardenberg tiefsten Abscheu hervorrief.
Hinzu kamen erste spektakuläre Brutalitäten der SA im Kreis Lebus. So war am 14. November 1932 der 60jährige Gutsbesitzer Friedrich in Arenshof niedergeschlagen worden, ebenso sein zu Hilfe eilender Sohn.[94]
Zu einer am 22. Dezember 1932 stattfindenden Beratung lud Hardenberg Persönlichkeiten des Kreises Lebus in die Paul-Gerhardt-Kirche in Berlin-Schöneberg ein, weil dies die »bevorstehenden Wahlen zur Provinzialsynode und die ernsten kirchenpolitischen Gefahren« erforderten. Dazu sei »dringend eine Besprechung im kleineren Kreis« notwendig.[94a] »Für Hitler hatte Hardenberg nur Verachtung«, formuliert sein Freund Schlabrendorff.[94b]
1933 schied Hardenberg aus allen öffentlichen Ämtern aus, die er bis dahin innegehabt hatte, da er sich weigerte, der NSDAP oder einer ihrer Organisationen bzw. mit ihr sympathisierenden Vereinigungen beizutreten, und sich nicht der Gefahr aussetzen wollte, automatisch in die Partei übernommen zu werden.[94c]
Stattdessen engagierte er sich anderswo.

Hindenburg

Am Vorabend des NS-Regimes gewannen die persönlichen Kontakte zu Hindenburg und Hammerstein prägenden Einfluß auf Hardenbergs politischen Standpunkt. Am 21. und 22. September 1932 wohnte Hindenburg anläßlich eines militärischen Manövers im Raum Frankfurt/Oder im Schloß Neuhardenberg.
Das Manövergelände erstreckte sich über rund zehntausend Quadratkilometer, war also so groß wie ein Viertel der Mark Brandenburg und gehörte größtenteils zum Regierungsbezirk Frankfurt, zum kleineren Teile zum Regierungsbezirk Potsdam und zur Grenzmark Posen – Westpreußen. Es wurde begrenzt durch eine Linie von Bad Freienwalde nach Osten an Bärwalde und Landsberg an der

Warthe vorüber bis in die Gegend von Driesen an der Netze und von dort nach Süden, an Schwerin, Meseritz und Schwiebus vorüber bis Züllichau. Dort bog sie nach Westen um und setzte sich, an Crossen und Schlaben vorüber, bis zum Schwielochsee über Beeskow nach Norden fort, am Scharmützelsee vorüber, an Fürstenwalde, Müncheberg, Buckow und der Märkischen Schweiz vorbei. Der Kreis schloß sich wieder bei Bad Freienwalde.

Zur Zeit des Manövergeschehens im Jahre 1932 saßen noch alte und neue Geschlechter, wie die Barfus, Bonin, Burgsdorff, Finckenstein, Flemming, Hardenberg, Ihlow, Itzenplitz, Keudell, Lestwitz, Manteuffel, Marwitz, Pfuel, Schlieben, Schulenburg, Schwerin, Waldow, Wartenberg, Wedel, Wurmb, Zobeltitz u. a. in der Provinz Brandenburg. Auch den Hohenzollern gehörten Güter und Forsten im Südosten des Gebiets.

Mongolen und Ungarn, die Kriege mit Polen und die Heerzüge der Hussiten hatten das karge Land immer wieder verwüstet, im Dreißigjährigen Krieg wurden große Gebiete fast ganz entvölkert, und auch im Siebenjährigen Krieg[95] war das Gebiet um Oder und Warthe mehrfach der Schauplatz von Gefechten und Schlachten. Die Russen hatten am 15. August 1758 die Stadt Küstrin durch Beschießung vollständig in Schutt und Asche gelegt, jedoch Schloß und Festung nicht nehmen können. Auf die Nachricht vom Einfall der Russen in die Neumark war Friedrich der Große von Schlesien mit seinen Truppen in Eilmärschen herangerückt. Am 23. August 1758 hatte er mit 36 500 Mann und 193 Geschützen die Oder bei Güstebiese überschritten und erschien am Vormittag des 25. August im Rücken von Fermor, der mit 44 300 Mann und 195 Geschützen bei Zorndorf nördlich von Küstrin stand. Gegen 11 Uhr griff Friedrich an. Mit wechselndem Glück wurde bis abends gekämpft und Friedrichs Lage zweimal durch Eingreifen der Reiterei gerettet. Eine unmittelbare Entscheidung wurde nicht erzielt. Doch zogen die Russen in der Nacht vom 26. zum 27. August nach Osten ab. Die Preußen hatten 355 Offiziere und 12 442 Mann, die Russen 918 Offiziere und mehr als 20 700 Mann verloren. Die Berliner sahen erstmals russische Kriegsgefangene.

Die Russen wollten sich im Juli 1759 unter Saltikow mit den Österreichern unter Laudon gegen Friedrich dem Großen vereinigen. Mit 27 400 Mann wollte General von Wedel dies am 23. Juli 1759 bei Kay westlich von Züllichau verhindern. Er hatte gegen die 52 300 Mann zählenden Russen keinen Erfolg, büßte sogar noch 6 776 Mann ein. Das 79 000 Mann umfassende vereinigte Heer der Russen und Österreicher griff Friedrich am 12. August 1759 nach Überquerung der Oder bei Reitwein mit 49 900 Mann bei Kunersdorf östlich von Frankfurt an. Nach anfänglichen Erfolgen verlor Friedrich die Schlacht, da er, entgegen dem Rate seiner Generale, dieselbe nicht rechtzeitig abbrach. Sogar sein Leben war bedroht, so daß ihn ein Rittmeister Joachim Bernhard von Prittwitz mit Gewalt aus dem Schlachtgetümmel am Mühlberge retten mußte. Dafür erhielt dieser Quilitz[96] und wurde später zum General ernannt.

Am 13. August 1759 ging Friedrich wieder bei Reitwein über die Oder zurück. 569 Offiziere, 18 400 Mann und alle 172 Geschütze standen auf seiner Verlustliste. Die Verluste der Russen beliefen sich auf 566 Offiziere und 13 615 Mann, die der Österreicher auf 116 Offiziere und 2 215 Mann. Auch der Dichter Ewald von Kleist wurde als Major an der Spitze seines Bataillons in der Schlacht zweimal verwundet und erlag seinen Wunden bald darauf, am 24. August 1759 in Frankfurt/Oder.

Schlimm hatten die Russen das Gebiet um Oder und Warthe und die anderen östlichen Provinzen Preußens gebrandschatzt und verwüstet. Friedrich II. unternahm viel, um diese Schäden zu beheben und das Gebiet in ein blühendes Land zu verwandeln. Die Meliorationen und Trockenlegung von Warthe- und Netzebruch waren bei der Verwirklichung dieses Ziels entscheidend. Doch in den Napoleonischen Kriegen der Jahre 1805/06 und 1812/13 war das Land erneut verheert worden.

Auf solch historischem Boden wurden nun die Manöver von 1932 ausgetragen. Hindenburg inspizierte die Herbstübung der Heeresleitung vom 20. bis 22. September 1932. Einer detaillierten Planung des Rittmeisters Wedige von der Schulenburg, eines Vetters von Hardenbergs Mutter, der als Adjutant des Reichspräsidenten fungierte, ist zu entnehmen, daß Hindenburg am Mittwoch, dem 21. September, gegen 14.00 Uhr in Schloß Neuhardenberg eintraf. Es wurde festgelegt: »Auf der Zugangsstraße und im Schloßhof haben Kriegervereine, Stahlhelm, Gesangsvereine und dergl. Aufstellung genommen. Das Spalier wird langsam durchfahren. Vor dem Schloß wird der Herr Reichspräsident durch Graf Hardenberg und die Gemeindevertretung Neuhardenberg begrüßt.« Am Vormittag des darauffolgenden Tages erfolgte die »Abfahrt des Herrn Reichspräsidenten mit Begleitung im Kraftwagen von Schloß Neuhardenberg in das Manövergelände«.[97]

Paul von Beneckendorff und von Hindenburg und Carl-Hans Graf von Hardenberg mit Gefolge vor Schloß Neuhardenberg

Zeitplan für Hindenburg

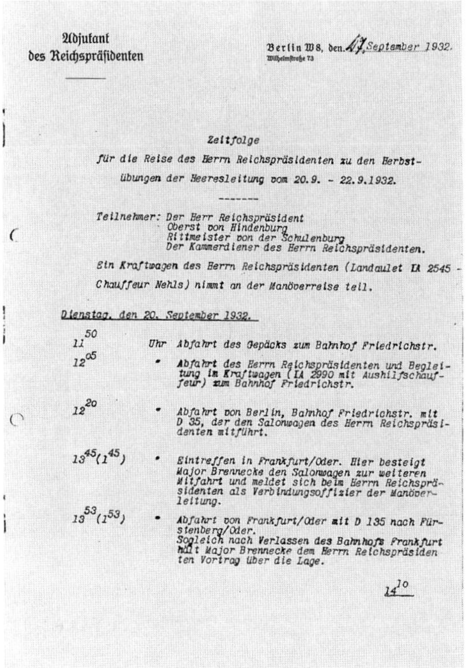

Adjutant
des Reichspräsidenten

Berlin W 8, den 17. September 1932.
Wilhelmstraße 73

Zeitfolge

für die Reise des Herrn Reichspräsidenten zu den Herbstübungen der Heeresleitung vom 20.9. - 22.9.1932.

Teilnehmer: Der Herr Reichspräsident
Oberst von Hindenburg
Rittmeister von der Schulenburg
Der Kammerdiener des Herrn Reichspräsidenten.

Ein Kraftwagen des Herrn Reichspräsidenten (Landaulet IA 2545 - Chauffeur Nehls) nimmt an der Manöverreise teil.

Dienstag, den 20. September 1932.

11^{50} Uhr Abfahrt des Gepäcks zum Bahnhof Friedrichstr.

12^{05} " Abfahrt des Herrn Reichspräsidenten und Begleitung im Kraftwagen (IA 2990 mit Aushilfschauffeur) zum Bahnhof Friedrichstr.

12^{20} " Abfahrt von Berlin, Bahnhof Friedrichstr. mit D 35, der den Salonwagen des Herrn Reichspräsidenten mitführt.

13^{45} (1^{45}) " Eintreffen in Frankfurt/Oder. Hier besteigt Major Brennecke den Salonwagen zur weiteren Mitfahrt und meldet sich beim Herrn Reichspräsidenten als Verbindungsoffizier der Manöverleitung.

13^{53} (1^{53}) " Abfahrt von Frankfurt/Oder mit D 135 nach Fürstenberg/Oder.
Sogleich nach Verlassen des Bahnhofs Frankfurt hält Major Brennecke dem Herrn Reichspräsidenten Vortrag über die Lage.

14^{10}

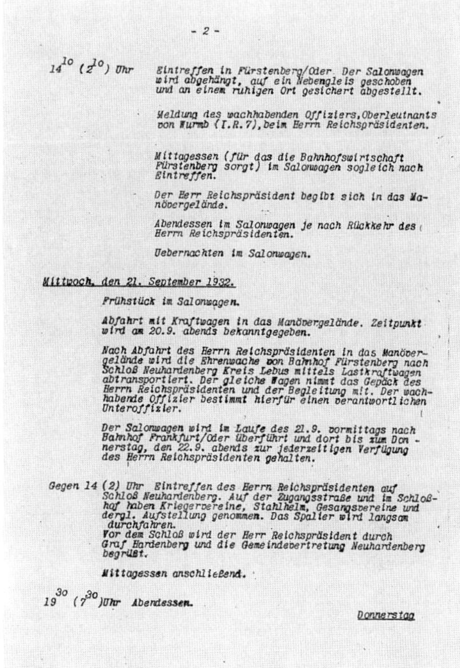

- 2 -

14^{10} (2^{10}) Uhr Eintreffen in Fürstenberg/Oder. Der Salonwagen wird abgehängt, auf ein Nebengleis geschoben und an einem ruhigen Ort gesichert abgestellt.

Meldung des wachhabenden Offiziers, Oberleutnants von Wurmb (I.R. 7), beim Herrn Reichspräsidenten.

Mittagessen (für das die Bahnhofswirtschaft Fürstenberg sorgt) im Salonwagen sogleich nach Eintreffen.

Der Herr Reichspräsident begibt sich in das Manövergelände.

Abendessen im Salonwagen je nach Rückkehr des Herrn Reichspräsidenten.

Uebernachten im Salonwagen.

Mittwoch, den 21. September 1932.

Frühstück im Salonwagen.

Abfahrt mit Kraftwagen in das Manövergelände. Zeitpunkt wird am 20.9. abends bekanntgegeben.

Nach Abfahrt des Herrn Reichspräsidenten in das Manövergelände wird die Ehrenwache von Bahnhof Fürstenberg nach Schloß Neuhardenberg Kreis Lebus mittels Lastkraftwagen abtransportiert. Der gleiche Wagen nimmt das Gepäck des Herrn Reichspräsidenten und der Begleitung mit. Der wachhabende Offizier bestimmt hierfür einen verantwortlichen Unteroffizier.

Der Salonwagen wird im Laufe des 21.9. vormittags nach Bahnhof Frankfurt/Oder überführt und dort bis zum Donnerstag, den 22.9. abends zur jederzeitigen Verfügung des Herrn Reichspräsidenten gehalten.

Gegen 14 (2) Uhr Eintreffen des Herrn Reichspräsidenten auf Schloß Neuhardenberg. Auf der Zugangsstraße und im Schloßhof haben Kriegervereine, Stahlhelm, Gesangsvereine und dergl. Aufstellung genommen. Das Spalier wird langsam durchfahren.
Vor dem Schloß wird der Herr Reichspräsident durch Graf Hardenberg und die Gemeindevertretung Neuhardenberg begrüßt.

Mittagessen anschließend.

19^{30} (7^{30}) Uhr Abendessen.

Donnerstag

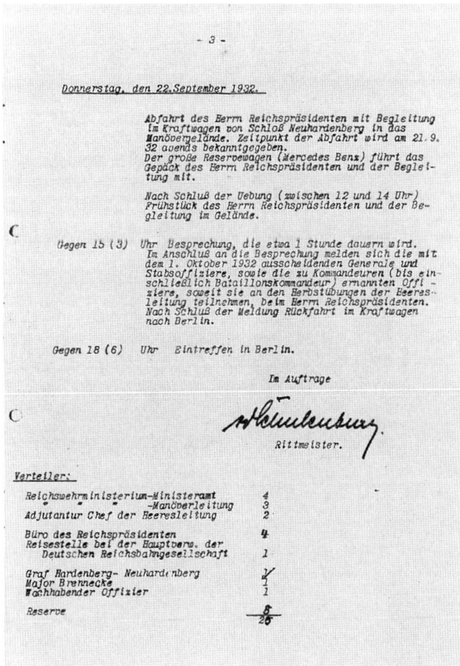

- 3 -

Donnerstag, den 22. September 1932.

Abfahrt des Herrn Reichspräsidenten mit Begleitung im Kraftwagen von Schloß Neuhardenberg in das Manövergelände. Zeitpunkt der Abfahrt wird am 21.9.32 abends bekanntgegeben.
Der große Reservewagen (Mercedes Benz) führt das Gepäck des Herrn Reichspräsidenten und der Begleitung mit.

Nach Schluß der Uebung (zwischen 12 und 14 Uhr) Frühstück des Herrn Reichspräsidenten und der Begleitung im Gelände.

Gegen 15 (3) Uhr Besprechung, die etwa 1 Stunde dauern wird.
Im Anschluß an die Besprechung melden sich die mit dem 1. Oktober 1932 ausscheidenden Generale und Stabsoffiziere, sowie die zu Kommandeuren (bis einschließlich Bataillonskommandeur) ernannten Offiziere, soweit sie an den Herbstübungen der Heeresleitung teilnehmen, beim Herrn Reichspräsidenten.
Nach Schluß der Meldung Rückfahrt im Kraftwagen nach Berlin.

Gegen 18 (6) Uhr Eintreffen in Berlin.

Im Auftrage

Rittmeister.

Verteiler:

Reichswehrministerium-Ministeramt	4
" " -Manöverleitung	3
Adjutantur Chef der Heeresleitung	2
Büro des Reichspräsidenten	4
Reisestelle bei der Hauptverw. der Deutschen Reichsbahngesellschaft	1
Graf Hardenberg- Neuhardenberg	2
Major Brennecke	1
Wachhabender Offizier	1
Reserve	8
	25

Abfahrt Hindenburgs

Natürlich hinterließ die Begegnung mit dem Reichspräsidenten ihre Spuren bei den Neuhardenbergern. Bei den Wahlen am 6. November dieses Jahres stimmten sie trotz aller Aktivitäten der SPD mehrheitlich mit 268 Stimmen für Hindenburg. Die SPD hatte am 30. Oktober 1932 in Neuhardenberg im Lokal Gotthard eine öffentliche Wählerversammlung durchgeführt, Referent Paul Schmidt aus Frankfurt, und eine weitere am 2. November 1932 in Altrosenthal im Lokal Petz, Referent Joh aus Berlin-Hennigsdorf.[98]

Hammerstein

Auch Generaloberst Freiherr von Hammerstein, Chef der Heeresleitung, dürfte auf Hardenbergs politische Überzeugungen nachhaltigen Einfluß ausgeübt haben, wohnte er doch oft in der Hardenbergschen Komturei Lietzen und führte dort mit Hardenberg rege Gespräche, hielt auch sonst enge Verbindung zu ihm. Deshalb interessiert, was das Hammersteinsche Denken dieser Zeit ausmachte. Ihm wurde schon wenige Monate nach diesem Manöver vorgeworfen, am 29. Januar 1933 in Putschpläne verwickelt gewesen zu sein. Hammerstein widerlegte dies in seiner Auseinandersetzung mit dem »Völkischen Beobachter« über einen Artikel vom 27./28. Januar 1935 unter dem Titel »Schleichender Putschplan am 29. Januar 1933«. Dieser Artikel »veranlaßt mich«, schrieb Hammerstein, »meine persönlichen Erlebnisse bei dem Regierungswechsel Schleicher – Hitler festzulegen, weil ein Schleicherscher Putschplan mit der Armee ohne mein Wissen und meine Teilnahme nicht möglich gewesen wäre«.[99] Hammerstein berichtete: Während der 56tägigen Regierung des Reichskanzlers von Schleicher, der sich gleichzeitig das Amt des Reichswehrministers vorbehalten hatte, hätte er als Chef der Heeresleitung keine Veranlassung gehabt, sich mit Politik zu befassen. Etwa vom 20. Januar 1933 ab hätten sich Gerüchte verdichtet, daß Schleichers Stellung erschüttert sei, weil ihm der Reichspräsident unter der Beeinflussung von Papen, Hugenberg-Anhängern und des Sohnes von Hindenburg sein Vertrauen entziehen wolle. Absichten von einem Kabinett Papen – Hugenberg mit nationalsozialistischer Beteiligung wurden bekannt. Hammerstein dazu: »Alles das war unwahrscheinlich, weil die Nationalsozialisten keinesfalls in ein Kabinett Papen – Hugenberg eingetreten wären. Die Gerüchte blieben trotzdem und verstärkten sich.«[100]
Hammerstein war deswegen am 26. Januar 1933 zum Reichskanzler von Schleicher in die Reichskanzlei gegangen und hatte diesen gefragt, was an den Gerüchten wahr sei. Dieser hatte ihm bestätigt, daß ihm der Reichspräsident so gut wie sicher unmittelbar sein Vertrauen entziehen werde, was seinen Rücktritt zur Folge haben werde. Daraufhin war Hammerstein zum Staatssekretär Meißner gegangen und hatte diesen gefragt, »was nach dem Rücktritt Schleichers werden sollte«.[101] Hammerstein hatte darauf hingewiesen, daß die Nationalsozialisten niemals in ein Kabinett Papen – Hugenberg eintreten würden. Ausgangspunkt für seine Überlegungen war vor allem, daß sich ein solches Kabinett, welches

ohnehin eine verschwindend schmale Basis hätte, die gesamte Linke zu Feinden erklären würde, von Dingeldey bis Thälmann. Meißner hatte schließlich Hammerstein veranlaßt, den Reichspräsidenten aufzusuchen, da sich auch Meißner der Hammersteinschen Auffassung anschloß, daß die Armee »dann für diese 7%ige Basis (Papen-Hugenberg-Anhänger – d. A.) gegen 93 % des deutschen Volkes (Nationalsozialisten und gesamte Linke – d. A.) auftreten (könnte). Das wäre im höchsten Maße bedenklich«, dies müsse man vermeiden. Hindenburg »sagte aber dann, anscheinend um mich zu beruhigen, ›er dächte gar nicht daran, den österreichischen Gefreiten Hitler zum Wehrminister oder zum Reichskanzler zu machen‹ (Wörtlich am 26. Januar 1933, 11.30 Uhr vorm., vor einem Zeugen)«.[102] Die Sorgen Hammersteins, daß die Armee für einen Kampf zwischen den entstehenden Fronten mißbraucht werden könnte, teilte Hindenburg jedoch nicht.
Am 27. Januar fand in Hammersteins Büro eine Aussprache zwischen dem zurückgetretenen Schleicher und Hammerstein statt. »Wir waren uns beide klar, daß nur Hitler als zukünftiger Reichskanzler möglich sei. Jede andere Wahl müsse zum Generalstreik, wenn nicht zum Bürgerkriege führen und damit zu einem äußerst unerwünschten Einsatz der Armee im Inneren gegen 2 Seiten,

Kurt Freiherr von Hammerstein-Equord

d. h. gegen die Nationalsozialisten einerseits und die Linke andererseits. Wir prüften beide, ob wir noch Mittel wüßten, um einzig und allein die Lage im Hinblick auf die Vermeidung dieses Unglücks zu beeinflussen. Das Resultat dieser Überlegung war negativ. Wir sahen keine Möglichkeit, noch irgendeinen Einfluß beim Reichspräsidenten auszuüben. Schließlich entschloß ich mich, im Einvernehmen mit Schleicher, eine Aussprache mit Hitler zu suchen.«[103] Diese fand am 29. Januar 1933 nachmittags im Bechsteinschen Hause statt. »Ich habe in ihr Herrn Hitler meine Sorgen erklärt und habe ihn gefragt, ob er glaube, daß vom Reichspräsidentenpalais her mit ihm über Regierungsübernahme oder Beteiligung ernsthaft oder nur zum Schein verhandelt würde.« Hitler konnte darauf keine Antwort geben. Am selben Abend gab es in der Schleicherschen Wohnung eine Zusammenkunft zwischen Werner von Alvensleben, Kurt von Hammerstein und Schleicher, nach der Alvensleben in der Goebbelsschen Wohnung zu Hitler gesagt haben soll, »wenn die Gesellschaft in der Wilhelmstraße mit ihm nur Scheinverhandlungen führe, so müßten doch der Reichswehrminister und der Chef der Heeresleitung die Garnison Potsdam alarmieren und den ganzen Saustall aus der Wilhelmstraße rausfegen«.[104]
Diese Äußerung sei an die Wilhelmstraße berichtet worden, wonach dort geglaubt worden sei, die Wache werde abrücken und die Garnison Potsdam, zu der auch Hardenberg gehörte, feindlich anrücken. Die Behauptung, daß in der Schleicherschen Wohnung ein Putschplan aufgestellt worden wäre, wies Hammerstein entschieden zurück. »Eine Putschabrede hat nicht stattgefunden. Trotzdem ist in dieser Nacht das wahnsinnige und verlogene Gerücht aufgekommen, die Garnison Potsdam marschiere gegen Berlin, um den Reichspräsidenten abzusetzen.« Hammerstein erklärte: »Wie man von einem ›Schleicherschen Putschplan am 29. Januar 1933‹ sprechen kann, ist mir nicht verständlich. Schleicher hat an einen solchen nicht gedacht. Schleicher konnte auch mit der Reichswehr nicht putschen ohne mich, und ich wäre dafür nicht zu haben gewesen.«[105]

Seinen Charakter bewies Hammerstein auch, als er im November 1933 erklärte, aus welchem Grund er sich an einem Krieg gegen die Russen nicht werde beteiligen können. »Ich kann nicht plötzlich umschwenken, nachdem ich lange gut mit ihnen zusammengearbeitet habe.«[106] Unmittelbar vorher hatte Hammerstein um seine Entlassung gebeten: seiner Bitte wurde stattgegeben.[107]
Was waren die Gründe für Hammersteins Demission? War Hindenburg nicht bekannt, daß Hammerstein von Anfang an, gemeinsam mit Witzleben, Hoepner, Stülpnagel und anderen, zu jener kleinen Gruppe von Offizieren gehörte, die »nicht in allem mit der politischen und militärischen Doktrin des Nationalsozialismus übereinstimmten«[108] oder sogar Hitler und seinen Gefolgsleuten mißtrauten?
Die sich bis zur Gegnerschaft steigernde Opposition Hammersteins gegen Hitler und sein totalitäres System hatte offensichtlich ihre Wirkungen auch auf Hardenberg, zumal man sich nunmehr ziemlich häufig in der Komturei Lietzen sah und miteinander diskutierte.

Ein entscheidender Wesenszug des Hammersteinschen Denkens war Skepsis und nüchterner Realismus. Es gibt eindeutige Aussagen, daß Hammerstein aus Prinzip sowohl gegen den Kapp-Putsch als auch gegen einen in die öffentliche Meinung lancierten 1934er Putsch, aber auch gegen den Militärputsch vom 20. Juli 1944 war, trotz ihres doch recht unterschiedlichen Charakters. Stets hatte er sehr eindringlich vor solchen Unternehmungen gewarnt, solange die Voraussetzungen und Bedingungen nicht gegeben waren.
Kurt Plettenberg hat später von seinem letzten Besuch im Frühjahr 1943 bei seinem Freunde Kurt Hammerstein, dem ehemaligen Chef der Heeresleitung, an dessen Sterbebett erzählt: »Kurdel«, so hatte Hammerstein gesagt, »tut es nicht zu früh, das Volk muß mitgehen«.[109]

»Wie und seit wann waren die Männer und Frauen des 20. Juli zusammengekommen? Welches waren ihre Motive? Wir müssen zur Beantwortung dieser Fragen bis an den Anfang des Dritten Reiches zurückgehen. Sicher ist zunächst, es war keine staatliche oder gesellschaftliche Institution, keine Schicht als Ganzes, die den Widerstand und das Attentat getragen hat. Es gab im Dritten Reich überhaupt keine Institution des öffentlichen Lebens, die durch ihre Amtsträger grundsätzlichen Widerstand geleistet oder gar Aktionen zum Umsturz der Regierung in die Wege geleitet hat. Dies gilt für Parlament, öffentliche Verwaltung, Wehrmacht, Universitäten, katholische Kirche und evangelische Landeskirchen gleichermaßen. Das Attentat war geplant und getragen nicht von Institutionen, sondern von Personen, die gegen die freiwillige, widerwillige oder erzwungene Haltung der Institution oder Schicht, der sie angehörten, sich zur Einsicht durchrangen, es müsse gehandelt werden.
(Das) Hauptbild, das uns die Geschichte des Dritten Reiches über das Militär überliefert (hat, ist) ein Bild des Versagens und der Schuld. Daneben aber gab es von Anfang an Ansätze in anderer Richtung. Es gab hohe Offiziere, die nicht militärische Opportunisten, sondern von Beginn an bewußte Gegner des Regimes waren.«[11]

Richard von Weizsäcker, 1964

IV Die Vorkriegszeit

Die Standesherrschaft Neuhardenberg unter nationalsozialistischer Landwirtschaftspolitik

Von der Machtübergabe an die Nationalsozialisten im Jahre 1933 an zwangen diese die Landwirtschaft in ein enges Netz staatlicher Lenkung, um Produktion und Absatz besser auf den geplanten Krieg ausrichten zu können. Im Mai 1935 wurde ein Forschungsdienst unter dem Namen »Komitee zur Industrialisierung der Landwirtschaft« als eine Reichsarbeitsgemeinschaft der Landwirtschaftswissenschaften gebildet. In sieben Arbeitsgemeinschaften untergliedert, sollte der Forschungsdienst das landwirtschaftswissenschaftliche Potential zusammenfassen und sich gezielt für die Lösung der als vordringlich erachteten Probleme einsetzen: Steigerung der Bodenfruchtbarkeit, Rationalisierung und Technisierung, Konservierung und Lagerung landwirtschaftlicher Produkte und Erarbeitung neuer Verarbeitungstechnologien.
Die Bilanz von sechs Jahren nationalsozialistischer Agrarpolitik dokumentiert eine Denkschrift von Herbert Backe, Staatssekretär im Reichslandwirtschaftsministerium, vom Januar 1939:[1]

> »1. Der heutige Intensitätsgrad der deutschen Landwirtschaft hat im allgemeinen im Ackerbau seinen Höchststand erreicht.
> 2. Die Ausnutzung erheblicher Produktionsreserven, insbesondere in der Veredelungswirtschaft, scheitert an den Preisverhältnissen.
> 3. Der Entzug von rd. 400 000 Landarbeitern seit 1933 gefährdet erstens die Beibehaltung der heutigen Intensität, zweitens hat er über sehr große Lohnerhöhungen zu einer Krise in der Landwirtschaft geführt.
> 4. Diese Krise in der Landwirtschaft ist keine gleichmäßige, sondern trifft der Natur der Dinge nach diejenigen Betriebe, die auf stärkste und dauernde Handarbeit angewiesen sind. Das sind Veredelungsbetriebe, d. h. die Bauernbetriebe. Während die Betriebe mit überwiegendem Ackerbau und geringer Veredelungswirtschaft heute noch eine Rente finden, da sie ja neben der Möglichkeit der Mechanisierung und damit Leuteersparnis auch noch eine Hilfe durch Arbeitsdienst, Heer, Landdienst, ausländische Wanderarbeiter usw. erfahren, brechen die Veredelungsbetriebe, d. h. die Bauernwirtschaften, unter dem absoluten Mangel an Arbeitskräften und infolge der Lohnerhöhungen zusammen.
> 5. Zusammenbrechende Bauernschaft und Mangelversorgung an Veredelungsprodukten, wie Butter, Speck, Schmalz, Eier, stehen somit in kausalem Zusammenhang.«

Diese Einschätzung beweist, daß ab 1933 die Agrarpolitik mit allen Aktivitäten auf den totalen Krieg ausgerichtet wurde. Walther Darré, Reichslandwirtschaftsminister, stellte 1939 fest: »Die ganze Arbeit der Agrarpolitik seit der Machtergreifung stand bereits unter dem Zeichen der Vorbereitung für einen eventuellen Krieg.«[2]

Ein 1928 durch das Reichsernährungsministerium gegründetes »Reichskuratorium für Technik in der Landwirtschaft« (RKTL) widmete sich der Problematik der Typisierung, Normung, Materialeinsparung und Serienfertigung. Unter den Produktionsbedingungen des Krieges gewannen diese Probleme Bedeutung in neuen, bisher nicht gekannten Dimensionen. Davon ausgehend war Backes Politik, auf Neuentwicklungen zu verzichten, was Stagnation des landtechnischen Niveaus bedeutete. Deshalb mußte andererseits dafür gesorgt werden, »daß genügend Maschinen für die gesamte Landwirtschaft bereitgestellt werden, um die notwendige Tiefenwirkung zu erzielen«[3]. Mit diesem Ziel forderte er eine umfassende Typisierung und hiermit einhergehende Serienproduktion.[4] Da konnten nur noch »erfahrene Produzenten mit Service« konkurrenzfähig bleiben, so daß die ökonomisch Mächtigsten ihre Positionen nicht nur behaupten, sondern zumeist sogar ausbauen konnten.
Die Unterordnung der Landwirtschaft unter die Kriegspolitik führte zu einer stetigen Zunahme des Landbedarfs für militärische Zwecke. Um 481 000 Hektar verringerte sich von 1940 bis 1944 der Anteil des Ackerlands. Betrug 1940 die landwirtschaftliche Nutzfläche 28 729 683 ha, so 1943 nur noch 28 498 233 ha. Wurden 1940 326 528 ha als Übungs- oder Flugplätze »genutzt«, so waren es 1943 bereits 415 000 ha. Auch Hardenberg mußte bereits 1934 etwa 500 ha Land für einen Flugplatz an die Heeresverwaltung verpachten.[5]

Trotz dieser auch im sogenannten Reusch-Kreis[6] diskutierten und kritisierten, durch die Kriegspolitik der nationalsozialistischen Diktatur verursachten Erschwernisse konnte die Fürstliche Gutsverwaltung auf eine insgesamt gute Entwicklung verweisen. Das beweist unter anderem ein Wirtschaftsvergleich des Jahres 1938 zwischen dem Bauerndorf Quappendorf und dem Vorwerk Bärwinkel der Fürstlichen Gutsverwaltung:[7]

		Quappendorf	Vorwerk Bärwinkel
Gesamtfläche		1433 vha	1390 vha
davon	Hackfrüchte		
	Kartoffeln	340	614
	Rüben	32	49
	Raps	19	34
	Getreide		
	Winterung	540	328
	Sommerung	468	334
	Grünland	34	31
Arbeitskräfte			
a) ständige		72	21
b) Saisonarbeiter		18	38
Zugkräfte			
Zugmaschinen		2	4

Pferde	59	21
Zugochsen	3	18
Viehbestand		
Rindvieh	205	112
Schweine	432	219

Ernteerträge von Bärwinkel in Doppelztr. je Hektar[8]

Jahresdurchschnitt	Kartoffeln	Winterroggen	Sommerroggen	Winterweizen	Sommerweizen	Sommergerste	Hafer
1900–10	95,3	14,9	18,6	18,6	16,7	13,8	12,9
1911–20	127,6	18,3	12,4	21,9	22,1	20,7	19,7
1921–30	152,5	15,8	11,8	19,3	19,5	18,3	18,2
1931–40	173,9	17,8	13,7	23,8	22,3	21,7	23,2
1941–44	152,1	19,4	18,9	29,4	22,3	20,3	20,5

Wesentlichen Anteil an der erfolgreichen Entwicklung der Fürstlichen Gutsverwaltung hatte:

Erstens die selbstbewußte und straffe Führung des Betriebs durch den 1932 von Hardenberg eingestellten Oberamtmann Bräuninger, der, was zu dieser Zeit keineswegs üblich war, Tantieme erhielt und dem Hardenberg darüber hinaus im Jahre 1937 unter seinem Namen als Anerkennung ein Sonderkonto einrichten ließ, für das Bräuninger zeichnungsberechtigt war.

Strauch, später Obergärtner Hardenbergs

Engelke, Chauffeur Hardenbergs

Zweitens eine Kapitalabfindung für Renate Gräfin von Hardenberg aufgrund der Fideikomißauflösungsbestimmungen und des Übergangs der Herrschaft Lieberose auf ihren Bruder Albrecht Graf von der Schulenburg.[9]
Drittens wirkten sich sowohl der Erfahrungsaustausch mit den Großagrariern der Provinz Brandenburg als auch die Nutzung des wissenschaftlich-technischen Fortschritts positiv auf die Stärkung der Hardenbergschen Gutsverwaltung aus.
So kamen am 25. Mai 1937 Großagrarier des Kreises Lebus im Anschluß an eine Besichtigung des Marwitzschen Gutes nach Neuhardenberg[10] und ebenso am 15. Juni 1937 zu einem Vortrag des Berliner Professors Reinau über die Intensivierung der Produktionsbedingungen für die Bodenkulturen.[11] Hierzu war auch ein Vertreter des Reichskuratoriums für Technik in der Landwirtschaft erschienen. Hardenberg selbst war übrigens nie Mitglied dieses Reichskuratoriums.
Die Bemühungen der Großgrundbesitzer um eine effektivere Landwirtschaft hatten im Oderbruch Tradition. Vorkämpfer dafür war der 1913 verstorbene Amtsrat Adolph Schmelzer auf Sachsendorf gewesen, der seinerzeit ungekrönte »König des Oderbruchs«.[12]
Viertens war Hardenberg bemüht, im Rahmen seiner Möglichkeiten die komplizierten sozialen Probleme seiner Gutsherrschaft zu verringern. So half er seinen Bauern bei Investitionen bzw. in Not geratenen Dorfbewohnern, vorwiegend mit finanziellen Zuwendungen.[13]

Adolph Schmelzer

Der Reusch-Kreis (FIL)

Die Notwendigkeit, zwischen Industrie und Landwirtschaft engere Beziehungen herzustellen, erkannte der mit Hardenberg seit Anfang der 30er Jahre in engem Kontakt stehende Paul Reusch.

Paul Reusch zählte zu den politisch einflußreichsten Kräften des Ruhrgebiets, obwohl er keiner Partei angehörte. Im Jahre 1927 hatte er begonnen, zwischen Vertretern von Industrie und Landwirtschaft Kontakte herzustellen im Bemühen, repräsentative Vertreter der Industrie, vor allem Großindustrielle, und der Landwirtschaft zu vereinen zum Zwecke des gegenseitigen Informationsaustausches über die Lage in Industrie und Landwirtschaft sowie der sich daraus ergebenden Schlußfolgerungen und zur Mechanisierung der Landwirtschaft.[14] Zu dieser Zeit war Paul Reusch Vorsitzender des Vereins Deutscher Stahlindustrieller sowie des Langnamvereins.[15] »Später schuf er einen Kreis von Industriellen und Landwirten, die sich in regelmäßigen Abständen zu gemeinsamen Gesprächen trafen.«[16]

Der Freundeskreis Industrie und Landwirtschaft, intern abgekürzt FIL, wurde von den Nationalsozialisten als Reusch-Kreis bezeichnet und oft fälschlich von ihnen mit dem Reichskuratorium für Technik in der Landwirtschaft (RKTL) identifiziert. Reusch zählte die um ihn gruppierten Persönlichkeiten aus Industrie und Landwirtschaft im Jahre 1938 zum »engeren Kreis unserer Gemeinschaft..., die von Anfang an bei den Zusammenkünften zugegen waren«.[17] Zunächst waren das Großindustrielle wie Carl Bosch, Carl-Friedrich von Siemens, Fritz Thyssen und Albert Vögler gewesen sowie einige Großagrarier: Carl Wentzel-Teutschenthal, Richard von Flemming-Paatzig, Carl-Hans Graf von Hardenberg-Neuhardenberg und Adolf Freiherr von Hammerstein-Loxten. Dagegen nahmen Carl Goerdeler, Dr. Martin Blank und Reuschs Sohn, Bergassessor Hermann Reusch, eine Sonderstellung ein.

In der Literatur werden verschiedene Persönlichkeiten zum Reusch-Kreis gezählt: So nennt der Reusch-Biograph Erich Maschke[18] folgende Namen: Albert Vögler, Carl-Friedrich von Siemens, Hermann Bücher, Fritz Thyssen, Ferdinand Sauerbruch, Hjalmar Schacht, Tilo Freiherr von Wilmowsky, Friedrich Carl von Zitzewitz-Kottow (So bei Maschke. Eigentlich tonangebend unter den Großagrariern war neben Wilmowsky Friedrich Karl von Zitzewitz-Muttrin. Er war auch am 3. Januar 1941 bei General Thomas auf einer Industriellenberatung als Vertreter der Landwirtschaft anwesend – d. A.), Henning Graf Borcke, Richard von Flemming-Paatzig, Berengar von Zastrow und Carl Wentzel-Teutschenthal. Der russische Historiker Daniil Melnikow[19] nennt Albert Vögler, Hermann Bücher, Carl-Friedrich von Siemens »sowie die Großgrundbesitzer Graf Hardenberg, Wentzel-Teutschenthal u. a. Die führende Rolle in diesem Kreis«, den er als eine Art Diskutierklub bezeichnete, »spielte der Direktor des Konzerns ›Gute-Hoffnungs-Hütte‹, Reusch«.

Gerhard Ritter bezieht sich auf den unvollständigen Entwurf eines Gutachtens Speers[20] und nennt Vögler, Geheimrat Bücher, Generaldirektor Meyer (MAN,

Augsburg), Geheimrat Reusch und Löser. Der Reusch-Kreis hatte auch mit Carl Goerdeler enge Verbindung.
Kaltenbrunner berichtete am 4. September 1944, Goerdeler hätte noch Wentzel, Prof. Sauerbruch, Graf Hardenberg, Prof. Woermann-Halle – der als Ministerkandidat verdächtigt wurde, aber mit dem Leben davonkam – dann Bosch-Heidelberg, Hjalmar Schacht, von Siemens-Berlin genannt.[21] In den Kaltenbrunner-Berichten[22] wird das Ziel des Reusch-Kreises definiert mit Förderung wirtschaftlicher, industrieller, landwirtschaftlicher und technischer Probleme durch regelmäßige Aussprachen, Vorträge und Betriebsbesichtigungen.
»In diesem Kreise konnte man auch unter der Diktatur des Nationalsozialismus offen miteinander sprechen. Reusch drückte diese Gewißheit drastisch aus: ›Und wenn ich im Chausseegraben verrecken soll, hier wenigstens will ich meine Meinung offen sagen!‹«[23]

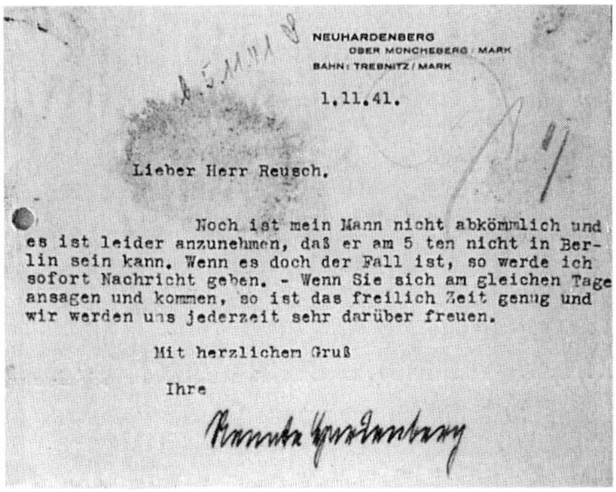
NEUHARDENBERG
OBER MÜNCHEBERG / MARK
BAHN: TREBNITZ / MARK

1.11.41.

Lieber Herr Reusch.

Noch ist mein Mann nicht abkömmlich und es ist leider anzunehmen, daß er am 5 ten nicht in Berlin sein kann. Wenn es doch der Fall ist, so werde ich sofort Nachricht geben. - Wenn Sie sich am gleichen Tage ansagen und kommen, so ist das freilich Zeit genug und wir werden uns jederzeit sehr darüber freuen.

Mit herzlichem Gruß

Ihre

Brief Renate Gräfin von Hardenberg an Reusch

Paul Reusch

Aufgrund seiner militärischen Verpflichtungen hatte Hardenberg Schwierigkeiten, regelmäßig an den Tagungen des Reusch-Kreises teilzunehmen. So schreibt er am 16. Juni 1937: »Haben sie aufrichtigen Dank für Ihre liebenswürdige Einladung zum 16. und 17. August. Es wird mir eine besondere Freude sein, derselben Folge zu leisten. Ich bitte auch Herrn Thyssen meinen Dank zu übermitteln. Eine gewisse Gefahr besteht für mich wegen einer militärischen Übung Ende August und September. Ich hoffe jedoch bestimmt, daß ich zu dieser erst später eingerufen werde.«[24]
Es muß als Vertrauensbeweis Hardenberg gegenüber gewertet werden, daß der Reusch-Kreis am 5. November 1937 eine Tagung in Neuhardenberg abhielt. Reusch schrieb unter anderem an Thyssen, Vögler, Siemens und Bosch: »Gele-

gentlich des Zusammentreffens in Oberhausen wurde eine Einladung des Grafen Hardenberg, die nächste Zusammenkunft in Neuhardenberg abzuhalten, dankend angenommen.«[25] Von drei bis fünf Uhr besichtigte man landwirtschaftliche Betriebe und den Waldbestand. Zuvor hatten die Teilnehmer ausführliche Informationen über die gräflichen Besitzverhältnisse, die landwirtschaftliche Produktion und deren Ergebnisse erhalten. Eine halbe Stunde hielt man sich zu einem kurzen Gespräch im Schloß Neuhardenberg auf, danach fand bis halb acht abends eine allgemeine Aussprache statt.[26] Zu dieser Zeit verfügte Hardenberg nach seinen eigenen Angaben über 7 380,39 ha mit einem Einheitswert von 3 285 750 Mark.[27]

Im September 1939 schrieb Hardenberg an Reusch, daß er seit Ende August zur Wehrmacht eingezogen worden sei und daß es möglich wäre, »daß die Schwere der nächsten Jahre uns nicht mehr zusammenführt. Seien Sie bitte überzeugt, daß meine besten Wünsche Ihre Person und Ihr Werk immer begleiten werden. Wenn wieder Friede einziehen sollte, können wir unsere menschlich wie wirtschaftlich interessanten Zusammenkünfte wieder fortsetzen«.[28]

Reusch schätzte Hardenberg außerordentlich, so daß es frühzeitig zu freundschaftlichen und familiären Kontakten gekommen war. Auch während Hardenbergs Militärzeit bemühte sich Reusch intensiv darum, die Kontakte weiterzuführen. So engagierte sich Reusch am 5. November 1941 und am 13. Februar 1942, um ein Treffen mit Hardenberg zu ermöglichen.[29] Immer wieder forderte er Hardenberg auf, wenn es sein Dienst irgend erlaube, an den Treffen des Reusch-Kreises teilzunehmen, so am 18./19. März 1941 und am 21. November 1941. Und an Gräfin Hardenberg schrieb er, daß er sich »freuen (würde), wenn Hardenberg nach Dresden kommen könnte, um so mehr, als er an verschiedenen der letzten Tagungen nicht teilgenommen hat«.[30] Hardenberg hatte für die am 16. Dezember 1940 in Dresden stattfindende Tagung »im letzten Moment noch abgesagt«.[31] Reusch legte stets »großen Wert« auf eine Zusammenkunft mit Hardenberg.[32] Andererseits war auch Hardenberg an weiteren Kontakten zu Reusch interessiert, weil, wie er schrieb, »auch ich auf eine Unterhaltung besonderen Wert lege«.[33]

Die Freimütigkeit der Meinungsäußerung auf diesen Treffen sowie deren konspirativer Charakter erklären von selbst, warum sich im vorliegenden Quellenmaterial kaum eindeutige politische Stellungnahmen finden. Um so wertvoller sind die wenigen diesbezüglichen Hinweise, zumal sie Anhaltspunkte sind für die auf den Zusammenkünften geäußerten politischen Ansichten:

– Richard von Flemming-Paatzig (19. Oktober 1939):
»Mein schöner Optimismus gerät nach der Rede des Herrn Chamberlain nun auch noch ins Wanken. – Etwas derartiges von Ablehnung, ja beinahe Haß, hat man kaum von einem englischen Ministerpräsidenten vorher gehört. Wenn er andeutet, daß erst die Tschechei und Polen wiederhergestellt sein müssen, bevor man an einen Frieden denken könne, so scheint mir das nicht sehr weitsichtig zu sein. Schließlich haben wir uns bisher nichts genommen, was uns bis Versailles nicht gehörte, wobei ich annehme, daß man das wirklich

von Polen bewohnte Polen als eigenen Staat bestehen lassen will. Soweit ich feststellen konnte, hat die schroffe Ablehnung des deutschen Friedensangebotes das Volk nicht erschreckt, sondern empört. Ich halte es ganz abgesehen von vielem anderen für einfach unmöglich, daß sich die Heeresmassen jahrelang gegenüberstehen ohne ernstlich zu kämpfen. Und daß wir Frankreich angreifen ist wohl mehr wie unwahrscheinlich.«[34]

– Paul Reusch schrieb am 18. September 1939 an Hardenberg:
»Ich für meine Person fürchte..., mit einer recht langen Dauer des Krieges rechnen zu müssen.«[35]

– Und an Halder schrieb er am 31.10. des gleichen Jahres:
»Der gegenwärtige Augenblick erheischt einige Entscheidungen, bei denen der Soldat mitzuwirken berufen ist«.[36]

Reusch könnte mit dieser Feststellung bereits auf Staatsstreichpläne hingewiesen haben.

– Carl Goerdeler (9. April 1939):
»Ich persönlich bin der Ansicht, daß wir mit Schnelligkeit der Entscheidung entgegen gehen. Ich komme eben aus Nordafrika, habe wieder die in meinen bisherigen Reiseberichten erwähnte Einstellung vollauf bestätigt gefunden und kann daher nur mit größtem Ernst auch die außenpolitische Lage betrachten. Aber selbst heute ist noch eine günstige Gesamtlösung, die einen verläßlichen langandauernden Frieden garantiert, möglich. Ihre Voraussetzungen liegen auf der Hand.«[37]

Auch Goerdeler können hier Staatsstreichabsichten unterstellt werden, dies ist die Sprache der Konspiration.
Hervorhebenswert ist das Bemühen Reuschs, Kontakte zu Militärs herzustellen oder zu halten. Neben Hardenberg, der ab August 1939 wieder aktiv dienender Offizier war, bemühte man sich um Generaloberst Fromm (März 1941), Oberst (später General) Thomas (Januar und November 1939, Mai 1940), der als Chef des Wehrwirtschaftsstabes beim OKW gelegentlich zu den Aussprachen des Reusch-Kreises eingeladen wurde, General von Kluge (Januar 1939) und Generaloberst Halder.[38]

– Carl Wentzel an Paul Reusch (4. Juli 1939):
»Wie Sie selbst, sehr verehrter Herr Reusch, bin auch ich immer ein großer Verehrer von Oswald Spengler gewesen, und es wird mir eine große Freude sein zu sehen, wie seinem Andenken Gerechtigkeit widerfährt.«[39]

Eine Aufforderung Wentzels, am 10. Juli 1944 nach Teutschenthal zu kommen, lehnte Reusch aufgrund der »militärischen Lage« ab, was ihn »veranlaßt (habe), zu Hause zu bleiben«.[40]
Eine Vorbereitung oder Beteiligung des Reusch-Kreises an den Ereignissen des 20. Juli 1944, wie das Kaltenbrunner in seinen Berichten unterstellt, ist nicht nachweisbar. Es gilt als gesichert, daß die Tagungen des Reusch-Kreises, nach

Herrenhaus Carl Wentzel's in Teutschenthal

den Informationsvorträgen über die Situation in Industrie und Landwirtschaft genutzt wurden, um oppositionelle Gedanken gegen das Hitlerregime zu äußern. Es ist auch anzuzweifeln, daß Reusch von der Vorbereitung des 20. Juli 1944 Kenntnis hatte. Ebenfalls ist eine konkrete Mitwirkung von Mitgliedern des Reusch-Kreises, außer bei Hardenberg, am Staatsstreich nicht nachweisbar. So schrieb der Sohn Wentzels, Carl-Friedrich, am 8. Mai 1946 an Reusch, daß »mein Vater in angeblicher Verbindung mit dem 20. Juli 1944 hingerichtet wurde ...«.[41]

Obwohl die Gestapo einen Nachweis der Vorbereitung oder Mitwirkung des Reusch-Kreises am 20. Juli 1944 nicht führen konnte, wurden aus dem Reusch-Kreis: Wentzel hingerichtet, Hardenberg und Wilmowsky im Konzentrationslager Sachsenhausen inhaftiert, Goerdeler, der kein ständiges Mitglied des Reusch-Kreises war, hingerichtet.[42] Speer war es also nicht gelungen, wie dies gelegentlich euphemistisch behauptet worden ist, alle Mitglieder des Reusch-Kreises vor dem Zugriff der Gestapo zu schützen.

Es ist zu vermuten, daß Hardenberg, der sich seit Mitte 1942 aktiv an der Vorbereitung des Staatsstreiches beteiligte, von sich aus die Kontakte zum Reusch-Kreis lockerte, um dessen Mitglieder nicht zu gefährden. So fragte Reusch den für Organisation und Landwirtschaft verantwortlichen Zitzewitz im Januar 1943: »Glauben Sie, daß HARDENBERG einer Einladung Folge leisten wird?«[43]

Zusammenfassend ist festzustellen, daß der Reusch-Kreis einen Beitrag zur Ehrenrettung großindustrieller und großagrarischer Persönlichkeiten leistete, so wie er versuchte, dem Hitlerregime Paroli zu bieten. Seine Verdienste bestehen vor allem darin, daß, ausgehend von einer fundierten Situationsanalyse von Industrie und Landwirtschaft, die Voraussetzungen und Bedingungen für deren Entwicklung unter den seinerzeitigen totalitären Machtverhältnissen genannt und gefordert wurden und darüber hinaus Vorstellungen für den Übergang von der Kriegs- zur Friedenswirtschaft für Staat und Gesellschaft entwickelt wurden.

Hardenberg fungierte als Mittelsmann zwischen dem Stauffenberg-Kreis einerseits und dem Reusch-Kreis andererseits sowie zu einzelnen Mitgliedern der Mittwochsgesellschaft.

Die Mittwochsgesellschaft

Hardenberg selbst war zu keiner Zeit Mitglied oder Gast der Mittwochsgesellschaft. Doch teilweise recht ausgeprägte Kontakte bestanden zwischen einigen Mitgliedern der Mittwochsgesellschaft und Hardenberg. Insbesondere bestanden Verbindungen zu Ludwig Beck (Mitglied von November 1939 bis Juli 1944), Ulrich von Hassell (Mitglied von November 1940 bis Juli 1944), Johannes Popitz (Mitglied von Januar 1932 bis Juli 1944), Prof. Ferdinand Sauerbruch (Mitglied von Januar 1933 bis Juli 1944) und Professor Eduard Spranger (Mitglied von Mai 1934 bis Juli 1944).[44]

Ulrich von Hassell

Ludwig Beck

Es stellt sich die Frage, warum eine ganze Reihe herausragender Persönlichkeiten der Mittwochsgesellschaft ebenso wie des Reusch-Kreises unmittelbar nach dem 20. Juli 1944 verhaftet und hingerichtet wurden, obwohl sie keineswegs unmittelbar an der Attentatsvorbereitung bzw. -durchführung beteiligt waren. Der Historiker Klaus Scholder schrieb dazu: »Hitler, Himmler und Bormann begriffen, daß sie es nicht nur mit einzelnen Verschwörern zu tun hatten, sondern mit Überzeugungen, die den ihren schlechthin entgegengesetzt waren. Nicht nur die Männer zu töten, die die Verschwörung getragen hatten, sondern diese Überzeugungen zu vernichten, war deshalb das Ziel der Verfolgung, die nun begann.«[45]

Deutscher Herrenklub (DHK) - Deutscher Klub (1933-1945)

Hardenberg war auch Mitglied des Deutschen Herrenklubs (1924 bis 1945). Das geht aus einem Schreiben Hardenbergs an Marwitz vom 14. Oktober 1941 hervor. Darin charakterisiert er Rosenberg, »geschäftsführendes Vorstandsmitglied« des Herrenklubs, als einen »sehr ordentliche(n) Mann, der mir schon vom Herrenclub ... bekannt ist.«[46] Der Deutsche Herrenklub war eine konservative Eliteorganisation mit starker Ausprägung der preußischen Tradition. Er wollte unter Umgehung der Parteien aus dem Hintergrund Einfluß auf den Staat ausüben. Dabei mußte es zu Konflikten mit den Nationalsozialisten kommen, die den

Professor Eduard Spranger

Deutschen Herrenklub als reaktionär und anmaßend charakterisierten, jedoch mit Rücksicht auf seine repräsentativen Mitglieder aus Großkapital und Großgrundbesitz diesen unter der Bezeichnung Deutscher Klub (1933 bis 1945) weiter existieren ließen. Hardenberg knüpfte oder pflegte hier Kontakte zu Kurt Freiherrn von Hammerstein-Equord, dem Krupp-Schwager Tilo Freiherrn von Wilmowky (Reusch-Kreis), Fritz Thyssen (Reusch-Kreis), Hjalmar Schacht, Gottfried Reinhold Treviranus und Ulrich von Hassell; auch Hardenbergs Schwiegervater Otto Graf von der Schulenburg war Mitglied des Deutschen Herrenklubs. Hindenburg war Ehrenmitglied. Albert Norden hat den DHK als »Zirkel der wahren Herren Deutschlands« bezeichnet.[47]

Casino-Gesellschaft

Verstärkt hatte sich Hardenberg schon seit Mitte der 30er Jahre um Antworten auf die entscheidenden Fragen seiner Zeit bemüht. Darum vor allem hatte er seine Kontakte zu Gleichgesinnten weiter ausgebaut. Und deshalb war er auch der Casino-Gesellschaft in Berlin beigetreten. Das Verzeichnis der Mitglieder aus dem Jahre 1938 führt seinen Namen:
»Graf v. Hardenberg, Carl Hans, Neuhardenberg, Land- und Forstwirt…«[47a]

1921 hatte der Präsident der Casino-Gesellschaft, Graf Baudissin eine program-

matische Rede gehalten, in der er hervorgehoben hatte: »Wir wollen ... unseren alten Traditionen treu bleiben. Was wir darunter verstehen, wissen wir alle: Ernstes Verantwortungsgefühl, Pflichttreue, Rechtlichkeit, Einfachheit und Kameradschaft: kurz alle Tugenden, die Preußen und Deutschland groß gemacht haben und die wir heute weniger denn je entbehren können.«[48] Das waren Ideale und Werte, denen sich Hardenberg und sein konservativer Freundeskreis zeitlebens verpflichtet fühlten.
Im Jahre 1938 umfaßte die Gesellschaft etwa 300 Mitglieder. Hardenberg wurde Mitglied mit Stimmrecht. Es gab auch Mitglieder ohne Stimmrecht sowie Verkehrsgäste. In der Satzung heißt es: »Der Zweck der Gesellschaft ist Vereinigung gebildeter Männer aus verschiedenen Ständen, neben wissenschaftlicher Belehrung gesellige Unterhaltung zu fördern.«[49]
Ebenfalls Casino-Mitglieder waren viele von Hardenbergs Freunden, Bekannten und Verwandten wie die Grafen von Arnim, Theodor Graf von Baudissin, Kurt Freiherr von Hammerstein-Equord, Ewald Freiherr von Kleist-Schmenzin, Bodo von der Marwitz, Kurt Freiherr von Plettenberg, Dr. Louis Ferdinand Prinz von Preußen, die Grafen von der Schulenburg, Fabian von Schlabrendorff u. a. Von ihnen beteiligten sich außer Hardenberg am Widerstand Kleist-Schmenzin, Plettenberg, die Schulenburgs und Schlabrendorff.

Die Komturei Lietzen

Der schlesische Fürst Herzog Heinrich der Bärtige hatte den Templern die 300 Hufen[50] um Lietzen herum geschenkt. Der Hof »zu der Lezenize« war bereits 1229 angelegt und mußte in jener Zeit eine harte Belagerung seitens der Polen aushalten. Am jetzigen See Kalisch, dem alten »Colaz«, bei der Komturei, fand, so erzählt die Sage, die Schlacht statt. Aber die Templer hielten sich gegen die polnische Übermacht, bis ihnen Hilfe nahte. In kurzer Zeit waren auf dem Ordensterritorium die sechs Dörfer Lietzen, Heinersdorf, Tempelberg, Marquardsdorf, Neuen-Tempel und Kalisch erbaut. 1312 war der Templerorden »wegen heidnischer Verbrechen, muhamedanischer Götzendienerei und gänzlichen Unglaubens an die Lehren der Christenheit« aufgelöst worden.[51] Die Mitglieder dieses Ordens hatten wohl keine geringere Absicht gehabt, als eine Adelsrepublik über ganz Europa zu bilden. Zwar wurde dem päpstlichen Erlaß insoweit nachgegeben, als man sie ihrer Güter beraubte; von weiterer Verfolgung jedoch wurde abgesehen; schließlich traten sie zu den Johannitern, in den Stand der Geistlichen oder in den landesherrlichen Dienst über. So wurden die Johanniter die Besitznachfolger der Templer in der Kommende Lietzen. Es folgte die Zeit des Hoflebens für den Adel, die Kommendatoren zu Lietzen waren hochbetitelte Herren, die in der Residenz ihren Sitz aufschlugen. Die Finanzreform von 1810 hatte die Säkularisation zur Folge. Die Komturei Lietzen fiel an die Krone und gehörte 1814 zur Dotation, als der König seinem Staatskanzler Hardenberg eine Freie Standesherrschaft errichtete.[52]

Die Johanniter

Im Jahre 1160 fochten die Johanniter unter ihrem Hochmeister Auger de Balben in den Gebirgstälern und auf den Höhen um Jerusalem mit den Sarazenen; die Templer konnten nur noch mit Mühe und unter hartnäckigem Kampf den Pilger zu den Toren der stets bedrohten Stadt bringen, da erschien aus dem fernen deutschen Norden ein fürstliches Paar: der erste Markgraf von Brandenburg, Albrecht der Bär, und dessen Gemahlin. Albrecht der Bär führte bei seiner Rückkehr im Jahre 1160 Mitglieder des Johanniterordens übers Meer in sein Land. Bei der Gründung der Mark Brandenburg bzw. der Neumark hatte der Ritterorden der Johanniter einen bedeutenden Einfluß; im Wettstreit mit den Zisterziensern errichteten sie Musteranstalten zur Bewirtschaftung des gewonnenen Landes. Der Fleiß und die Tatkraft dieses Ordens bewirkten, daß aus der Mark Brandenburg ein wohlbebautes und wirtliches Land wurde.

Die Ballei Brandenburg des Johanniterordens hatte bereits früher innerhalb des Johanniter-, später Malteserordens eine besondere Stellung behauptet. Östlich von Küstrin, am Rande des Warthebruches, liegt Sonnenburg, seit 1327 die Ballei Brandenburg des um 1080 gestifteten Johanniterordens, des »Ritterlichen Ordens Sankt Johannis vom Spital zu Jerusalem«. Im Ordensschlosse hingen zahlreiche Bildnisse von Herrenmeistern; dort und in der Ordenskirche über 750 Wappentafeln. Der Orden unterhielt 56 Häuser zur Krankenpflege mit mehr als 1000 Schwestern.

Seit der Reformation hatte die Ballei Brandenburg des Johanniterordens evangelischen Charakter angenommen. Durch das Säkularisationsedikt vom 30. Oktober 1810 war sie in Preußen nebst dem Herrenmeistertum und den Kommenden aufgelöst worden. Ursache dafür war Hardenbergs Finanzreform, mit der er dem preußischen Staat seine Handlungsfreiheit zurückgewinnen wollte. So ließ er König Friedrich Wilhelm III. am 30. Oktober 1810 die Umwandlung aller geistlichen Güter in Domänen verfügen. Damit besaß der Johanniterorden in der Mark faktisch keine Existenzmöglichkeit mehr. Mit dem Königlichen Edikt vom 23. Januar 1811 gingen die Befugnisse von Herrenmeister und Kapitel auf die Krone über und erloschen. Doch schon 1812 errichtete König Friedrich Wilhelm III. zum ehrenvollen Andenken an die erloschene Ballei Brandenburg den Königlich-Preußischen Johanniterorden. Die Reorganisation dieses Ordens (Ballei Brandenburg) erfolgte durch Friedrich Wilhelm IV. im Jahre 1852.

Seither bestand der Orden unter Leitung eines Herrenmeisters aus Kommendatoren, die zur Leitung der Konvente in den Provinzen bestimmt sind und mit den Ehrenkommendatoren, dem Ordenshauptmann sowie den Trägern der Ordensämter das Ordenskapital bilden, sowie aus Rechts- und Ehrenrittern und aus dienenden Brüdern und Schwestern zur Hilfeleistung in der Krankenpflege – einer Aufgabe, der sich die Johanniter noch gegenwärtig in anerkannter Weise verpflichtet fühlen. Ämter des Ordens sind der Kanzler, der Sekretär, der Schatzmeister und der Werkmeister. Mitglieder des Ordens können nur evangelische Edelleute sein; sie besitzen eine besondere Uniform und tragen ein Ordensabzeichen. Innerhalb des Deutschen Reiches bestanden 15 Genossenschaften des Ordens. Die Tätigkeit des Johanniterordens war hauptsächlich auf Krankenpflege im Frieden sowie im Kriege gerichtet; er unterhielt eine Anzahl von Krankenhäusern und anderen, seiner Bestimmung entsprechenden Anstalten.[53] Hardenberg »verfügte über erstaunliche Geschichtskenntnisse«.[54] Aus seiner noch erhaltenen umfangreichen Bibliothek kannte Hardenberg die Geschichte des Johanniter-Ordens. Die Existenz der ehemaligen Komturei Lietzen (1338–1768) als Teil der Standesherrschaft, das Vertrautsein mit der Geschichte des dort ansässigen Johanniterordens ließen Hardenberg Anfang der 30er Jahre zum Mitglied, ja wenige Jahre später sogar zum Kommendator dieses Ordens werden.[55] Damit war er nach der Ordensregel in die Pflicht getreten, Jesus Christus zu dienen, in tätiger Liebe die Not des Nächsten zu lindern und beheben zu helfen und gegen den Unglauben einen guten und ritterlichen Kampf zu führen.

Hardenbergs Aussage, daß er sich geweigert habe, Mitglied einer der NSDAP-Gliederungen zu werden, scheint im Widerspruch zu stehen zum Feststellungsbescheid vom 8. April 1949 des von Kommunisten besetzten »Landesausschusses zum Schutze des Volkseigentums«, wonach »der Johanniter-Orden eine NS-Organisation im Sinne des Befehls der SMAD Nr. 126 …« sei.[56] Unter nationalsozialistischer Herrschaft war der Orden nämlich gezwungen gewesen, seine Satzungen zu ändern. Der Weiterbestand des Ordens war ohne diese Veränderungen in Frage gestellt. Trotzdem wurde dieser Orden durch die Anordnung von Rudolf Heß, dem Stellvertreter Hitlers als Führer der NSDAP,[57] für nazifremd, sogar nazifeindlich erklärt. Deshalb war es Parteimitgliedern und Angehörigen der Gliederungen der NSDAP verboten, dem Orden anzugehören.[58] Aus diesen Gründen kam dann auch der Ausschuß zum Schutze des Volkseigentums bei der Deutschen Wirtschaftskommission 1947 zum Ergebnis, daß der Johanniterorden doch nicht als eine NS-Organisation im Sinne der SMAD-Befehle Nr. 80 vom 29. September 1945 und 126 vom 31. Oktober 1945 anzusehen sei.
Der Herrenmeister des Johanniterordens, Wilhelm Karl Prinz von Preußen, schätzte in Würdigung der Tat vom 20. Juli 1944, daß es »keine andere gesellschaftliche Gruppe (gegeben habe), die einen vergleichbar hohen Anteil an Widerstandskämpfern im Dritten Reich stellte, wie der Johanniterorden«. Dies sei nicht Ergebnis »irgendeiner Ordensaktivität, sondern die Konsequenz der freien Entscheidung christlicher und ritterlicher Männer« gewesen.[59]

Kirchenpatron von Neuhardenberg

Als Kirchenpatron von Neuhardenberg die evangelische Lehre in seinem Verständnis verteidigend, verfügte Hardenberg 1936 die Versetzung des Pfarrers Neuberg wegen dessen SA-Zugehörigkeit und Bekenntnisses zum Nationalsozialismus in der Kirche. Gleichzeitig bemühte er sich mit außerordentlichem

Schinkelkirche zu Neuhardenberg

Innenraum der Schinkelkirche; rechts die Loge der gräflichen Familie

Pfarrer Neuberg

Engagement, Pfarrer Koeller von der oppositionellen »Bekennenden Kirche« zu gewinnen. Das wird auch in dem Schreiben des Superintendenten in Müncheberg an das Evangelische Konsistorium Berlin vom 12. Oktober 1937 sichtbar. Hierin ging es um die Besetzung der Pfarrstelle in der Schinkelkirche von Neuhardenberg. In dem Schreiben wurde hervorgehoben: »Der Herr Kirchenpatron läßt nicht davon ab, den Prädikanten als Pfarrer berufen zu wollen, und steht auf dem Standpunkt, das Konsistorium müsse Mittel und Wege finden, diese Berufung zu bestätigen. Ich habe dem Herrn Patron in eingehender mündlicher Besprechung alle Schwierigkeiten dargelegt. Er steht auf dem Standpunkt, es sei Sache der Kirchenbehörde, diese Schwierigkeit zu beseitigen, nicht aber sei es seine Sache. Daß der Prädikant Koeller das Vertrauen des weit überwiegenden Teils der Kirchengemeinde Neuhardenberg genießt und daß er dort bisher außerordentlich treu und segensreich gearbeitet hat, muß ich bezeugen. Durch ihn ist in der Gemeinde wirkliches kirchliches Leben geweckt worden… Erneute Verhandlungen zwischen mir und dem Kirchenpatron dürften zwecklos sein.« In zwei darauffolgenden Schreiben forderte Hardenberg energisch, die Neubesetzung der Pfarrstelle zu veranlassen.[60]

Um der offensichtlichen Verzögerungstaktik des Evangelischen Konsistoriums der Mark Brandenburg in Berlin Einhalt zu gebieten, legte Hardenberg am 11. Oktober 1937 definitiv den Einsatz des Pfarrers Koeller fest. Er schrieb kategorisch: »Bezugnehmend auf mein Schreiben vom 11. Oktober 1937 präsentiere ich Herrn Pastor Koeller – Neuhardenberg für die Pfarrstelle in Neuhardenberg. Graf von Hardenberg, Patron der Kirche zu Neuhardenberg«.[61]

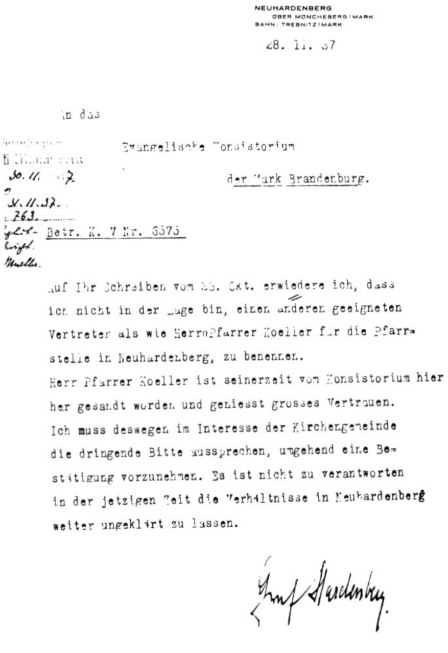

NEUHARDENBERG
ÜBER MÜNCHEBERG/MARK
BAHN: TREBNITZ/MARK

28. 11. 37

An das

Evangelische Konsistorium

der Mark Brandenburg.

30. 11. 37

31. 11. 37.

763.

Betr. K. V Nr. 6575

Auf Ihr Schreiben vom 25. Okt. erwiedere ich, dass ich nicht in der Lage bin, einen anderen geeigneten Vertreter als wie Herrn Pfarrer Koeller für die Pfarrstelle in Neuhardenberg, zu benennen.
Herr Pfarrer Koeller ist seinerzeit vom Konsistorium hier her gesandt worden und geniesst grosses Vertrauen.
Ich muss deswegen im Interesse der Kirchengemeinde die dringende Bitte aussprechen, umgehend eine Bestätigung vorzunehmen. Es ist nicht zu verantworten in der jetzigen Zeit die Verhältnisse in Neuhardenberg weiter ungeklärt zu lassen.

Graf Hardenberg

Brief Hardenbergs an das Evangelische Konsistorium der Mark Brandenburg

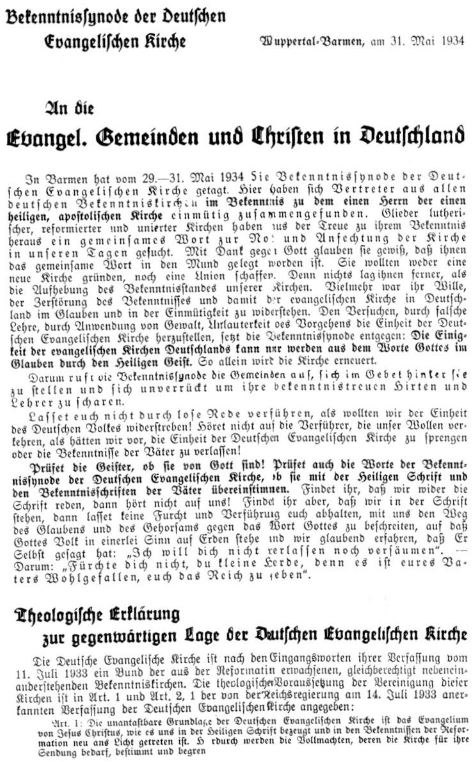

Bekenntnissynode der Deutschen Evangelischen Kirche

Wuppertal-Barmen, am 31. Mai 1934

An die

Evangel. Gemeinden und Christen in Deutschland

In Barmen hat vom 29.—31. Mai 1934 die Bekenntnissynode der Deutschen Evangelischen Kirche getagt. Hier haben sich Vertreter aus allen deutschen Bekenntniskirchen **im Bekenntnis zu dem einen Herrn der einen heiligen, apostolischen Kirche** einmütig zusammengefunden. Glieder lutherischer, reformierter und unierter Kirchen haben aus der Treue zu ihrem Bekenntnis heraus ein gemeinsames Wort zur Not und Anfechtung der Kirche in unseren Tagen gesucht. Mit Dank gegen Gott glauben sie gewiß, daß ihnen das gemeinsame Wort in den Mund gelegt worden ist. Sie wollten weder eine neue Kirche gründen, noch eine Union schaffen. Denn nichts lag ihnen ferner, als die Aufhebung des Bekenntnisstandes unserer Kirchen. Vielmehr war ihr Wille, der Zerstörung des Bekenntnisses und damit der evangelischen Kirche in Deutschland im Glauben und in der Einmütigkeit zu widerstehen. Den Versuchen, durch falsche Lehre, durch Anwendung von Gewalt, Unlauterkeit des Vorgehens die Einheit der Deutschen Evangelischen Kirche herzustellen, setzt die Bekenntnissynode entgegen: **Die Einigkeit der evangelischen Kirchen Deutschlands kann nur werden aus dem Worte Gottes im Glauben durch den Heiligen Geist.** So allein wird die Kirche erneuert.

Darum ruft die Bekenntnissynode die Gemeinden auf, sich im Gebet hinter sie zu stellen und sich unverrückt um ihre bekenntnistreuen Hirten und Lehrer zu scharen.

Lasset euch nicht durch lose Rede verführen, als wollten wir der Einheit des Deutschen Volkes widerstreben! Höret nicht auf die Verführer, die unser Wollen verkehren, als hätten wir vor, die Einheit der Deutschen Evangelischen Kirche zu sprengen oder die Bekenntnisse der Väter zu verlassen!

Prüfet die Geister, ob sie von Gott sind! Prüfet auch die Worte der Bekenntnissynode der Deutschen Evangelischen Kirche, ob sie mit der Heiligen Schrift und den Bekenntnisschriften der Väter übereinstimmen. Findet ihr, daß wir wider die Schrift reden, dann hört nicht auf uns! Findet ihr aber, daß wir in der Schrift stehen, dann lasset keine Furcht und Verführung euch abhalten, mit uns den Weg des Glaubens und des Gehorsams gegen das Wort Gottes zu beschreiten, auf daß Gottes Volk in einerlei Sinn auf Erden stehe und wir glaubend erfahren, daß Er Selbst gesagt hat: „Ich will dich nicht verlassen noch versäumen". — Darum: „Fürchte dich nicht, du kleine Herde, denn es ist eures Vaters Wohlgefallen, euch das Reich zu geben".

Theologische Erklärung

zur gegenwärtigen Lage der Deutschen Evangelischen Kirche

Die Deutsche Evangelische Kirche ist nach den Eingangsworten ihrer Verfassung vom 11. Juli 1933 ein Bund der aus der Reformation erwachsenen, gleichberechtigt nebeneinanderstehenden Bekenntniskirchen. Die theologische Voraussetzung der Vereinigung dieser Kirchen ist in Art. 1 und Art. 2, 1 der von der Reichsregierung am 14. Juli 1933 anerkannten Verfassung der Deutschen Evangelischen Kirche angegeben:

Art. 1: Die unantastbare Grundlage der Deutschen Evangelischen Kirche ist das Evangelium von Jesus Christus, wie es uns in der Heiligen Schrift bezeugt und in den Bekenntnissen der Reformation neu ans Licht getreten ist. Hierdurch werden die Vollmachten, deren die Kirche für ihre Sendung bedarf, bestimmt und begren

Theologische Erklärung zur gegenwärtigen Lage der Evangelischen Kirche (31. Mai 1934), Auszug

Nach dem Gottesdienst vom 4. Juni 1939 überreichte Hardenberg in Anwesenheit des Superintendenten Mueller Pfarrer Koeller seine Berufungsurkunde.[62] Ein Beweis für die antinationalsozialistische Haltung Hardenbergs ist der Wortlaut des von Pfarrer Koeller abgelegten Ordinationsgelübdes. Es wich wesentlich von der damals üblichen Formel für die Berufung eines Pfarrers ab. Es fehlte die Verpflichtung des Pfarrers, daß er »gemäß dem bei der Übertragung des geistlichen Amtes geleisteten Eide dem Führer des deutschen Volkes und Reiches treu und gehorsam sein und die Gesetze beachten wird.«[63]
Hintergrund der unterschiedlichen Stellung der Pfarrer Neuberg und Koeller war die Barmer Erklärung der Synode der Bekennenden Kirche vom 31. Mai 1934.[64]
Die Neuhardenbergerin Frieda Werkmeister erinnerte sich an diese Vorgänge: »Mein Großvater und Vater waren in der Zeit von 1933 bis 1945 Kirchenälteste in der Gemeinde Neuhardenberg. Der damalige amtierende Pfarrer Neuberg brachte große Spannungen und Erregungen in dieselbe und bezeugte sich als direkter Anhänger des Nationalsozialismus; dem dagegen Graf von Hardenberg als Patron dieser Gemeinde und der gesamte Kirchenrat. Graf von Hardenberg wurde für einen NS-Gegner und Gegner der damaligen Regierung gehalten und

schaffte es mit Hilfe vieler Gemeindemitglieder, diesen Pastor von hier zu versetzen. Die Gemeinde atmete auf, als dann der Pfarrer Koeller, ein Mann der ›Bekennenden Kirche‹ hier eingeführt wurde. Er selbst und viele bekennende Pastoren wurden dann nacheinander kurzzeitig verhaftet, was ja alles direkte Maßnahmen des Nationalsozialismus waren.«[65]
Hardenbergs Freund Bodo von der Marwitz, 1939 Ordenskanzler der Johanniter[66], der beim Oberkommando der Wehrmacht in Berlin tätig war, befand sich auch auf Hardenbergs politischen Positionen. So bemühte sich Marwitz in einem Brief vom 19. Juli 1938 an Hans Henning Freiherrn von Gersdorff-Cunersdorf, Adjutant beim Generalfeldmarschall von Mackensen, Dr. Weiss, einem Juden, bei der Arbeitssuche zu helfen.[67]
Um solche gemeinsamen Standpunkte, insbesondere hinsichtlich der Verantwortung der evangelischen Kirche unter den Existenzbedingungen der nationalsozialistischen Diktatur, war Hardenberg auch bemüht, als er zu einem Treffen mit Kirchenvertretern am 7. März 1939 nach Neuhardenberg einlud, an dem auch Bodo von der Marwitz teilnahm.[68]

Pfarrer Koeller

Röhm und Fritsch

Selbstverständlich beurteilte Hardenberg auch das politische Geschehen von seiner religiösen Grundhaltung aus. Dabei war eine der Kardinalfragen für ihn die Bestimmung des Wesens des Soldatentums vom Standpunkt der christlichen Ethik. Hardenberg setzte sich insbesondere mit den Ereignissen um den 30. Juni 1934 auseinander. SA-Stabschef Ernst Röhm hatte ein Massenheer auf der Grundlage seiner SA-Formationen schaffen wollen und sich damit in Gegensatz zur Reichswehr gebracht. Bei der Wahl zwischen SA und Reichswehr hatte sich Hitler für die Reichswehr entschieden. Die SS hatte Röhm und Tausende andere erschossen, unter ihnen auch den früheren Reichskanzler Schleicher. Hitler rechtfertigte dies vor dem Reichstag mit der Behauptung, Schleicher habe mit Röhm für eine neue Regierung Röhm/Schleicher konspiriert. Diese Morde erschütterten Hardenberg in seinem Ehr- und Rechtsempfinden. Hinzu kam das widerstandslose Verhalten des Heeres gegenüber diesen Massenmorden. Für Hardenberg war dies die Kapitulation der Streitkräfte vor dem nationalsozialistischen System. Fortan beurteilte Hardenberg die politischen Aktivitäten des NS-Regimes nicht nur argwöhnisch, vielmehr kritisch und ablehnend, vor allem die antisemitischen Grundpositionen sowie die Beseitigung der Arbeitslosigkeit durch totale Aufrüstung.

Besonders empören mußte ihn einige Jahre später die Diffamierung des Oberbefehlshabers des Heeres, des in Krieg und Frieden hervorragend bewährten Generaloberst von Fritsch. Als dieser den ebenfalls bei Hitler in Ungnade gefallenen Blomberg als Reichskriegsminister ablösen sollte, wurde Hitler eine »Akte Fritsch« überreicht, mit welcher der Nachweis erbracht werden sollte, daß dieser, ein Junggeselle, gegen den Paragraphen 175 des Strafgesetzbuches verstoßen habe. Mit der außergerichtlichen »Klärung« der unbegründeten Vorwürfe war dem Heere endgültig das Rückgrat gebrochen.

Fritz-Dietlof von der Schulenburg sah darin sogar die Wurzel des Zwanzigsten Juli 1944. Er sah »ihren Anfang am 4.2.1938, verbunden mit dem Ausscheiden von Fritsch aus dem aktiven Wehrdienst. Hierdurch spaltete sich das Heer. Auf der einen Seite wurde eine Gruppe von Offizieren hochgezogen, die der nationalsozialistischen Führung bedingungslos folgte, auf der anderen Seite ging eine Gruppe von Offizieren, die in den Eingriffen in die Wehrmacht einen Verstoß gegen ihr inneres Gesetz sah …«[69] Bereits nach wenigen Jahren nationalsozialistischer Machtausübung war in Kreisen vor allem des älteren Offizierskorps die Sorge um den Rang der Wehrmacht im Staat entstanden.

Hardenberg erkannte, daß die politischen Ereignisse die Position der Wehrmacht im Staat prinzipiell geschwächt hatten. Kern der Hardenbergschen Kritik war die Gefährdung der Grundwerte preußisch-deutschen Soldatentums, wie Ehre, Disziplin, Gehorsam und Treue, durch den wachsenden Einfluß der NSDAP auf die Wehrmacht. Hardenberg und den Gleichgesinnten ging es um die Bewahrung der soldatischen Werte, was die Erhaltung einer in der Tradition stehenden militärischen Führung erforderte.

Prinz Eitel Friedrich, Graf Hardenberg, Prinz Oskar (von links nach rechts)

Prinz Oskar, Gräfin Hardenberg, Prinz Eitel Friedrich (von links nach rechts)

Wolf Werner Graf von Arnim und Braut

Graf Hardenberg geleitet seine Tochter Gisela zum Traualtar

Auch Stauffenberg erkannte die größte Gefahr für Wehrmacht und Nation, wenn selbst in der militärischen Führung »das Vertrauen in die absolute, die verschiedensten Zeitläufe überspannende Gültigkeit des aristokratischen Grundgesetzes soldatischer Staats- und Lebensauffassung... verlorenzugehen droht«.[70] Doch diese Erkenntnis war selbst bei oppositionellen Offizieren der Wehrmacht keineswegs einheitlich.

»Auf der einen Seite (stand) die ältere militärische Führergeneration, die im kaiserlichen Deutschland geprägt wurde, den Weltkrieg und seine Folgen durchgestanden hatte und entscheidender Träger der soldatischen Tradition« war.[71] Ihr ist Hardenberg zuzurechnen.

So war Hardenberg bemüht, die Kontakte zu ehemaligen Potsdamer Regimentskameraden, wie den Hohenzollernprinzen Eitel Friedrich und Oskar, ebenso aufrechtzuerhalten wie zu seinen Johanniter-Ordensbrüdern. Hierzu bot sich auch Gelegenheit, als 1937 Hardenbergs Tochter Gisela und Wolf Werner Graf Arnim-Arnimshain[72] heirateten. Seine Königliche Hoheit Eitel Friedrich, Prinz von Preußen, war kurze Zeit Kommandeur des ersten Garde-Regiments zu Fuß und ebenfalls im 1.Weltkrieg gewesen.

Mit den Worten: »Daß die Wiederherstellung der Monarchie gewünscht wurde, läßt sich nicht bestreiten«[73] charakterisiert Wolfgang Paul die Hoffnungen dieser Gruppe Offiziere.

Dieser älteren Soldatengeneration stand eine junge gegenüber, »die ihre geistige Formung in jüngster Vergangenheit erhielt... Dazwischen stehen nach den Worten Stauffenbergs seine, die ›verbindenden‹ Jahrgänge.«[74]

Hardenbergs Gefährten waren in allen diesen Generationen integriert. Stets darum bemüht, seine Erkenntnisse jüngeren Offizieren zu vermitteln, und unter der Notwendigkeit strengster Einhaltung der konspirativen Regeln, gewann er allseits Anerkennung ob seines klaren oppositionellen Bekenntnisses und seines Wesens. »Er war arbeitsam wie kein zweiter, hielt auf Strenge, Pünktlichkeit und Pflichterfüllung. Dabei war er aber lustig und fidel. Wem es gelang, seine Freundschaft zu gewinnen, befand sich in guten Händen. Er ließ keinen Menschen fallen und half allen, die seinem Herzen nahestanden... Er war ein Menschenkenner comme il faut und ließ sich von niemandem ein X für ein U vormachen.«[75]

V Krieg

Ersatzbataillon 9 in Potsdam

Schon Ende August 1939, noch vor Kriegsbeginn, wurde Hardenberg eingezogen und als Major der Reserve zum Kommandeur des Ersatzbataillons 9 in Potsdam bestellt,[1] obwohl er ständig Probleme mit seinem linken Oberarm hatte. Noch Ende 1938/Anfang 1939 hatte er geschrieben, daß er an seiner »alten Kriegswunde operiert worden (sei), lange im Krankenhaus liegen mußte...«[2]
Hardenbergs Aufgabe hatte in der Auffüllung der an der Front durch Verluste dezimierten Einheiten bestanden. Hauptmann Achim Freiherr von Willisen, Chef der 7. Kompanie des 1. Infanterie-Regiments 9, erinnerte sich: »Nach meiner Meldung beim Ersatzbataillon in Potsdam (Oberstltn. Graf Hardenberg)... fuhr ich an einem eisigen Wintertag zum aktiven Regiment, das an der Westfront in der Eifel lag.«[3] Am 20. Februar 1940 traf Hardenberg in Begleitung von Oberst Siegfried Graf zu Eulenburg, dem letzten Kommandeur des Ersten Garderegiments zu Fuß, Major Jonas Graf zu Eulenburg, Kommandeur des I./I. R. 9, und Oberleutnant Friedrich Wilhelm von Bismarck im Raum Helfernt – Wehr – Dilmar ein.[4]

Hardenberg nutzte die Wochen in Potsdam auch, um seine Freundschaft zu Marwitz zu vertiefen. Nach dem Sieg über Polen hatte Marwitz am 30. September 1939 beim Lebuser Landrat Kreutzberger Kriegsgefangene beantragt, da sich aufgrund der schlechten Witterung die Hackfruchternte verzögert hatte, so »daß die Gefangenen hier immer dringlicher werden.«[5] Probleme hatte Marwitz auch bei der Disziplinierung der bei ihm arbeitenden Ungarn. Sie seien »insbesondere empört über den Fortfall einer Mehlzuweisung«. So setzte sich Marwitz dafür ein, daß ihnen die Mehlration »zugestanden werden könnte«, da sie in ihrer ganzen Ernährung »auf Mehlsuppen pp. schrecklicher Art« eingestellt wären.[6]
Marwitz nutzte seine zwischenzeitliche Tätigkeit in Friedersdorf auch dazu, um »seine Mannen« für den Krieg zu ermuntern. An Heinz Körtke schrieb er nach dessen Beförderung zum Unteroffizier: »Nun haben sie doch noch das Ziel Ihrer Wünsche erreicht und sind hoffentlich noch rechtzeitig gekommen, um mitzuhelfen, Polen zu erobern.«[7]

R. Oppen

Bemerkenswert aber waren zu diesem Zeitpunkt die Kontakte, die Hardenberg zu dem in Potsdam wohnenden Rudolf von Oppen und dessen Sohn Georg Sigismund pflegte.
Rudolf (Rudi) von Oppen, geboren 1887, war verheiratet mit Emily-Henriette (Milly) von Arnim, geboren 1892. Er war die herausragendste Persönlichkeit im Oppenschen Familienverband dieses Jahrhunderts. »Er lebte bewußt aus der Überlieferung und bezeugte – geöffnet den Forderungen des Tages – wie man in

der Gegenwart gestaltend mitwirkt, ohne die Vergangenheit zu verleugnen... Vom Kadetten und Mitschüler kaiserlicher Prinzen über den Offizier im Ersten Garderegiment und Generalstäbler im Ersten Weltkrieg, über den Direktor des Technischen Büros Berlin der Siemens-Schuckertwerke AG, über die Teilnahme am zweiten Weltkrieg...«[8], in dieser Spannweite zu leben und zu wirken entsprach seinem Wunsch.

Sein ganzes Leben war geprägt worden durch die gemeinsame Erziehung und Ausbildung mit den Prinzen August Wilhelm und Oskar. Er selbst erinnerte sich: »Rückschauend betrachtet war die bei unserer Erziehung geübte Konzentration auf Unterricht und Ausbildung das unbedingt richtige Prinzip... Eisern verlangte man von uns Haltung und Selbstkontrolle, Verschwiegenheit und kameradschaftliches Verhalten untereinander. Das Gefühl für Recht und Pflicht wurde uns eingeimpft... und vor allem lernten wir gehorchen. Da unsere Vorgesetzten und Lehrer aber fast alle Vorbilder für uns waren, so gehorchten wir im allgemeinen gern und kamen schon früh zu der Erkenntnis, daß man, wenn man später selbst befehlen wollte, erst das Sichfügen gelernt haben mußte«, schrieb er. Sein diesbezügliches Verständnis illustrierte er, indem er den Grabstein des (General) von der Marwitz in Friedersdorf, welcher die Inschrift trägt, »Wählte Ungnade, wo Gehorsam nicht Ehre brachte«, würdigte: ».... im Siebenjährigen Kriege hatte er sich geweigert, einen Befehl des Königs, den er mit der Ehre eines Offiziers nicht (für) vereinbar hielt, auszuführen, und alle bitteren Folgen dieses Schrittes mannhaft auf sich genommen. Die Grabschrift und die Persönlichkeit dieses Marwitz haben mich schon als Jungen auf das tiefste beeindruckt und beschäftigt. In ihrem Sinn habe ich mich im späteren Leben stets bemüht, gegen Weisungen und Befehle, die mir ungerecht oder nicht vertretbar erschienen, mit allen Mitteln Widerstand zu leisten.«[9] Dies sind geradezu identische Auffassungen und Erkenntnisse mit denen, die Hardenberg einige Monate nach dem gescheiterten Staatsstreich zu Papier bringt![10]

Rudolf von Oppen hatte bereits seit 1935 an Reserveübungen teilgenommen, war 1939 einberufen worden und war ab Januar 1940 Kommandeur des Ersatz-Infanterie-Regiments 9 in Potsdam; danach wurde er Chef des Generalstabes bei zwei Armeekorps und einer Heeresgruppe. Im Januar 1945 führte Rudolf von Oppen, zum Generalmajor befördert, verschiedene Divisionen in Rückzugsgefechten (Belfort, Oberrhein, Schwarzwald).

Der 1923 geborene Sohn Georg-Sigismund bezeichnete das Elternhaus als »Inbegriff der Gastlichkeit, und meine Mutter war sicher die Anziehungskraft für viele Gäste...«[11] Er, der am 20. Juli 1944 gemeinsam mit Hardenberg und Stauffenberg in der Bendlerstraße am Umsturzversuch beteiligt war, hielt sich auch am 3. und 4. April 1940 in Neuhardenberg auf. »Unser Sohn ist uns heute wieder auf 2 Tage nach Hardenberg entschlüpft...«, schrieb Rudolf von Oppen an Marwitz.[12] Offensichtlich hatte Hardenberg unmittelbar vor seiner Versetzung zur Heeresgruppe B, also am 5. März 1940, auch seinen Abschiedsabend gemeinsam mit Bodo von der Marwitz bei Familie Oppen verbracht, denn dieser schrieb am 11. März 1940 an Frau von Oppen: »Es war letzt ein so besonders netter Abend bei Ihnen, aber es ist doch jammerschade, daß Hardenberg nun jetzt weg ist. Ich kann mir denken, daß er Ihnen allen fehlt. Er hat sich immer mehr zu einem ganz seltenen Mann entwickelt mit unerhört viel Herz bei großer Klugheit. Er wird auch sehr im Kreise fehlen.«[13]

Adjutant bei Generalfeldmarschall von Bock

Am 5. März 1940 wurde Hardenberg zum Oberbefehlshaber der Heeresgruppe B, Generaloberst Fedor von Bock, versetzt[14] und zunächst als 1. Quartiermeister eingesetzt.[15]

Bock war ursprünglich ein exponierter Militär der deutschen Wehrmacht und zunächst auch ein Günstling Hitlers gewesen. So war er am 7. März 1939 von Hitler eingeladen worden. Die Sitzordnung an der Abendtafel war: Hitler – Lu Keitel – Bock – Ilse von Stülpnagel.
Offensichtlich war Bock für die im Dritten Reiche tobenden Macht-Auseinandersetzungen wichtig geworden, denn am Abend des 15. Dezember 1939 erhielt er einen Anruf, daß im Berliner Hotel »Fürstenhof« ein Mann abgestiegen sei, der, so Bock, »sich als mein persönlicher Adjutant bezeichnet. Der Kerl wird noch am selben Abend unter delikatesten Umständen verhaftet; zahlreiche gefälschte Ausweise werden bei ihm gefunden.«[16]

Fedor von Bock

Fedor von Bock – oben: 2. von links; unten: Mitte

Carl-Hans Graf von Hardenberg

Carl-Hans Graf von Hardenberg (rechts)

Carl-Hans Graf von Hardenberg (2. von links) mit japanischer Militärdelegation

1939 liefen die Kriegsvorbereitungen auf Hochtouren. Schon am 1. Mai 1939 war »der ›Entwurf zur Aufmarschanweisung‹ für den Fall eines Krieges mit Polen bei der Heeresgruppe« eingetroffen.[17] Der 2. Weltkrieg, so schrieb Bock, »an dessen Entwicklungen und Kämpfen in Polen, Holland, Belgien, Frankreich und Rußland ich als Führer zweier Heeresgruppen bis zum 13. Juli 1942 beteiligt war«, hatte begonnen.[18] Am 28. September 1939 triumphierte Bock: »Vor vier Wochen fing der Feldzug an, heute ist der letzte polnische Widerstand gebrochen!«[19]

Bereits im August 1939 hatte Bock erfahren, daß die SS Juden zusammengetrieben und ermordet habe; die 3. Armee habe ein Kriegsgericht darüber eingesetzt.[20]

Einen Teil seiner »Karriere« als Armeeführer hatte Bock im März 1940 schon hinter sich. So hieß es in einem vom Oberbefehlshaber des Heeres, Brauchitsch, an Bock gerichteten Schreiben:

> »Nach Abschluß Ihrer Tätigkeit als Armeeführer in dieser geschichtlich für Deutschland so bedeutsamen Zeit übermittle ich Ihnen meinen besonderen Dank für Ihre dem Reich und seiner Wehrmacht geleistete hervorragende Arbeit. Ich bin mir bewußt, daß die vortreffliche Vorbereitung und reibungslose Durchführung des Einmarsches (am 13. März 1938 in Österreich – d. A.) in dem Ihnen unterstellt gewesenen Abschnitt ihr eigenstes und von mir besonders dankbar anerkanntes Verdienst ist.«[21]

Von Bock wurde erwartet, daß er »auch weiterhin (seine) bewährte Mitarbeit und (seine) großen Erfahrungen in den Dienst des Heeres« stelle und bei der künftigen »Umarbeitung grundlegender Führungsvorschriften« den Generalstab unterstütze.[22]

Im Juni 1940 wurde Hardenberg zur besonderen Verwendung für den Chef des Generalstabs eingesetzt; am 4. Juli 1940 erhielt er die Spange zum Eisernen Kreuz II.[23]

Am 19. Juli 1940 begleitete Hardenberg seinen Vorgesetzten Bock zum Reichstag, wo dieser, nach »einer groß angelegten Rede des Führers, in der er England noch einmal die Hand hinstreckt ... und auch das Heer voll zu seinem Recht« kommt, zum Generalfeldmarschall ernannt wurde.[24] Bock erhielt zahlreiche Glückwünsche im Stil der Zeit. Dr. Werkmeister, ehemals Mitarbeiter seines Stabes und nunmehr Vertreter des Auswärtigen Amtes beim Militärbefehlshaber in Belgien, schrieb ihm:

> »Hochverehrter Herr Generalfeldmarschall,
> mit aufrichtiger Freude bin ich beim Anhören der Führerrede am 19. ds. M. Zeuge Ihrer, vor dem gesamten deutschen Volk verkündeten Beförderung zum Generalfeldmarschall gewesen. Ich darf Ihnen versichern, daß ich darüber einen ehrlichen Stolz empfand, war ich doch beim Beginn der Operationen gegen den Westen in Ihrem Stab tätig. Erlauben Sie mir daher, Ihnen meine gehorsamsten Glückwünsche zur Erringung dieser höchsten preußischen, militärischen Würde auszusprechen ...«[25]

Hardenberg war im Herbst 1940 persönlicher Adjutant des Oberbefehlshabers der Heeresgruppe B, Generalfeldmarschall von Bock, geworden und nahm am 2. September 1940 an einem Herrenabend des Infanterie-Regiments 23 im Potsdamer Regimentshaus, Kanal 2, teil. Weitere Gäste waren Major von Oppen, Generalmajor Schneckenburger, Oberst von Uckermann, Generalleutnant von Wilmowsky, von der Marwitz, Generalmajor a. D. und Oberbürgermeister Friedrichs.[26]
Der Gedankenaustausch über die Beurteilung des Krieges und die eigenen Erfahrungen spielten in den Diskussionen keine nebensächliche Rolle. Hardenbergs Kriegserfahrungen beschränkten sich auf den Krieg gegen Frankreich; er kam, anders als Bock, zu der Erkenntnis: »Im Verlaufe des französischen Feldzuges wurden sich die Männer, die schon immer im Nationalsozialismus den Ruin des Volkes gesehen hatten, darüber klar, daß gehandelt werden müßte, Widerstand entgegenzusetzen.«[27]

Vor dem Rußland-Feldzug

Am 29. September 1940 war Bock »mit den Armeeführern in Berlin bei Hitler«. Bock: »Ich soll so bald wie möglich den Befehl im Osten abgeben und nach Berlin kommen. Der Stab geht mit. Gut, denn er ist, abgesehen von wenigen Ausnahmen, ausgezeichnet.«[28]
Währenddessen hatten Truppenteile der deutschen Wehrmacht auch in den Masuren Quartier bezogen. »Freunde aus Potsdam, ... (unter ihnen) Ludwig v. Hammerstein, waren Fahnenjunker-Unteroffiziere in meiner, der 11. Kompanie«, schrieb Hans Fritzsche, ein Mitverschwörer. »Über den Sinn unseres Aufenthaltes ließ man uns im Unklaren. Mit den Russen gab es doch einen Nichtangriffspakt. Nach der französischen Kapitulation war ein ehemaliger 9er, Henning v. Tresckow, zu einem kurzen Besuch bei uns. Er hatte versucht, die Siegesstimmung zu dämpfen.«[29] Tresckow, Oberstleutnant i. G., war Bocks Neffe. Am 10. Dezember 1940 wurde er Ia, also Chef des Generalstabs.[30]
Am Abend des 20. Oktober 1940, so hatte Bock protokolliert, war die »Aufmarschanweisung für den Angriff« gekommen.[31]
Im November/Dezember 1940 hatte sich Bock ins Krankenhaus begeben müssen, wo er von Hitler am 11. November und zu seinem 60. Geburtstag am 3. Dezember besucht wurde.[32]
Am 8. April 1941 schrieb Hardenberg aus dem Hauptquartier der Heeresgruppe B, welches sich in Posen befand, an Werkmeister: »Bei uns gibt es viel Arbeit. Ich hoffe aber, hier zu Ostern noch Urlaub bekommen zu können. Nach dem Kriege würde ich mich besonders freuen, wenn Sie uns in Neuhardenberg besuchen wollten.«[33] Dieser Hoffnung hatte er sich schon anläßlich seines Geburtstages vom 22. 10. 1940 in einem Brief an Marwitz hingegeben: »Auch ich hoffe, daß wir den Tag im nächsten Jahr wieder mit gemeinsamem Jagen verbringen werden.«[34] Offensichtlich glaubte auch Hardenberg an eine schnelle Beendigung des Krieges, wie es der öffentlichen Meinung entsprach.

Feldgottesdienst

Am 30. Juli 1941 mußte Hardenberg wegen einer Krankheit nach Berlin gebracht werden.[35] Eigentlich hatte er in Borissow einen Militärgottesdienst vorbereiten sollen. Über den berichtete ihm nun Heinrich Graf von Lehndorff am 3. August 1941[36]:

»Die kleine russische Stadt an der Beresina erschien wie umgewandelt. Frauen und Mädchen hatten ihre hellsten Tücher umgebunden, die Männer aber Haar und Bart mit Wasser angefeuchtet und gebürstet, um sauberer und festlicher zu erscheinen. Einen Sonntagsanzug haben sie nicht, denn die Regierung der ›Arbeiter und Bauern‹ hatte ihnen lediglich ein Hemd am nackten Leibe gelassen und dazu ihre traurigen Lumpen! Armes geknechtetes Volk!

Schon unterwegs begegneten wir kleinen Gruppen, die mit inbrünstiger Feierlichkeit Ikonen in die Kirche trugen, die heute von den Vertretern der deutschen Wehrmacht nach bald 25jährigem Schweigen wieder eröffnet und der Bevölkerung übergeben werden sollte. Die roten Unterweltsherrscher hatten diese Kirche in einen Schuttabladeplatz verwandelt und jeder Versuch, das Heiligtum zu betreten, scheiterte an den Haufen von Unrat und am beißenden Chlorgeruch ... Heute stand das Gotteshaus gesäubert und gewaschen da. An den Wänden und in den Nischen waren einige byzantinische Malereien angebracht, um die die Gläubigen frisches Grün und Blumen gelegt hatten. So schmücken sie ihre Seelen, indem sie ihr Heiligtum schmücken. Die Stufen zum Allerheiligsten und der Altar waren von unsern Landsern aus glattgehobelten Brettern neu gezimmert, und über dem Hoheitszeichen der Wehrmacht erhob sich ein schlichtes graues Kreuz aus nicht entrindeten Birkenstämmen.

Mit den Worten ›Mein Haus soll ein Bethaus sein‹ übergab der Pfarrer die Kirche wieder ihrer Bestimmung, und an den zerschlissenen hohen Wänden stieg aus hundert rauhen, kampferprobten Männerkehlen das ›Wir treten zum Beten‹ empor, zu jenem hohen Geist, der über uns ist. Es gab wohl keinen, der in diesem Augenblick größter Kontraste nicht den Atem Gottes verspürte, der wieder unter die Menschen getreten war. Die alten Steine wunderten sich und wurden erst recht still und stumm, als die Weise vom ›guten Kameraden‹ im Herzen jedes Soldaten eine unsichtbare Verbundenheit zu jenen herstellte, die ihr Leben für Deutschland und seine Zukunft hingegeben haben, und auch zu jenen, die in der Heimat um ihre Lieben trauern ... Und dann sprach der Pfarrer von der inneren Bereitschaft, die wiedergeweckt sein will in den Herzen der Menschen. Auch der deutsche Soldat, an Gehorsam und Disziplin gewöhnt, trägt diese Bereitschaft in seiner Brust – und hätte er sie nicht, dann könnten wir zwar siegen, nie aber wirklich bestehen ...

Nach dem Feldgottesdienst strömte die Bevölkerung in das Gotteshaus, welches sich bald bis auf den letzten Winkel gefüllt hatte. Der Pfarrer sprach einige Worte, die der Gemeinde von einem Rittmeister verdolmetscht wurden. Mit weit aufgerissenen, feuchten Augen standen sie da, Männer, Frauen und Kinder, als sie plötzlich in ihrer Sprache Worte vernahmen, die von dieser Stelle seit

2 Jahrzehnten nicht mehr gesprochen werden durften. Keine Feder vermag das Erleben dieses Augenblicks zu schildern … Als dann der Rittmeister der gläubigen Menge verkündete, daß der Pfarrer nunmehr den Segen erteilen würde, fiel alles inbrünstig zu Boden, wie es nach orthodoxem Ritus Sitte ist. Es störte keinen, daß der Pfarrer Protestant und seine Sprache deutsch war und daher unverstanden bleiben mußte. Das Wort aber wurde Wirklichkeit, daß Gott Geist ist und über sie gekommen war. Wie wenig benötigt doch der Mensch zu seiner Seligkeit. Und dieser arme russische Mensch naht uns heute mit einer Aufgeschlossenheit und Bereitschaft, die einmalig ist. Er sieht im Deutschen nicht nur den Befreier von seinen Peinigern und Unterdrückern, sondern auch den Vollstrecker eines göttlichen Willens. Diesem allein fühlt er sich verpflichtet zu dienen und zu leben. Hoffentlich erkennen auch wir diese Zeichen der Zeit und übersehen nicht, welch' eine Gabe und Aufgabe zugleich uns damit vom Schicksal in die Hände gelegt worden ist.
… Auf dem Heimwege begegnete uns eine Kolonne von Krankenwagen. Männer von der Front wurden in die Hospitäler gebracht, deutsche Soldaten, die ihre Pflicht getan hatten. Wieviel Leid mochten diese Wagen mit dem Roten Kreuz jetzt bergen! Und in ihrer letzten Not sind trotz aller unserer Fürsorge diese Männer doch ganz allein, allein mit sich und ihrem Gott.«
Lehndorff hatte noch hinzugefügt: »Resultat Herrn Grafs (Hardenbergs also – d. A.) letzter Diensthandlung vor dem ›Zusammenbruch‹!! Ein sehr schöner Erfolg! O. B. (Oberbefehlshaber Bock – d. A.) war leider nicht dabei.
Ich wünsche baldige Besserung und baldige Rückkehr zu meiner Entlastung. Lehndorff«

Massenexekutionen, Morde an Juden und Kampf gegen Partisanen

Kurz vor seiner Erkrankung war Hardenberg Zeuge einer Massenexekution von Tausenden von Juden in diesem Gebiet gewesen. Er hatte das unmittelbar Bock gemeldet und energisch gefordert, daß der General der SS, Nebe, zur Verantwortung gezogen werden müsse.[37] Bock hatte jedoch lediglich unter dem 4. August in seinem Tagebuch festgehalten: »Auf Grund mir vorgetragener, später als übertrieben erwiesener Gerüchte, lasse ich den für mein rückwärtiges Gebiet zuständigen, mir aber nicht unterstellten Polizeigeneral Nebel (gemeint ist Nebe – d. A.) bitten, Anweisungen zu geben, daß Exekutionen im engeren Bereich meines Oberkommandos nur soweit durchgeführt werden, als es sich um bewaffnet aufgegriffene Banditen oder um Verbrecher handelt. Gersdorff (ebenfalls engagiert in der militärischen Opposition – d. A.) meldet, daß Nebel dies zugesagt habe.«[38]
Diese Tagebuchaufzeichnungen sind ungeheuerlich und aufschlußreich für Bocks Charakter, war er doch direkt nach diesem Massenmord von seinem Adjutanten Hardenberg persönlich und eindeutig informiert worden. Erkennen läßt sich auch, daß Bock derartige Massenerschießungen nicht prinzipiell ablehnte.

Lediglich das eigene Operationsgebiet sollte von solchen Exekutionen verschont bleiben. Die Formulierung »Banditen oder Verbrecher« ist ambivalent. Es bleibt offen, ob Bock damit den NS-Jargon übernommen und mit diesem Begriff die Juden bezeichnet hat. Bereits am 22. Juli 1941 war aus Bocks Stab an den Wirtschaftsstab Ost eine Mitteilung herausgegeben worden, daß »in großen Massen, die in die mehrere Tausende gehen,... der Aufwiegelung verdächtige Juden erschossen worden« seien.[39]
Darüber hinaus wandte sich Bock am 9. November 1941 in einem Telegramm[40] an Hitler, in dem er seine Positionen über eine »vor wenigen Tagen eingegangenen Verfügung über den Einsatz von ›Sonderkommandos‹ in den Kriegsgefangenenlagern des rückwärtigen Heeresgebietes« zum Ausdruck brachte:

> »Die Aufgabe der Sonderkommandos bedeutet nach meiner Auffassung einen Eingriff in Pflichten und Rechte des Heeres... Es geht also nicht an, daß Angehörige der Polizei über Tod und Leben von Kriegsgefangenen in militärischen Lagern entscheiden.«

Bock ging es um die absolute Entscheidungspriorität des Heeres, das heißt des Befehlshabers des rückwärtigen Heeresgebietes. Er räumt jedoch ein, daß die Aussonderung bestimmter Persönlichkeiten aus der Zahl der Kriegsgefangenen aus politischen Gründen notwendig sein könnte. In diesem Fall würde »dies durch die Sonderkommandos im Einvernehmen mit dem Lagerkommandanten geschehen. Erhebt der Lagerkommandant in Einzelfällen Einspruch, so entscheidet der militärische Vorgesetzte...« Die so ausgesonderten Kriegsgefangenen sollten außerhalb des Heeresgebietes überführt werden. Damit hatte Bock offensichtlich die Willkür der Sondereinheiten einschränken und deren Aktivitäten vom Kriegsschauplatz fernhalten wollen.

Insgesamt wurden von den dortigen Einsatzgruppen etwa 40 000 Juden in jener Zeit ermordet, in der Nebe der dortige Chef der Sicherheitspolizei und des Sicherheitsdienstes der SS war!

Die militärstrategischen Probleme häuften sich nunmehr auch für Bock und seine Heeresgruppe. Resigniert und uneinsichtig vertraute er seinem Tagebuch an: »Wenn nun für meine Heeresgruppe, nach allen Erfolgen, der Feldzug im Osten in trister Defensive versickert, so ist das nicht meine Schuld.«[41]

Gerade der Partisanenkampf trug wirksam dazu bei, die militärischen Absichten der nationalsozialistischen Führung zu durchkreuzen.[41a] So mußte Hardenberg als Ib der Heeresgruppe Mitte in der Zeit vom 24. bis 26. September 1941 an einem Lehrgang teilnehmen, der dem Kampf gegen die Partisanen gewidmet war.[42]
Nebe und von dem Bach-Zelewski, der Höhere SS- und Polizeiführer Rußland Mitte, hatten in Zusammenarbeit mit Max von Schenkendorff, dem General der Infanterie und Befehlshaber des Rückwärtigen Heeresgebietes Mitte, diesen Kurs organisiert. Hier hörte Hardenberg einen von Nebe gehaltenen Vortrag

zum Thema »Die Judenfrage unter besonderer Berücksichtigung der Partisanenbewegung«. Doch es wurde nicht nur theoretisiert.
Am 26. September 1941 umstellte ein Sicherungsregiment südlich von Mogilev eine Ortschaft. Entsprechend der befohlenen Aufgabenstellung sollte »Gelegenheit gegeben (werden), nicht nur die Erfassung eines solchen Ortes, sondern auch die Ergreifung von Partisanen, Kommissaren und Kommunisten und die Durchkämmung der Bevölkerung praktisch zu erleben. Alle Kursteilnehmer nehmen daran teil«.[43]
Damit wird deutlich, daß Hardenberg keineswegs nur administrative Aufgaben, eben als Adjutant, übertragen bekam. Er hatte im Räderwerk der nationalsozialistischen Vernichtungsmaschinerie reale Verantwortung. Es darf als gesichert gelten, daß diese Erfahrungen zur dominierenden Triebkraft seiner Widerstandsmotivation wurden. Die von und im Raume der Heeresgruppe Mitte verübten Verbrechen wurden im Nürnberger Hauptkriegsverbrecherprozeß in aller Ausführlichkeit behandelt.

Katyn

Hardenberg hatte zweifellos auch Kenntnis von einem anderen der großen Verbrechen des Zweiten Weltkrieges. In den Jahren 1939/40 waren viele Tausende in sowjetische Hände gefallene polnische Offiziere von sowjetischen Einheiten ermordet worden, über 4 000 von ihnen in den Wäldern von Katyn, im Raum Smolensk, was im September 1941 von der Heeresgruppe Mitte eingenommen worden war. Im Februar 1942 klärte die Geheime Feldpolizei, die der Abteilung Ic/AO unter der Befehlsgewalt von Oberst von Gersdorff (Heeresgruppe Mitte) unterstand, das Schicksal dieser Massengräber auf. Da Hardenberg und Gersdorff mit- und nebeneinander im Stabe Bocks wirkten, ist sicher, daß Hardenberg alles darüber erfuhr, was es damals überhaupt zu erfahren gab. Ursula von Kardorff, Hardenbergs frühere Sekretärin, berichtete von diesbezüglichen Schilderungen des Grafen.[44]

Hammersteins Rat

Sowohl Hardenbergs Grundüberzeugungen als auch seine Reaktion im Juli 1941 auf die Massenmorde an Juden belegen, daß er Liquidierungen prinzipiell ablehnte. Ausführlich Bericht über diese Massenmorde, ebenso wie über die politische und die militärische Lage, dürfte Hardenberg Kurt Freiherrn von Hammerstein-Equord auf der Komturei Lietzen im Herbst 1941 erstattet haben. Hammerstein äußerte darauf: »Mein lieber Hardenberg, sagen Sie meinem Freunde Bock, wenn er nicht Ehre und Reputation verlieren will, so soll er unter den bestehenden Umständen machen, daß er so schnell wie möglich in seine Ausgangsstellung zurückkommt und dort das Weitere erwartet.«[45]
Da Hardenberg äußerst offen mit Bock sprechen konnte, dürfte es keinen Zweifel daran geben, daß er Bock dies wörtlich ausgerichtet hat.

Bock fällt in Ungnade

Mitte Dezember 1941 kam Generalfeldmarschall von Brauchitsch zur Heeresgruppe Mitte nach Smolensk. Als er vor dem Holzhaus des Generalfeldmarschalls von Bock aus dem Auto stieg, wurde er von diesem vor der Tür empfangen. »Er wurde überragt durch die wuchtige Gestalt des Grafen Hardenberg.«[46] Der Boden war so glatt, daß Brauchitsch und mit ihm der zu Hilfe eilende Bock ausglitten. Schlabrendorff und Hardenberg halfen ihnen beim Aufstehen. Darauf sagte Hardenberg zu Schlabrendorff: »Das ist ein Omen, zwei gestürzte Feldmarschälle.«[47]

Diese Aussage sollte sich schon nach wenigen Monaten bewahrheiten. Wie recht Hardenberg hatte, bewies das folgende Gespräch: »Bock besprach mit ihm (Brauchitsch – d. A.) die Lage. Er ist genau im Bilde und meiner Auffassung. Ich melde ihm, daß ich Vorschläge nicht mehr zu machen habe; das hätte ich früher getan. Die Frage, die jedoch zu entscheiden sei, gehe über das Militärische hinaus. Der Führer muß sich entschließen, ob die Heeresgruppe sich nach vorne schlagen soll auf die Gefahr, daß sie dabei in Trümmer geht, oder ob sie sich absetzen soll, was die gleiche Gefahr in sich birgt. Entscheidet er sich für das Absetzen, so muß er wissen, daß es zweifelhaft ist, ob dann hinten ausreichende Kräfte ankommen, um eine neue, nicht vorbereitete und wesentlich kürzere Stellung zu halten.«[48]

Ist der von Hardenberg übermittelte Ratschlag Generaloberst Hammersteins die Grundlage für derartige strategische Überlegungen Bocks? Bock ergänzte noch:

Fedor von Bock

»Kluge, der sich noch am 10. für ›Halten‹ aussprach, neigt *heute* zum Absetzen… Leider bin ich körperlich so herunter, daß ich Brauchitsch bitten muß, an Ersatz für mich zu denken, da ich nicht weiß, wie lange ich nach der schweren Krankheit des vorigen Jahres noch durchhalten kann«.[49] Am 20. Dezember 1941 verließ Bock seine Befehlsstelle an der Ostfront, da er sich bei Hitler melden muß. »Hardenberg kommt mit.«[50] Bock meldete sich am 22. Dezember, mittags, bei Hitler im Hauptquartier, danach fuhr er mit seinem Adjutanten nach Berlin.[51]

Ungarische Truppen unter Bock

Unter Generalfeldmarschall von Bock kämpften auch ungarische Truppenteile, befehligt von dem ungarischen General Jany. Dr. Werkmeister, der nun Legations-Rat der deutschen Gesandtschaft in Budapest war, besuchte vom 10. bis 17. Mai 1942 das Oberkommando der Heeresgruppe Süd, insbesondere die 1. Gebirgsjäger-Division und die 17. Armee.[52] Zu Ehren des ungarischen Generaloberst Jany gab Bock ein Essen. Teilnehmer waren außer diesen beiden: Oberstleutnant Graf Hardenberg, Oberst von Waldenburg, Oberst i. G. Winter, Generalmajor Edler von Rakovszky, Legations-Rat Dr. Werkmeister, Major i. G. Siegler, Major i. G. Naudo, Oberst von Pappenheim, Oberstleutnant Czeh, General von Sodenstern, Major i. G. Ujvarossy, Oberst von Wechmar und Oberstleutnant Freytag von Loringhoven.[53] Am 10. Juli 1942 schrieb Hardenberg an Werkmeister: »Ihre Freunde (gemeint sind die ungarischen Offiziere – d. A.), die seinerzeit, als Sie bei uns waren, zum Abendessen geladen waren, haben leider nicht die Erfolge gehabt, die wir ihnen gewünscht hätten, was sie selber wohl auch empfinden.«[54] Später, am 6. Januar 1943, wurde Bock das Großkreuz des Ungarischen Verdienstordens mit den dazugehörigen Kriegsauszeichnungen überreicht. »Ich freute mich darüber, da ich mich mit dem General Jany, dem Oberbefehlshaber der mir damals unterstehenden Ungarn gut vertrug…«, schrieb Bock an Werkmeister.[55]

Unmittelbar nach dem Besuch der Ungarn fand die Schlacht von Charkow statt, »deren glücklichen Verlauf«, so schrieb Werkmeister an Bock, »Sie als persönlichen Erfolg buchen dürfen… In der neutralen ausländischen Presse habe ich jedenfalls mehrfach die Feststellung gelesen, daß Ihre Führung den Erfolg herbeigeführt hat. Einige Belege dafür werde ich Graf Hardenberg schicken.« Im Antwortbrief schrieb Bock dazu: »Die Charkower Schlacht brachte harte Tage, aber das vergißt man bei einem so glücklichen Ausgang erfreulich schnell.«[56] Hardenberg mußte als Bocks Adjutant viel Zeit darauf verwenden, persönliche Wünsche seines Chefs zu erfüllen. So dankte er Werkmeister im Auftrag des Feldmarschalls »für die große Mühe, die (er) sich mit den verschiedenen Besorgungen gegeben (hat)… Sie haben unsere Erwartungen weit übertroffen. Das Porzellan findet allgemeinen Anklang, besonders aber werden die Gläser bewundert.«[57]

Bocks Absetzung

Ausführlicher muß auf die Ereignisse um die Absetzung Bocks eingegangen werden, weil damit auch Hardenbergs militärische Karriere beendet wurde. Drei Tage vor Bocks dramatischer Versetzung in die Reserve schrieb Hardenberg noch ganz ahnungslos: »Uns geht es unverdient gut. Leider sind bei diesen schlechten Wegen ... Frontfahrten zur Truppe kaum noch durchführbar.«[58]

Bock schrieb am 13. Juli 1942 in sein Tagebuch: »Vormittags telegrafiere ich an Halder: ›Der Feind vor der 4. Panzerarmee und dem Nordflügel der Heeresgruppe A setzt sich in Teilen nach Osten und Südosten, mit starken Teilen nach Süden ab. Ich glaube, daß die Vernichtung feindlicher Kräfte nicht mehr in dieser Operation erreicht wird ... Am Nachmittag ruft der Feldmarschall Keitel an und sagt: ›Der Führer hat befohlen, daß die 4. Panzerarmee zur Heeresgruppe A tritt.‹ Ich antworte: ›So war es beabsichtigt.‹ Keitel sagt weiter: ›Die Führung der nun im wesentlichen stillgelegten Heeresgruppe B übernimmt, nach Entscheidung des Führers bei einer Besprechung mit Halder und mir, der Generaloberst von Weichs.‹« Auf die Frage, »was denn aus mir werden soll, antwortet Keitel, ich sei zur Verfügung des Führers gestellt; er riet mir, mich krank zu melden! Meine Überraschung ist so groß, daß ich sage: ›*Was* ist los? – Jetzt aus dieser Operation heraus, von der wir uns einbilden, daß wir sie einem großen Erfolge entgegengeführt haben, trotz aller Schwierigkeiten und in sehr viel kürzerer Zeit, als von der obersten Führung errechnet und erwartet wurde? Darf ich vielleicht den Grund dieser überraschenden Maßnahme erfahren?‹ Keitel antwortet: ›Der Führer ist ungehalten, daß die beiden schnellen Divisionen von Woronesch nicht schneller nach Süden abgedreht wurden und daß Ihre Betriebsstoffversorgung nicht in Ordnung war.‹ Ich erwidere, daß die Betriebsstoffversorgung bekanntlich nicht meine Sache ist, daß ich aber seit geraumer Zeit den Führer wie Halder gerade auf diese Schwierigkeit hingewiesen und auf rechtzeitige Abhilfe gedrängt habe. Und was das Abdrehen der beiden Divisionen von Woronesch angeht, so sei die Lage so sonnenklar, daß darüber kein Wort zu verlieren sei! Keitel erwidert: ›Nun seien Sie nicht so böse. Mein Auftrag ist schwer genug. Ich halte die Dinge auch nicht für irreparabel. Eine Meldung beim Führer ist nur zur Zeit nicht möglich, da unser Umzug unmittelbar bevorsteht. Zweifellos aber wird sich Gelegenheit zu einer Aussprache finden. Nur jetzt keinen Krach!‹ Ich stehe vor einem Rätsel.«[59]

Tags darauf spitzte sich die Situation weiter zu. »Vormittags unterrichtete ich Weichs über Lage und Zustand der Heeresgruppe«, schrieb Bock. »Auch er ist völlig überrascht und sagt: ›Wenn die beiden Divisionen bei Woronesch zu langsam herausgekommen sein sollen, so kann man das vielleicht *mir* vorwerfen, aber doch nicht Ihnen!‹«[60]

»Da es unmöglich ist, jetzt einen Kampf in eigener Sache zu führen, ersuche ich Keitel telegrafisch, dem Führer zu melden, daß ich mich infolge Überanstrengung in die Heimat begeben müsse. Am Nachmittag kommt die Antwort: ›Führer genehmigt aus gesundheitlichen Gründen erbetene Heimreise. Keitel!‹«[61]

Heimkehr Hardenbergs von der Front

Aufgrund der Absetzung Bocks schied auch Hardenberg aus dem Frontdienst aus, da er als Adjutant bei Bock blieb und ihm in die Heimat folgte.[62] Als Hardenberg in Neuhardenberg ankam, verbrachte sein Bruder Wilfried dort seinen Genesungsurlaub. Er war bei Smolensk verwundet und seit November 1941 im Hindenburglazarett in Berlin-Zehlendorf behandelt worden.
Am 23. September 1942 schätzte Bock seine Situation wie folgt ein: »Die überraschende Veränderung hat nun manche schwere Verantwortung auf andere Schultern gelegt. Mir selber geht's gut. Hardenberg ist mit hier, d. h., er wohnt in Neuhardenberg und nimmt mir das bißchen Schererei, was unvermeidlich ist, auch noch ab, so daß ich – wohl zum ersten Mal in meinem Leben – Zeit habe, mich mit privaten Dingen in Ruhe zu beschäftigen, zu lesen, zu reiten, zu jagen und zu faulenzen, soviel ich will.«[63]
Bock konnte sich aber mit seiner Demission nicht abfinden, vor allem deshalb, weil er sich die wahren Ursachen seiner Absetzung nicht erklären konnte. Auch bei ihm regt sich verstärkt oppositionelles Denken, wenn auch völlig anderen Charakters als bei Hardenberg. Der mußte am 10. Oktober 1942 dem Führeradjutanten und Personalamtschef Schmundt im Auftrage Bocks ein Schreiben übergeben. Hierzu schrieb Bock in sein Tagebuch: »Im September hielt der Außenminister Ribbentrop eine Rede, in der er das Feldherrentum des Führers feierte und sagte, die Pläne aller Feldzüge und Schlachten stammten allein von ihm (von Hitler – d. A.). Am 4.10. unterstreicht Göring in großer öffentlicher Rede diese Ausführungen und bekräftigt sie durch eine Reihe von Bemerkungen, die auf jeden in die Heimat geschickten Offizier niederziehend wirken müssen. In einem Brief an Schmundt nehme ich dagegen Stellung; dabei streife ich die Unhaltbarkeit der im Juli von Keitel für meinen Rücktritt angeführten Gründe.« Als Hardenberg Schmundt das Schreiben übergibt, erklärt dieser, »die von Keitel damals für meine Ablösung angeführten Gründe seien ›so dumm wie nur möglich‹! Der wahre Grund läge tiefer.«[64]
Bock kämpfte verzweifelt gegen das ihm angetane Unrecht. Am 4. Dezember 1942 erhielt Hardenberg von Bock den Auftrag, Archivdirektor Dr. Strutz vom Heeresarchiv Potsdam Ergänzungen für das Kriegstagebuch zu überreichen. Darin bemühte sich Bock um »Klarstellung« mit der Bitte, selbiges »dem Kriegstagebuch der Heeresgruppe Süd beizufügen, was bereitwillig zugesagt wird.«[65]
Es ist anzunehmen, daß Bock noch weitere Versuche unternahm, die ihm gegenüber erhobenen Vorwürfe energisch zurückzuweisen. Das geht aus einem Brief Marwitz' an Hardenberg hervor. »Verabredungsgemäß habe ich den in Abschrift beigefügten Brief mit den mir von Dir gegebenen Anlagen an den P. Lincke geschickt, der unmittelbar unter Bormann arbeitet.«[66]
Hardenberg aktivierte die Kontakte zu Werkmeister: »Mein O. B. hätte gern ebenso wie ich dieses oder jenes zu Weihnachten besorgt.«[67] Kurz darauf erhielt Bock 500 Zigaretten. Werkmeister: »Außerdem habe ich 40 Zigarren für Graf Hardenberg besorgt.«[68]

Carl-Hans Graf von Hardenberg

Kunrat Freiherr von Hammerstein (links) und Ewald-Heinrich von Kleist

Fedor von Bock

Ludwig Freiherr von Hammerstein (1943)

An derlei konnte Hardenbergs junger Freund, Ludwig Freiherr von Hammerstein, nicht denken. Er führte einen Zug im II. Bataillon des Infanterie-Regiments 178. »Es sieht alles sehr schlecht aus«, stellte er resignierend fest, »...weder Post noch Zigaretten, keine Verpflegung, Sanitätsversorgung, keine Artillerie und kein Munitionsnachschub.«[69]

Am 29. März 1943 schrieb Hardenberg an Werkmeister, daß Bock »zur Zeit auch hier« (in Berlin – d. A.) ist und »hofft, in absehbarer Zeit eine neue Tätigkeit zu bekommen.«[70]

Bock, dessen Besitz am 1. März 1943 bombardiert wurde, formulierte deprimiert ein knappes Jahr später, am 23. Januar 1944, in einem Brief an Werkmeister: »...Ich sitze viel auf dem Lande in Ostpreußen, wo meine Frau einen früheren Besitz ihrer Mutter, der 1918 mit Südostpreußen an Polen verlorengegangen war, jetzt vom Reich zurückgepachtet hat. Mein Hauptwohnsitz bleibt aber Berlin (Kaiserallee 216/218 – d. A.) ...«[71] Und am 26. März 1944 schreibt er verbittert an denselben: »... von meinem ›Misthaufen‹ hier verfolge ich alles Geschehen mit dem gleichen Interesse, als ob ich auf einem ›Feldherrnhügel‹ stände, und versuche daneben, weiter meinem Vaterlande als Ackerbauer zu nützen, so gut es eben geht.« Dagegen bringt er scheinoptimistisch zum Ausdruck: »... und hoffentlich, trotz Allem, in nicht allzu weiter Zeit auf Wiedersehen in Preußisch-Berlin oder wo sonst es sei!«[72]

»Was geschah am 20. Juli 1944 und in welcher Lage geschah es? Die politische und militärische Lage Deutschlands war hoffnungslos. Im Osten war einige Wochen vorher die Heeresgruppe Mitte, also das mittlere Drittel der gesamten Ostfront, praktisch zusammengebrochen. Die Spitzen der russischen Armee befanden sich nur noch rund einhundert Kilometer vom Hauptquartier Hitlers, welches in der Nähe von Rastenburg in Ostpreußen lag. Dem Nordabschnitt drohte die Abschnürung.
Im südlichen Drittel hatte eine Woche vor dem 20. Juli ebenfalls die lang erwartete große russische Offensive begonnen und auf Anhieb zu tiefen Fronteinbrüchen geführt …
Politisch bestand Einigkeit unter den Alliierten, bis zur bedingungslosen Kapitulation Deutschlands zu kämpfen, also keiner wie auch immer gearteten deutschen Regierung eine Aussicht auf bessere Behandlung als einem Hitler-Regime einzuräumen.
In dieser Lage gedieh der einzige von vielen Gedanken und konkreten Plänen des Widerstandes, Hitler zu beseitigen und die Regierung zu übernehmen, zum handgreiflichen Versuch. Es ist der einzige Tag, an dem Vorhandensein und Aktion eines Widerstandes unter Hitler offen sichtbar wurde.«

»… Stauffenberg«, ein Freund und Kampfgefährte Hardenbergs, war »zum Zentrum der Verschwörung als eines Aufstandes des Gewissens geworden.«[111]

Richard von Weizsäcker, 1964

VI Widerstand

»Widerstand und Widerstehen rechtfertigen sich aus einem zukunftsträchtigen und lebensbejahenden Optimismus. Die Kraft, die die Zukunft niemals dem Gegner überläßt, sondern für sich in Anspruch nimmt, ist häufig der Ausgangspunkt für Widerstehen.«[1]

Peter Steinbach, 1987

Beweggründe und Zukunftsvorstellungen

Zu Hardenbergs Vorstellungen gehörte untrennbar bürgerliches Friedensdenken. Das war eine Tradition, die nach Hardenbergs Verständnis auf seinen Vorfahren, den Staatskanzler Karl August Fürst von Hardenberg, zurückging. In Hardenberg bewies sich die Fähigkeit von Konservativen, für eine antinazistische Nachkriegsordnung Deutschlands zu handeln. Doch vom Mißtrauen den Nationalsozialisten gegenüber, deren Kriegszielen sich Hardenberg schon frühzeitig widersetzt hatte, bis zum Vertreter eines antinazistischen und humanen Deutschlands: eine tiefgreifende Entwicklung innerhalb weniger Jahre.

Ehepaar Hardenberg

Hardenberg war Großagrarier. Natürlich brachte er seine spezifischen Interessen in die Pläne für den künftigen Staat ein: dabei hatte er mit Schulenburg, Yorck und Schwerin[1a] prinzipiell Gleichgesinnte, wenngleich das Angedachte und Diskutierte keineswegs monolith war. Hervorhebenswert ist jedoch, daß sie alle bereit waren, »gegen ihre ureigenste Interessenlage (zu) votieren ... und auf substantielle Teile ihres Besitzes zu verzichten«[2], allerdings nicht in der Art und Weise, wie dies dann ab Herbst 1945 östlich der Elbe geschah. Besitzverluste hinzunehmen war für Hardenberg selbstverständlich schwer, hatte er seinen Besitz doch mehr als zwei Jahrzehnte durch viele Mißernten hindurch erfolgreich verwaltet. Es gilt aber als gesichert, daß sich Hardenberg mit Schulenburg, Schwerin und Yorck hierin einig war, die auch »dem Gedanken der Bodenreform positiv gegenüber« standen.[3] Auch Goerdeler, den Hardenberg akzeptierte und respektierte, forderte programmatisch, daß dem gesunden Siedlungsbedürfnis des deutschen Volkes gegebenenfalls zu Lasten ungesund großen Grundbesitzes Rechnung getragen werden solle.

Als nicht so zeitgemäß wird man dagegen Hardenbergs Konservatismus- und Monarchiekonzept empfinden. Auch das Adjektiv »modern«, Wiedererrichtung der Monarchie im Gewand des 20. Jahrhunderts, macht das untergegangene deutsche monarchistische System für den größeren Teil der Bevölkerung noch nicht attraktiv. Hardenbergs Monarchieverständnis wird etwas klarer in einem Brief seiner Frau, in dem sie Hardenberg zitiert: Er verteidigte »alle diejenigen, für die Potsdam der Imperativ der Pflicht, die Schule des wahren preußischen Sozialismus war, (alle, die) glauben *konnten,* es werde wiedererstehen, und zwar im neuen Gewande, jedoch beseelt von denselben hohen Idealen, die seine Vergangenheit bestimmten«.[4]

Bei den Zusammenkünften konzentrierten sich Hardenberg und die anderen Verschwörer auf mehrere Probleme: auf den erfolgversprechendsten Zeitpunkt; auf die Planung für die Zeit nach dem Attentat; auf Pläne für den Fall eines Mißlingens. Sollte der Umsturzversuch dann abgebrochen oder fortgeführt werden? Welche Meinung vertrat Hardenberg dazu?

Im Ausland herrschte lange die Ansicht, ein antinazistisches Widerstandsbewußtsein habe sich frühestens nach den ersten großen Niederlagen der Wehrmacht gebildet; die Verschwörer hätten mit ihrem Umsturzversuch nur retten wollen, was noch zu retten gewesen sei. Doch dieses Bild ist längst korrekturbedürftig. Insbesondere von 1944 und 1945 sind uns einige von Hardenbergs Vorstellungen überliefert:[5]

1. Dem Nationalsozialismus dürfe keine Chance mehr gegeben werden. Dieses System habe zum Verderben des deutschen Volkes geführt. Hardenberg trat insbesondere gegen den Gesinnungsterror ein.
2. So wichtig das Attentat auch war, wichtiger war, daß nicht nur Hitler, sondern das ganze nationalsozialistische System liquidiert wurde.
3. Nach erfolgreichem Umsturz sollten die von den Verschwörern eingesetzten Minister ihr Amt nur provisorisch ausüben. Das Volk sollte danach selbst über die Staatsordnung entscheiden. Doch Hardenberg war skeptisch. Im Konzentrationslager Sachsenhausen habe er die Meinung vertreten, berichtete Fritz Perlitz, daß die Arbeiterklasse nicht in der Lage sei, den Staat zu leiten und zu regieren.[6]
4. Entscheidend für die Friedensfrage war das Ziel, weiteres sinnloses Opfern der deutschen Jugend und die Vernichtung wertvollen deutschen Kulturgutes zu verhindern.
5. Aus den für die künftige Regierung aufgestellten Listen, in denen Hardenberg eine wichtige Funktion eingeräumt wurde, und aus programmatischen Studien läßt sich erkennen, daß ein künftiges Deutschland antinazistischen und modern-konservativen Charakter tragen sollte. »Hardenberg und seine Freunde waren sich auch mit uns (d. h. den Kommunisten – d. A.) einig, daß ein neues Deutschland zu schaffen sei.«[7]

Hardenberg vertrat den Standpunkt, daß es gelte, im Widerstand gegen Hitler und um Deutschlands willen »mit allem zu brechen, was uns von den Vätern gelehrt und was mit der Ehre eines preußisch-deutschen Soldaten verbunden war«, und daß »Besitz, Familie, eigene und Standesehre... in die Waagschale geworfen werden« mußten, um das Hitlerregime zu liquidieren. Denn er war der Ansicht, daß sich das nationalsozialistische Regime nicht nur von den Grundlagen des Deutschen Reiches weit entfernt hatte, sondern daß es mit seinem Terror den radikalen Bruch mit den progressiven, humanitären, rechtlichen, insbesondere den völkerrechtlichen Traditionen verkörpere.[8] Für Hardenberg war das nationalsozialistische »Großdeutsche Reich« die Negation alles Humanen, Demokratischen und Zukunftsträchtigen.

Er erkannte den Terror des nationalsozialistischen Regimes, mit dem dieses große Teile der Bevölkerung ihrer bürgerlichen Rechte beraubt oder sogar physisch vernichtet hatte, bereits in seinen Ansätzen. Zu der Einsicht, daß diese Erscheinungen integrale Bestandteile nationalsozialistischer Machtpolitik seien, gelangte er erst spät, jedoch früher als die meisten seiner Mitverschworenen, hatte er doch schon seinerzeit erfahren, daß Hitler den kommandierenden Generälen am 3. Februar 1933 gesagt hatte, »daß er nur in einem erneuten Waffengange die Möglichkeit sähe, die Not zu bannen und er – im Gegensatz zu dem, was er öffentlich sagen müßte – stark und so schnell aufrüsten werde, daß kein Staat in Europa Deutschland widerstehen könne«, oder wie am »30. Juni 1934... eine große Zahl ehrenwerter Menschen, nur weil sie politisch unbequem waren, ermordet« worden waren.[9]

Dem Denken und Handeln Hardenbergs widersprach die Annexion polnischer, französischer, sowjetischer und anderer Territorien, die er vorwiegend an der Seite Generalfeldmarschalls von Bock miterlebte und an der er als Bocks Adjutant mitwirkte. Für Hitler und sein Regime war ein sich über ganz Europa erstreckendes nationalsozialistisches Reich das entscheidende Kriegsziel. Doch mit jeder Annexion bzw. Besetzung gerieten die Deutschen weiter in die Minderheit. Das Großgermanische Reich war die Antithese zu einem Deutschen Reich, das sich zum Ziel gesetzt hatte, alle Deutschen in einem Nationalstaat zu vereinen.

Zum Problem des Attentats auf Hitler als Auftakt für den folgenden Staatsstreich stellte sich Hardenberg nicht länger die Frage: »War es notwendig? War es richtig?« Bereits in Smolensk (1941) war der Entschluß gefaßt worden: »Wir müssen handeln! Das Wohl des Volkes verlangt den vollen Einsatz von uns.«[10] Und: »Alle Zweifel waren abgeschüttelt...« Es war klar, »daß wir doch zur Ausführung (von Attentat und Staatsstreich – d. A.) schreiten mußten.«[11] Das bot gleichzeitig eine Chance zur Wiederbelebung einer konservativen und monarchistischen Herrschaft, die aber nur verbunden mit Demokratie, Menschenrechten und künftigen sozialen Bewegungen die Chance haben würde, erfolgreich sein zu können. Bei den Kommunisten hatte er »sehr viele hervorragende Charaktere...« entdeckt und bekannte, daß »mich (mit ihnen) Zeit meines Lebens Freundschaft verbinden wird... Alles sehr brauchbare deutsche Männer, die ihr Vaterland liebten...«[12]

Doch auch in Hardenbergs Denken stand die Revolutionsverhinderung im Zentrum wie bei vielen anderen Widerstandskämpfern aus dem konservativen

Lager: »Eins war uns unumstößlich klar: niemals durfte ein Handeln, zu dem wir uns durchringen mußten, Gemeingut des Volkes werden. Wehe der Jugend, die glaubt, das Recht zu solchen Schritten sich nehmen zu dürfen.«[13] Jedoch war er im Gegensatz zu vielen anderen Hitlergegnern nicht länger bereit, aus Furcht vor der Revolution weiter mit Hitler zusammenzuarbeiten. Daß Bock und andere einflußreiche Kräfte Hitler weiterhin akzeptierten, erklärte sich aus eben ihrer Furcht davor, jedes Vorgehen gegen Hitler und gegen die Macht ausübenden Kräfte werde die Grundstruktur der Nation gefährden. Deshalb stellte sich der von Hitler abservierte Bock noch der Regierung Dönitz als Berater zur Verfügung.

– Das galt gleicherweise für die Westmächte. Für sie war Deutschland stets das entscheidende Bollwerk gegen den Kommunismus gewesen. Ihr Ziel war die Kapitulation Hitlerdeutschlands, denn Hitlers Liquidierung wäre mit einem Revolutionsrisiko verbunden gewesen. 1944/45 gab es für die rasche Eskalation einer revolutionären Situation günstigere Bedingungen als 1918. Das Deutsche Reich war 1945 im Inneren bereits zutiefst erschüttert. Außerdem gab es inzwischen die KPD, wenn auch durch die physische Vernichtung zahlreicher Funktionäre stark geschwächt, und hinter ihr die sowjetischen Streitkräfte als militärische Siegermacht auf deutschem Territorium. Eine Revolution würde die Besitz- und Eigentumsstruktur der deutschen Gesellschaft stark gefährden, eine Kapitulation aber würde ein Überleben dieser Ordnung ermöglichen.

Die Revolutionsfurcht der Briten ging so weit, daß sie in Schleswig-Holstein eine Schutzzone für die Wehrmacht einrichteten, in der Wehrmachtrichter noch nach der Kapitulation Todesurteile z. B. wegen angeblicher Fahnenflucht oder Befehlsverweigerung fällen konnten, die dann mit Unterstützung der britischen Armee auch vollstreckt wurden.

– Über eine Verständigung mit den Westmächten wollten einige retten, was noch zu retten war, einschließlich der Kriegsbeute und des militärischen Instrumentariums. Auch Goerdeler entwickelte hierzu in seinen Denkschriften gewisse Ideen.[14]

– Schließlich wurden Vorstellungen entwickelt, die eine Öffnung der Front im Westen vorsahen, um den westalliierten Truppen den schnellen Vormarsch nach Osten zu ermöglichen (sogenannte Westlösung). Dies kam einer unerklärten bedingungslosen Kapitulation gegenüber den Westmächten bei forcierter Kriegführung gegen die Sowjetunion gleich![15]

Im Gegensatz dazu hatte für Hardenberg und seinen Freundeskreis nicht die Erhaltung der Eigentumsverhältnisse Vorrang, sondern die Liquidierung des nationalsozialistischen Terrorregimes und die sofortige Beendigung des Krieges als Voraussetzung für die Schaffung einer neuen, sozial gerechteren und humanen Gesellschaftsordnung in Deutschland.

Doch es blieb die Kardinalschwäche aller Zukunftsentwürfe der Verschwörung, daß dem Volk in den meisten Plänen für das neue Deutschland nicht der ihm gebührende Platz eingeräumt wurde.

Stauffenbergs Ziel war die Rettung Deutschlands, die Beendigung des Krieges und des millionenfachen Mordens und Zerstörens. Was ihm für die Zeit danach vorschwebte, ist in Worten enthalten, die in einem Eid die besonders eng Verbündeten der Verschwörung auch künftig zusammenhalten sollten, also auch Hardenberg:

> »Wir wollen eine neue Ordnung, die alle Deutsche zu Trägern des Staates macht und ihnen Recht und Gerechtigkeit verbürgt, verachten aber die Gleichheitslüge und beugen uns vor den naturgegebenen Rängen. Wir wollen ein Volk, das in der Erde der Heimat verwurzelt, den natürlichen Mächten nahebleibt, das im Wirken in den gegebenen Lebenskreisen sein Glück und sein Genüge findet und in freiem Stolze die niederen Triebe des Neides und der Mißgunst überwindet. Wir wollen Führende, die, aus allen Schichten des Volkes wachsend, verbunden den göttlichen Mächten, durch großen Sinn, Zucht und Opfer den anderen vorangehen.«[15a]

Beck

Auch »Beck war viel in meinem Hause gewesen«, schrieb Hardenberg. »Wir hatten oft in ernsten, sorgenvollen Gesprächen unsere Ansichten ausgetauscht.«[16] Hardenberg charakterisierte Beck als eine kluge und verantwortungsbewußte Persönlichkeit, die »schon vor Beginn des Krieges im Jahre 1939 klar erkannte, daß der Weg, den Hitler sich zu gehen anschickte, das deutsche Volk ins Verderben führen würde.«[17] So führte Beck in seiner Denkschrift »Deutschland in einem kommenden Kriege« aus, daß ein Krieg, den Deutschland entfesselte, sofort weitere Staaten als nur den angegriffenen auf den Plan rufen werde. Bei einem Krieg gegen eine Weltkoalition werde Deutschland unterliegen.

Sofort nach Ausbruch des Zweiten Weltkrieges entwarf Beck alternative politische Strategien zur Hitlerschen Politik, insbesondere gemeinsam mit Goerdeler. Die militärische Niederlage Deutschlands war zwar nicht zu verhindern; jedoch möglich und erforderlich war die Abwendung einer Kapitulation auf Gnade und Ungnade. Dafür sah Beck reale Chancen. Das jetzt zu verfolgende Kriegsziel erforderte in erster Linie eine »weise Ökonomie der Kräfte«, also aktualisiertes Clausewitzsches militärisches Denken. Dies allein hätte schon eine Wende in der Kriegsführung bewirkt, denn Hitler vernachlässigte alle Grundsätze der modernen Kriegsführung, insbesondere den der »Ökonomie der Kräfte«. Die setzte bei den Oberbefehlshabern jedoch Kreativität voraus, was im Widerspruch stand zur Diktatur eines einzigen »größten Feldherren aller Zeiten«, wie sie seit dem Sommer 1942 herrschte.

Zur Verantwortung des Generalstabschefs hatte General Beck gemeinsam mit General Freiherrn von Fritsch 1936 das Handbuch für den Generalstabsdienst neu verfaßt. Dort hatten sie an dem seit Generationen überkommenen militärischen Grundsatz festgehalten, daß die Befehlsgewalt des soldatischen Führers unteilbar und die Verantwortung allein von ihm zu tragen war. »Eine Mitverantwortlichkeit des Generalstabschefs bis hinunter zu den Armeekorps an den Entschlüssen« von deren Generalen war demnach – im Gegensatz zur Ansicht Guderians – nicht gegeben. Der Befehlshaber trug die Verantwortung für die Tat, der Generalstabsoffizier die für den Rat. Der Generalstabsoffizier war nur Gehilfe und gewissenhafter Vollstrecker der Entschlüsse und Befehle seines Führers.[18]

Beck ging es in der Truppenführung um eine schöpferische Tätigkeit, ganz frei, auf wissenschaftlicher Grundlage, wie es die militärischen Grundsatzvorschriften forderten. Das hätte für das deutsche Heer eine erhebliche Leistungssteigerung bedeutet, die man noch einmal sinnvoll in die Waagschale hätte werfen können, um die Folgen der Niederlage zu verringern. Eindeutig dokumentiert der Entwurf von Stauffenbergs Aufruf an die Wehrmacht, den Tresckows engagierte Sekretärin, Margarethe von Oven,[19] zu Papier brachte, die Entschlossenheit zur, wenn auch nur kurzfristigen, Weiterführung des Krieges:

> »Noch ist die Stunde nicht gekommen, sich dem Gedanken des Friedens hinzugeben. Noch müssen wir kämpfen, um zu verteidigen und zu retten, was uns teuer ist. Bis ein ehrenvoller Ausgang des Krieges gesichert ist... Es geht um die Sicherung eines gerechten Friedens, der dem gesamten Volk ein Leben in Freiheit und Ehre, den Völkern freiwillige und fruchtbare Zusammenarbeit ermöglicht.«[20]

Bei Verwirklichung dieser Vorstellungen wäre die noch immer vorhandene Kriegstüchtigkeit des deutschen Heeres zur Geltung gekommen. Es hätte vielleicht eine Chance gegeben, die Alliierten zu der Meinung zu bringen, man müsse dem deutschen Volk seine Daseinsrechte belassen, nachdem es sich aus eigener Kraft vom Nationalsozialismus gereinigt habe. Dies wäre weder eine einseitige Ost- oder Westlösung gewesen, sondern die Zentrallösung. Der Kerngedanke Becks hieß: erst nach Vereitelung der gegnerischen militärischen Operationen an allen Fronten durch eine Waffenentscheidung sei vielleicht ein Verständigungsfrieden möglich. Der erste Schritt in diesem Plan bestand in der radikalen Zurücknahme der Fronten durch Preisgabe eines Großteils der besetzten Gebiete, damit das Kerngebiet dann um so erfolgreicher verteidigt werden könnte.

Eine sofortige Einstellung der Kampfhandlungen, wie vom »Nationalkomitee Freies Deutschland« gefordert, widersprach daher eindeutig Becks Position.

So wichtig der militärische Faktor im Denken der Verschwörer auch war, wesentlicher war ihre gesamtgesellschaftliche Konzeption. Und die war maßgeblich von Beck initiiert und beeinflußte Hardenbergs bereits zitierte Vorstellungen.

Das fand auch seinen Niederschlag im Entwurf der Regierungserklärung:[21]

> Wiederherstellung des Rechtsstaats, Erneuerung der öffentlichen wie der privaten Moral und der geistigen Freiheit, Selbstverwaltung der Wirtschaft, sofortige Einstellung der Judenverfolgung sowie Auflösung von Konzentrationslagern und Partei. Appell an die allgemeine Versöhnung und Hoffnung auf einen gerechten und dauerhaften Frieden.

Das nationale Konzept wurde durch ein europäisches Konzept erweitert. Becks Auffassungen hierzu sind erhalten geblieben. In einem im Juni 1942 in der Berliner Mittwochsgesellschaft[22] gehaltenen Vortrag skizzierte er fundamentale Richtlinien für ein Friedenskonzept:

> »Die technische Entwicklung hat die Welt verkleinert und verkleinert sie immer mehr. Die Reibungsmöglichkeiten für das Zusammenleben der Völker haben sich dadurch vergrößert, aber auch das Bedürfnis erhöht, den daraus resultierenden Gefahren vorausschauend zu begegnen. Was Handel und Wandel angeht, die nun einmal den breitesten Raum in den Beziehungen der Staaten untereinander einzunehmen pflegen, so nötigt diese Entwicklung heute ähnlich wie vor hundert Jahren auf dem Gebiete des Zollwesens im Deutschen Bunde immer mehr zur Bildung größerer Wirtschaftsräume, die zunächst unseren Kontinent zu umfassen haben werden. Diese Entwicklung darf aber nicht gottgewollte und in langem geschichtlichen Werden erprobte Faktoren im Leben der Völker mißachten. An der Spitze dieser Faktoren steht das selbständige nationale Eigenleben, dessen überwiegend segensreiche Wirkung wohl kaum bestritten werden kann und das um so größere Entfaltungsmöglichkeiten hat, je mehr sich alle Staaten zu seiner Anerkennung ohne Hintergedanken bereitfinden.«[23]

Auch bei Hardenberg nahm die europäische Integration einen zentralen Platz ein. Er plädierte nachdrücklich für die »Wiederherstellung des deutschen Ansehens im Rahmen der europäischen Zusammenarbeit«.[24] Im Hardenbergschen Verständnis war das ein zeitgemäßer Kampfbund der Vernunft, kam es ihm doch darauf an, alles Trennende zu überbrücken.[25]
Diese europäische Ausrichtung verlieh der deutschen Opposition einen einzigartigen Charakter unter den europäischen Widerstandsbewegungen, denn deren Interessen reichten oft nicht über regionale und nationale Ziele hinaus. Die Integration sollte im ökonomischen Bereich mit der Gründung eines europäischen Wirtschaftsministeriums beginnen, das zunächst seine Anstrengungen auf die Beseitigung der Kriegsfolgen, also auf den europäischen Wiederaufbau konzentrieren sollte. Eine europäische Wehrmacht und ein europäisches Außenministerium wären die nächsten Aktivitäten gewesen. Zur Konfliktbeilegung sollte ein europäisches Schiedsgericht gebildet werden. Rüstungskontrolle und -beschränkung waren Teil des geplanten europäischen Friedens- und Sicherheitskonzepts.[26]

Vorbereitung des Umsturzes – Verbindungen zu den Mitverschwörern

Auch nach der Absetzung Bocks am 15. Juli 1942 blieb Hardenberg Bocks Adjutant, nahm jedoch sofort Verbindung auf zu Goerdeler, Fritz Graf von der Schulenburg, Fabian von Schlabrendorff und der Abteilung Abwehr im OKW unter Admiral Canaris und Oberst Oster.[27] Von dieser Institution gingen Kontakte zum Auswärtigen Amt, z. B. zum Staatssekretär von Weizsäcker. Dessen Sohn, den späteren Bundespräsidenten Dr. Richard von Weizsäcker, hatte Hardenberg im Infanterie-Regiment 9, 23. Infanterie-Division, kennen- und schätzengelernt. Weizsäcker charakterisierte Hardenberg als »Vorbild«[28]. Ihm waren also Hardenbergs Grundhaltung wie sicher auch einige seiner Aktivitäten bekannt. So war Hardenberg im Januar 1942 zu einem »benachbarten Heeresgruppen-Oberbefehlshaber« geflogen mit dem Ziel, diesen für Attentatspläne zu gewinnen. Danach hatte es dort »eine lange Besprechung der Lage« gegeben.[29] Mit seiner Kontaktaufnahme gleich nach Rückkehr von der Front setzte Hardenberg seine oppositionellen Aktivitäten im Rahmen des militärischen Widerstands unter Henning von Tresckow fort.

Bereits von Herbst 1942 an waren zielbewußt aufrechte Männer gesucht »und in wichtige Positionen des Heeres als Chefs oder Adjutanten eingesetzt worden. Eine Bearbeitung aller militärischen Führer setzte ein. Nach meiner Rückkehr nach Berlin war ich als Oberpräsident von Berlin und der Provinz Brandenburg vorgesehen worden und hatte die Bearbeitung dieses Spezialgebietes übernommen. In Neuhardenberg – 70 km von Berlin – hat ein großer Teil der den 20. Juli vorbereitenden Besprechungen stattgefunden, da hier die Überwachung durch die Gestapo schwieriger war als in Berlin.«[30]

Schloß Neuhardenberg

KZ-Transporte

Etwa Ende 1943 hatte Hardenberg ein ihn offenbar sehr erschütterndes Erlebnis. Als er von einem Ritt aus den Nachbardörfern Trebnitz und Wulkow zurückkam, äußerte er zu seinem Obergärtner: »Herr Strauch, wir gehen schlimmen Zeiten entgegen. Was ich heute bei Wulkow gesehen habe, ist sehr, sehr schlimm.«[31] Es ist bekannt, daß in Wulkow ein Gefangenenlager war und im Nachbardorf Trebnitz über die Eisenbahnstrecke Trebnitz–Berlin Güterzüge mit schreienden Menschen in die Konzentrationslager gebracht wurden.

Tresckow

Wolfgang Venohr hat Henning von Tresckow charakterisiert.[32] Tresckow war mit Erika von Falkenhayn, Tochter eines früheren preußischen Generals und Kriegsministers, verheiratet. Am 1. Februar 1926 trat er als 25jähriger Leutnant in die Reichswehr ein: in das 9. Infanterieregiment zu Potsdam, das die feudalen Traditionen der preußischen Gardeinfanterie weitertrug.
Die 100 000-Mann-Reichswehr der Weimarer Republik war ein Staat im Staate. Die demokratischen Parteien der Republik galten der Reichswehr als »Erfüllungsgehilfen« der ehemaligen Feindmächte. Das Offizierskorps war unverhohlen antidemokratisch gesonnen. Der spätere Generaloberst und Oberbefehlshaber des Heeres, v. Fritsch, titulierte den Reichspräsidenten Ebert ungeniert als »Schweinehund«, und in den Offizierskasinos verunglimpfte man die Nationalfarben der Republik als »Schwarz-Rot-Gelb« oder »Schwarz-Rot-Mostrich«.
Tresckow las die Schriften Oswald Spenglers, vor allem den Essay über »Preußentum und Sozialismus«, und bejahte Spenglers Satz: »Altpreußischer Geist und sozialistische Gesinnung sind ein und dasselbe.«
Von da war es kein allzu weiter Schritt mehr zum »Nationalsozialismus«. Bereits 1929 setzte sich Tresckow im Potsdamer Offizierskasino für die Hitlerbewegung ein, vertrat er in einem Vortrag vor Kameraden die Thesen Gottfried Feders zur antikapitalistischen »Brechung der Zinsknechtschaft«, die im NSDAP-Programm verankert waren. Ein Jahr später unternahm er ernsthafte Anstrengungen, das Offizierskorps seines Bataillons nationalsozialistisch zu beeinflussen. Tresckow nahm damit innerhalb seines feudal-reaktionären Lebenskreises eine ausgesprochen avantgardistische, um nicht zu sagen »nationalrevolutionäre« Position ein.
In diesem Sinne begrüßte Tresckow Hitlers Machtübernahme am 30. Januar 1933 und erlebte, optimistisch gestimmt, den »Tag von Potsdam« am 21. März gleichen Jahres. In einer leidenschaftlichen Diskussion, die sich nach dem feierlichen Staatsakt in seiner Wohnung abspielte, verteidigte er entschieden die NS-Bewegung.
Ende 1936 wurde Tresckow zum Generalstab versetzt. Seit Mitte 1934, seit der sogenannten Röhm-Affäre, war Tresckows sittliches Gewissen, war sein preußisch-protestantisches Rechtsempfinden tief herausgefordert.

Daß Hitler Dutzende von Menschen ohne Gerichtsverfahren ermorden ließ, daß er die Anmaßung besaß, sich zum »Obersten Gerichtsherrn« des deutschen Volkes aufzuwerfen: das verstieß gegen alle ethischen Normen preußischer Tradition! Der Februar 1938 mit der Blomberg/Fritsch-Krise sah Tresckow zum ersten Mal in Opposition. Was ihn anwiderte, was seine sittliche Empörung provozierte, war vor allem die schmutzige Art privater Intrigen und intimer Verdächtigungen, ja Ehrabschneidungen, mit denen die Nazis in ihrem bedenkenlosen Machtkampf vorgingen.

Tresckow verabredete mit seinem Regimentskameraden Graf Baudissin, sofort den Abschied zu verlangen, und Baudissin erinnerte sich später:

»Wir einigten uns sehr schnell, daß wir uns dem General von Witzleben, dem Kommandierenden General des III. Armeekorps in den Marken, anvertrauen wollten. Wir kamen – ich sehe es noch vor mir – in sein Dienstzimmer, wo er uns sehr kameradschaftlich empfing. Er hörte uns an, sehr still, ohne eine Reaktion zu zeigen. Dann fragte er uns, ob wir eigentlich auch gewillt wären, gegebenenfalls Widerstand zu leisten. Als wir das uneingeschränkt bejahten, sagte er mit Betonung, *dann* müsse er uns bitten, weiter aktiv zu bleiben.«

Immerhin: Als am 1. September 1939 der II. Weltkrieg ausbrach, wünschte Tresckow leidenschaftlich den Sieg der deutschen Waffen. Den Polenfeldzug erlebte er als Major und Generalstabsoffizier einer Division, den Frankreichfeldzug in der Führungsabteilung der Heeresgruppe A, die die operative Entscheidung herbeiführte. Während eines Parisbesuchs im Oktober 1940 prophezeite er mit dem ihm eigenen Sarkasmus der OKH-Sekretärin Luise von Benda:

»Wenn Churchill Amerika dazu bringt, in den Krieg einzutreten, werden wir langsam und sicher durch die Materialüberlegenheit erdrückt! Dann wird von uns höchstens das Kurfürstentum Brandenburg übrigbleiben, und ich werde die Leibwache kommandieren.«

Am 10. Dezember 1940 wurde der Oberstleutnant von Tresckow als 1. Generalstabsoffizier zur Heeresgruppe Mitte nach Posen versetzt. Sie stand unter dem Befehl seines Onkels, des Generalfeldmarschalls Fedor von Bock, bei dem sich Tresckow Mitte Januar meldete.

Im Mai 1941, einen Monat vor Angriffsbeginn, erhielt er Kenntnis von Hitlers »Kommissarbefehl«: Sowjetische Kommissare seien nach ihrer Gefangennahme von der Truppe zu erschießen! Tresckow zog unverzüglich den Generalstabsmajor Rudolf von Gersdorff ins Vertrauen. Beide Offiziere stimmten nach kurzem Gedankenaustausch darin überein, daß hier zum ersten Mal ein verbrecherischer Befehl an die Soldaten der Wehrmacht erlassen wurde.

»Tresckow war außer sich vor Erregung«, erinnerte sich Gersdorff später. Er ließ sofort das Flugzeug des Feldmarschalls startklar machen und ging dann zusammen mit Gersdorff zu Bock, der das Ungeheuerliche des Hitlerbefehls klar erkannte und erschüttert kommentierte: »Das ist ja grauenvoll!«

Fedor von Bock

Zwischen Bock und Tresckow kam es zu folgendem Dialog:

Tresckow: »Ich habe deine Maschine startklar machen lassen. Du mußt jetzt sofort mit Leeb und mit Rundstedt (den Oberbefehlshabern der Heeresgruppen Nord und Süd – d. A.) in Verbindung treten. Ihr drei müßt heute noch zu Hitler fliegen, ihm die Pistole auf die Brust setzen und kategorisch von ihm verlangen, daß er einen Befehl zurücknimmt, der der Truppe Verbrechen zumutet.«

Bock (erregt): »Dann schmeißt mich der Hitler 'raus!«

Tresckow: »Dann hast du wenigstens einen anständigen Abgang vor der Geschichte.«

Bock (gereizt): »Dann schickt er euch womöglich den Himmler hierher!«

Tresckow: »Laß man gut sein; mit dem werden wir schon fertig.«

Als die Wehrmacht dann am 22. Juni 1941 zum Angriff auf Rußland antrat, ordnete Tresckow an: »Solange ich Ia der Heeresgruppe Mitte bin, wird kein Kommissar erschossen!«

Doch was nützte das, wenn im Hinterland der deutschen Armeen Himmlers Einsatzkommandos wüteten? Und das taten sie auch im rückwärtigen Gebiet der Heeresgruppe Mitte. So umstellte ein lettisches Einsatzkommando den jüdischen Stadtteil von Borissow, holte sämtliche Einwohner aus den Häusern und massakrierte etwa 7000 Juden: Männer, Frauen und Kinder.[33]

Als Tresckow davon hörte, stürmte er außer sich vor Scham und Wut in das Zimmer Bocks, der ebenfalls gerade von dem Massaker erfahren hatte. Tresckow schrie ihn an: »Das darf nie wieder passieren. Darum müssen wir jetzt handeln!

In Rußland haben wir die Waffengewalt. Schreiten wir unnachsichtig ein, so wird es Schule machen.« Er verlangte, daß Himmlers Einsatzkommando vor ein Kriegsgericht zu stellen und bis auf den letzten Mann zu füsilieren sei.
Dazu kam es nicht. Der deutsche Feldkommandant von Borissow nahm sich auf dem Wege zum Hauptquartier des Feldmarschalls von Bock das Leben. Bock selbst begnügte sich mit einem schriftlichen Protest bei Hitler. Tresckow, den während der leidenschaftlichen Auseinandersetzungen mit seinem Onkel Weinkrämpfe geschüttelt hatten, faßte in der Stille den Entschluß, von nun an nicht mehr zu ruhen und zu rasten, bis Hitler gestürzt, ja: physisch beseitigt war.
Und sofort machte er ernst mit seinem Entschluß zum Widerstand! Noch bevor es zum Umschwung der militärischen Lage kam, Ende November/Anfang Dezember 1941, flog er nach Berlin und suchte dort den Chefredakteur der angesehenen »Deutschen Allgemeinen Zeitung«, Dr. Karl Silex, auf, den er mit den Worten begrüßte: »Der Krieg ist verloren. Hitler ist verrückt und muß beseitigt werden!« Man dürfe sich durch Brjansk und Wjasma nicht täuschen lassen, fuhr er fort: »Es ist nicht gelungen, das russische Militärpotential in einem einzigen Sommerfeldzug auszuschalten, um die Masse der deutschen Divisionen für die Rückverlegung in den Westen freizubekommen.« Jede Voraussetzung für einen Sieg sei damit geschwunden.
Tresckow fragte Silex, was er denn zu tun gedächte, wenn es zu einem Sturz Hitlers käme, und als dieser antwortete: »An dem Tage, an dem Ihr es geschafft habt,

Carl-Hans Graf von Hardenberg und Henning von Tresckow

steht Euch die ›Deutsche Allgemeine Zeitung‹ zur Verfügung«, lachte Tresckow auf: »genauso schlapp« wie all die Feldmarschälle, und fügte bitter hinzu: »Keiner will mitmachen, bevor die Sache nicht sicher ist.«
Um den Oberst i. G. Henning von Tresckow herum kristallisierte sich 1942 im Stab der Heeresgruppe Mitte ein Kreis adliger Opposition und preußischen Widerstandes. Mitverschwörer waren: die Majore Berndt von Kleist, Rudolf Freiherr von Gersdorff und Carl-Hans Graf von Hardenberg sowie die Leutnante Fabian von Schlabrendorff und Heinrich Graf Lehndorff. Niemand von diesen Männern täuschte sich über die wahre Lage Deutschlands.
Tresckow war die beherrschende Figur des Verschwörerkreises. Dabei darf man sich nicht vorstellen, daß er bei allen Offizieren des Stabes der Heeresgruppe Mitte »beliebt« gewesen wäre. So mancher von ihnen stieß sich an seiner kühlen preußischen Art, die nicht zu Gemütlichkeit oder bequemen Kompromissen neigte, oder litt unter seiner geistigen Überlegenheit, die er kaum kaschierte, sondern oft in Ironie kleidete. Einer seiner Mitarbeiter urteilte über ihn: »Leider war er nicht frei, wie so viele seiner Klasse, wenn man so sagen darf, von generalstabsmäßigem Dünkel. Das hing auch zweifellos mit seiner Intelligenz zusammen; ein gewisser Intellektualismus war ihm nicht abzustreiten. Tresckow war der Prototyp des preußischen Offiziers! Seinen geraden Charakter zeichneten Eigenwilligkeit und Zähigkeit aus. Er vertrat seine Auffassungen offen und hart, auch wenn es anderen manchmal unangenehm war.«
1943 setzte Tresckow zwei Attentate gegen Hitler in Bewegung. Beide schlugen fehl. Er versuchte vergeblich, Manstein durch Gersdorff zu gewinnen. Und im Sommer 1943 traten Tresckow und Gersdorff an Generalfeldmarschall von Kluge heran, um ihn für den Aufstand gegen Hitler zu gewinnen. Bei einem Spaziergang redete Tresckow heftig auf Kluge ein und sagte ihm: »Rechts neben Ihnen geht einer, der schon einmal ein Attentat auf Hitler versucht hat.« Der Feldmarschall blieb stehen und fragte betroffen: »Gersdorff, was haben Sie getan?!« Tresckow antwortete: »Das einzige, was zu tun übrig bleibt.« Nach einigen Schritten in nachdenklichem Schweigen breitete Kluge die Arme aus und rief: »Kinder, Ihr habt mich!«

Im Spätsommer 1943 war dem Obersten von Tresckow bewußt, daß sämtliche Verschwöreraktionen gescheitert waren und daß es sinnlos war, in Generäle oder Marschälle Aufstandserwartungen zu setzen. Weder Kluge noch sonst jemand war bereit, wenn es ernst wurde, seinen Eid, seinen Gehorsam, seine Treue zu brechen.
Doch am 10. August 1943 traf Tresckow endlich in Berlin einen ebenbürtigen Verschwörer: den schwerverwundeten, aber vor Tatenlust sprühenden Generalstabsobersten Claus Graf von Stauffenberg. In diesem 35jährigen Mann begegnete Tresckow nicht nur eine »kongeniale« Natur, der Prototyp des gebildeten Offiziers, sondern vor allem eine willensstarke Persönlichkeit, ein Charakter, der auch vor dem Äußersten nicht zurückschreckte. Mehr noch: In der Person Stauffenbergs bot sich zum ersten Mal die Chance, anstelle von Attentatsversuchen

bzw. Protestschritten ein breit angelegtes Aufstandsunternehmen zu organisieren, denn: Stauffenberg war als neuer Stabschef des Ersatzheeres vorgesehen, einer militärischen Zentralfunktion, in der alle Befehlsstränge der Wehrmacht zusammenliefen. In der kurzen Zeit von vier Wochen, von Anfang September bis Anfang Oktober 1943, entwickelten die beiden Offiziere die geschlossene Konzeption eines umfassenden Umsturzes. Heimlich wie Diebe trafen sie sich im Berliner Grunewald; ständig auf der Hut vor Spitzeln des SD oder der Gestapo. Auf einsamen Spaziergängen entstand ein durchdachtes Konzept, dessen Kernstück eine raffinierte Idee war: Der Wehrmachtsplan »Walküre« für den Fall innerer Unruhen im Reichsgebiet (z. B. von Fremdarbeitern oder Kriegsgefangenen) wurde einfach »umgedreht«; wurde als *legaler* Deckmantel für die *illegale* Mobilisation aller bewaffneten Kräfte gegen das NS-Regime benutzt.

Erika von Tresckow und Margarete von Oven[34] schrieben nach Tresckows und Stauffenbergs Diktat in größter Heimlichkeit die detaillierten Umsturzbefehle für die Reichsbehörden und für die Kommandostellen der Wehrmacht. Alle begannen mit dem Satz: »Der Führer Adolf Hitler ist tot.« Denn auch darin waren sich Tresckow und Stauffenberg einig: Ohne die physische Beseitigung des Diktators war nichts zu hoffen.

Tresckow täuschte sich darüber nicht. Er sah die Lage nüchtern und illusionslos. An die »Spontaneität der Massen« glaubte er ohnehin nicht.

Im April und Mai 1944, inzwischen Chef des Stabes der 2. Armee und kurz vor seiner Beförderung zum Generalmajor, besuchte Tresckow noch einmal Potsdam. An einem der letzten Spaziergänge durch den frühlingshaft leuchtenden Park von Sanssouci nahm Tresckows Verwandter Alexander Stahlberg teil, der lange Zeit Ordonnanzoffizier des Generalfeldmarschalls von Manstein gewesen war. Ausführlich sprachen sie über die Verschwörung, über Plan und Ziel des Aufstandsversuches, den Tresckow für die nächsten Wochen erwartete. Als Stahlberg schließlich fragte: »Meinst du, daß der Staatsstreich eine Chance hat zu gelingen?« blieb Tresckow stehen, fixierte Stahlberg sekundenlang und erwiderte: »Mit allergrößter Wahrscheinlichkeit wird er mißlingen ...«

Hatte es dann überhaupt einen Sinn zu handeln? Den militärischen Eid und Gehorsam zu brechen, die Gewissenslast eines Mordanschlags auf sich zu nehmen? Selbst den feurigen, ungestümen Stauffenberg bedrückten solche Zweifel, nachdem es den Westalliierten am 6. Juni 1944 gelungen war, in Frankreich zu landen. Über Graf Lehndorff ließ er bei Tresckow, der wieder an der Ostfront stand, anfragen, ob es noch einen »praktischen Zweck« habe, den Aufstandsplan zu verwirklichen und den Diktator zu beseitigen. Die Antwort, die Tresckow gab, wurde zum moralischen Vermächtnis des deutschen Widerstands:

»Das Attentat muß erfolgen; coûte que coûte. (Gleich, was es kostet.) Sollte es nicht gelingen, so muß trotzdem in Berlin gehandelt werden. Denn es kommt nicht mehr auf den praktischen Zweck an. Sondern darauf, daß die deutsche Widerstandsbewegung vor der Welt und vor der Geschichte den entscheidenden Wurf gewagt hat.«

Stauffenberg wagte diesen Wurf: am 20. Juli 1944. Und ganz im Geiste Tres-

ckows handelte er noch in Berlin, nachdem bekannt wurde, daß das Attentat mißlungen war – wie es Tresckow geahnt und gefordert hatte.
Einen Tag später, in den Morgenstunden des 21. Juli 1944, hatte sich dann der Generalmajor Henning von Tresckow, Chef des Stabes der 2. Armee, mit zwei Kübelwagen auf den Weg gemacht, um im Wald nordostwärts Nowosiolki den Tod zu suchen. Zu Schlabrendorff hatte er vorher gesagt: »Ich werde mich nun erschießen. Denn bei den Untersuchungen müssen sie auf mich stoßen und versuchen, andere Namen aus mir herauszupressen.« Etwas später hatte er bleich, aber mit der ihm eigenen Kühle hinzugesetzt: »Niemand von uns kann über seinen Tod Klage führen. Wer in unseren Kreis getreten ist, hat damit das Nessushemd angezogen.« Es war 15.45 Uhr, als die 2. Armee über Sprechfunk die Nachricht empfing: »Generalmajor von Tresckow während einer Erkundungsfahrt im Wald nordostwärts Nowosiolki gefallen.«

Gersdorff

Hardenberg gehörte zu den wenigen, die tatsächlich Staatsstreichvorbereitungen unternahmen. Ebenso Rudolf-Christoph Freiherr von Gersdorff, Ic/AO der Heeresgruppe Mitte, ein Mitverschwörer aus dem Kreise Tresckows und selber ein Freund Hardenbergs. Am 21. März 1943 unternahm Gersdorff einen Attentatsversuch auf Hitler. Auf Geheiß Hitlers nahmen unerwartet Bock und Hardenberg am Besuch einer Ausstellung im Zeughaus teil. In Hitlers Begleitung waren auch Göring, Himmler, Dönitz und Keitel. Gersdorff berichtete später darüber: »In der Tür wandte Hitler sich plötzlich um und sagte: ›Herr Feldmarschall von Bock, ich bitte Sie, als ehemaligen Oberbefehlshaber der Heeresgruppe Mitte, sich mir anzuschließen.‹ Bock quittierte mit einer etwas übertriebenen Verbeugung und betrat den Raum zusammen mit seinem Begleitoffizier, Major der Reserve Hans-Carl Graf von Hardenberg-Neuhardenberg. Diesen Augenblick – als die Aufmerksamkeit aller auf Hitler, Bock, Hardenberg gerichtet war – benutzte ich, um den Zünder der in meiner linken Manteltasche steckenden ›Clam‹-Haftmine zu betätigen.«[35]
Von diesem Attentatsversuch gibt es divergierende Darstellungen von Gersdorff selbst. Nach der ersten Version habe Gersdorff mit Rücksicht auf seinen Freund Hardenberg das geplante Attentat nicht durchgeführt; nach der zweiten Version sei das Dargestellte lediglich »Entschuldigung« gewesen, weil die Clan-Mine nicht funktioniert habe. Richtig ist offensichtlich, daß das geplante Attentat nicht ausgeführt werden konnte, da Hitler bereits »nach zwei Minuten am seitlichen Ausgang des Zeughauses« erschien.[36]
Gersdorff hat seine Darstellung im Laufe der Zeit selbst geändert: »Damals und wohl auch in dem Bericht vom 1. Januar 1946 ... tat er dies aus Rücksicht auf die noch Lebenden, insbesondere Graf von Hardenberg und Szymonski. Er wollte, nachdem die Sache mißlungen und er selbst nun einmal am Leben geblieben war, nicht als einer angesehen werden, der auch seine Freunde geopfert hätte,

um den Verbrecher Hitler mit seinem Anhang zu beseitigen – obwohl wenigstens Graf von Hardenberg ebenfalls zum Opfer seines Lebens bereit gewesen wäre.«[37]
Von diesem Attentatsversuch Gersdorffs hatte Hardenberg offensichtlich nichts gewußt. Nach Kenntnis der Zusammenhänge, die zum Scheitern des Attentats geführt hatten, erklärte er eindeutig, daß er das Opfer seines Lebens getragen hätte! Es lag also nicht an Gersdorff, gleich gar nicht an Hardenberg bzw. an der später behaupteten Rücksichtnahme auf ihn, daß das Attentat nicht erfolgreich durchgeführt worden war.

Hammersteins Tod

Am 28. April 1943 nahm Hardenberg an der Trauerfeier anläßlich des Todes seines Freundes Generaloberst Kurt von Hammerstein teil. Dieser entstammte einer alten Soldatenfamilie. 1878 geboren, war er im ersten Weltkrieg Major im Generalstab gewesen. In der Nachkriegszeit hatte er in verschiedenen Stäben gedient, wobei er sich durch Mäßigung und politischen Sinn ausgezeichnet hatte. Beispielsweise hatte er mit Seeckt und Heye, seinen beiden Vorgängern in der Heeresleitung, zu den Offizieren gehört, die sich im März 1920 im Zusammenhang mit dem Kapp-Putsch gegen General von Lüttwitz gestellt hatten und dies, obwohl Hammerstein der Schwiegersohn von Lüttwitz war. Hammerstein hatte in der Reichswehr Karriere gemacht. 1929 war er zum Chef des Truppenamtes, der damaligen Bezeichnung des Generalstabs, berufen worden und schon ein Jahr später als Nachfolger von Generaloberst Heye zum Chef der Heeresleitung. Er hatte am 31. Januar 1934 seinen Posten zur Verfügung gestellt. Sein Nachfolger wurde General von Fritsch.
Wie Hammerstein zum Dritten Reich stand, ist auch daran erkennbar, daß »die Blätter, die sonst mit Nekrologen und Jubiläumsartikeln für verdiente Generäle, hinunter bis zum Divisionskommandanten, sehr freigebig sind, seinen Tod bis jetzt mit keiner Zeile erwähnt haben«, wie die Neue Zürcher Zeitung schrieb.[38]

Haeften

Oft zu Besuch auf Schloß Neuhardenberg war Werner von Haeften, ein Neffe von Generalfeldmarschall Walther von Brauchitsch. Er war bekannt als stets lustiger und lebhafter Mensch. Doch zum Jahreswechsel zeigte er sich bedrückt und nervös, vermutlich aufgrund der vielfältigen Unsicherheiten und Risiken in der Widerstandstätigkeit. Von seiner Bekannten, Philippa von Bredow, nach den Ursachen seines depressiven Gemütszustandes befragt, »ob sein Zustand etwas mit dem Fräulein Wonte von Hardenberg zu tun habe, mit der er… auf dem Gut Neuhardenberg geflirtet hatte, oder ob es vielleicht an seinen ›Umbringe-Plänen‹ gegen den Führer läge«[39], wurde er sehr zornig und mahnte zur Konspiration. Dabei bekannte er sich mitunter sehr offen zu seinem Standpunkt. Erst vor zwei Monaten hatte er sich gegenüber einem Nazi-Journalisten geäußert: »Wir wollen nichts anderes mit euch machen, als euch alle auf eine Insel bringen, dort müßtet ihr von morgens bis abends durch den Lautsprecher eure eigenen Reden anhören.«[40]

Haeften war Adjutant Stauffenbergs und fungierte als Mittelsmann zwischen diesem und dessen Vetter Caesar von Hofacker, der die führende Rolle der oppositionellen Offiziere im Pariser Stab des Militärbefehlshabers in Frankreich innehatte.

Ursula von Kardorff kannte Haeften schon seit etwa 1933. Da er seit November 1943 in Begleitung seines Chefs immer wieder in Neuhardenberg war, begegnete sie dort schließlich den beiden. Haeften sprach von seinem Chef »immer mit Enthusiasmus«.[41] »Trotz seiner Verwundung von ununterdrückbarer Fröhlichkeit. Liebenswürdig, witzig, vollkommen furchtlos, nicht zwiespältig oder zweifelnd. Unbeirrbarer Gegner des Regimes.«[42]

Stauffenberg

Der schlanke hochgewachsene Stauffenberg machte auf seine Freunde und Bekannten einen tiefen Eindruck, da er Willenskraft und Entschlossenheit ausstrahlte und über eine ausgeprägte Fähigkeit zur überzeugenden Argumentation verfügte.

Auch Kardorff war von Stauffenberg beeindruckt: »Ein Mensch von ungewöhnlicher Anziehungskraft, groß, dichtes dunkles Haar, über dem einen Auge eine schwarze Klappe, die dem Gesicht nichts von seiner Schönheit nimmt. Das Männliche mit einem Hauch süddeutscher Grazie, eine in Preußen nicht eben häufige Mischung. Ihm fehlt ein Arm, und an der anderen Hand fehlen drei Finger. Da ich neben ihm saß, mußte ich ihm das Fleisch schneiden. Wir unterhielten uns über Jean Paul, dessen Lektüre er mir empfahl, und über Musik. Er soll vor seiner Verwundung sehr gut Cello gespielt haben. Bei aller Liebenswürdigkeit, die angeboren zu sein scheint, ging so viel Energie von ihm aus, daß ich Haeften verstand, der für ihn die Nächte durcharbeitet. Ein solcher Chef verlangt viel, aber es lohnt. Man begegnet nicht oft Menschen wie ihm, die mit allen Tugenden ausgerüstet zu sein scheinen, als habe Gott an ihrer Erschaffung besondere Freude gehabt. Als wir einen Gang durch den Park machen, sagte Fritzi (von der Schulenburg – d. A.) zu mir: ›Stauffenberg ist unser bestes Pferd im Stall.‹«[43]

Stauffenberg und sein Adjutant Haeften waren am 1. April 1944 wieder in Neuhardenberg. »Die Fahrten Stauffenbergs dienten zum großen Teil … der Vorbereitung der Verschwörer (Verschwörung)«, resümiert Jacobsen.[44]

Neuhardenberg wurde immer wichtiger als Treffpunkt für Gespräche. Eine Woche nach Ostern 1944 war Stauffenberg gemeinsam mit Haeften erneut in Neuhardenberg.[45]

Kunrat Hammerstein erinnerte sich in seinem Buch »Flucht«: »In den Sommermonaten (1944) waren Stauffenberg und Haeften mehrmals in (Neu-) Hardenberg gewesen ...«[46]
Ebenso Eberhard Zeller in seinem »Geist der Freiheit«: »Auf seinem (Hardenbergs – d. A.) Besitz, nahe der Oder, hatten wichtige Begegnungen stattgefunden. Stauffenberg war mit Haeften oder anderen Begleitern in den entscheidungsreichen Sommerwochen mehrfach übers Wochenende herübergekommen.«[47]
Ein andermal sandte Stauffenberg einen Offizier nach Neuhardenberg, damit Hardenberg die Entwürfe für die ersten Befehle nach erfolgtem Attentat begutachten konnte. Überhaupt ging die Führung der Verschwörung in den letzten Monaten vor dem Attentat weitgehend auf die sogenannte »Grafengruppe« über; selbst Stauffenberg bezeichnete die Aktionen von Beck, Goerdeler u. a. als »Revolution der Greise«.
Im Juni 1944 lernte auch Karl von Oppen »den Grafen Stauffenberg kennen, der bei ... an dem Unternehmen ebenfalls maßgeblich beteiligten ... Hardenberg zu Besuche war – wohl zu einer abschließenden Besprechung«.[48] Auch Anfang Juli war Stauffenberg erneut in Neuhardenberg. Er »fuhr mit den Töchtern Hardenbergs auf das Gut des Herrn von Oppen nach Alt-Friedland«.[49]

W. Schulenburg

Zu Hardenbergs Kontaktpersonen gehörte auch Werner Graf von der Schulenburg. »Hager, hochgewachsen, trotz seiner siebzig Jahre (geboren 1875 – d. A.) von einer Eleganz, wie sie heute nur noch bei der alten Generation zu finden ist, geistvoll und augenscheinlich den Genüssen des Lebens zugetan. Das Dritte Reich hat keine Größen aufzuweisen, die so einen Weltmann ersetzen könnten«,[50] charakterisiert Ursula von Kardorff den langjährigen – 1934 bis 1943 – Botschafter in Moskau.
Schulenburg kam am 2. Oktober 1943 mittags in Neuhardenberg an. Tagebuchnotiz Kardorffs: »Nach Tisch in der Sonne auf der Terrasse gesessen mit Schulenburg und Hardenberg. Ich wüßte keinen friedvolleren Ort als diese Terrasse mit den Platanen und dem weiten Blick, der sich über den Koppeln im Wald verliert. Schulenburg erzählt von den Russen. Sprach bewundernd von Stalin; er hält ihn für den einzigen wirklichen Realisten, einen Mann, der genau so weit geht, wie er es verantworten kann, und nicht wie Hitler, der der Maßlosigkeit verfällt. Schilderte die fassungslose Überraschung Molotows, als der deutsche Angriff begann. Bis zum Schluß, sagte er, hätten die Russen vertragsgemäß, ordentlich alles geliefert. Er schien viel Sympathie für sie zu haben. Auf seine und Köstrings (Militärattaché Generalmajor Ernst Köstring – d. A.) Warnungen vor der Stärke des russischen Heeres wurde natürlich nie gehört. Hitler hat ihn nicht einmal empfangen.«[51]
Der alte Botschafter wurde etwa Ende März 1943 von seinem Neffen Fritz-Dietlof Graf von der Schulenburg in die Attentatspläne eingeweiht. Schulenburg

beeinflußte als Diplomat in starkem Maße das außenpolitische Programm der Verschwörer. Ähnlich wie Hardenberg sollte er erst nach gelungenem Attentat in Erscheinung treten: als Außenminister der neuen Regierung.

Goltz

Im Herbst 1942 wurde Hardenberg von dem Rechtsanwalt Rüdiger von der Goltz in die Berliner Wohnung in Wannsee eingeladen. Dessen Vater hatte im Juli 1931, zu dieser Zeit an der Spitze der Vereinigten Vaterländischen Verbände[52] stehend, an den Reichspräsidenten von Hindenburg appelliert, Hitler zum Reichskanzler zu ernennen. Nunmehr engagierte sich von der Goltz vor allem an der Seite Schulenburgs gegen jene Kräfte, die sein Vater einst, gemeinsam mit seinerzeitigen Wirtschaftsführern, gerufen hatte. Goltz charakterisierte Hardenberg als engsten »Freund seines Ia, Generalstabsoffizier Henning von Tresckow – beides meine Regimentskameraden und Freunde aus dem 1. Weltkrieg«.[53]

In diesem Gespräch bezeichnete Hardenberg »die Tötung Hitlers als gar nicht so schwierig, wie man sonst denken könne. Henning von Tresckow sei in dieser Sache fabelhaft. Natürlich sei eine gewisse Schwierigkeit, Himmler gleichzeitig zu fassen, aber auch dies müsse gehen. Im übrigen glaube man nicht an ernste Schwierigkeiten durch die SS; die wollten auch lieber Soldaten als Parteimänner sein.

Im übrigen werde selbstverständlich durchaus überlegt zu Werke gegangen. Werde jemand erwischt, so müsse er sein Schicksal tragen und man könne ihm nicht helfen. Die Rehabilitierung und Klarstellung würden dann eben später erfolgen; das werde später in ›Ordnung‹ gebracht.«[54]

Hardenberg fragte Goltz nach Goerdeler: Diesen hatte Goltz »als Preiskommissar schätzen gelernt..., nüchtern und mit Zivilcourage«.[55] Goerdeler hatte Anfang 1935 versucht, Goltz »ins Königreich Mutschmann als Hauptgeschäftsführer oder Leiter der sächsischen Wirtschaftskammer herüberzuholen«.[56] Goltz hatte abgelehnt, da er an seiner »wiedergewonnene(n) Unabhängigkeit festzuhalten« gedachte.

»Hardenberg sagte, man hoffe zu einem Frieden etwa in den Grenzen von 1914 zu gelangen, hoffentlich mit Österreich und im Osten etwas ausgeglichen. Der deutsche Großgrundbesitz müsse eben Land hergeben und er, Hardenberg, sei auch persönlich dazu entschlossen, um dem notwendigen Bedarf Rechnung zu tragen, der im Osten auf Befriedigung nicht mehr rechnen könne. Die sogenannten Kriegsverbrecher wollte man möglichst selbst aburteilen und zwar durchaus mit Nachdruck.«[57]

Goltz wußte, daß Tresckow bei der Attentatsvorbereitung »die entscheidende Rolle spielte«[58], und bemühte sich deshalb sofort um ein Gespräch mit ihm. »Er suchte mich unauffällig in Wannsee in Zivil auf. Ich schätzte ihn hoch: Klug, klar,

kühn – eine Erscheinung des Lichts.«[59] Tresckow befragte Goltz nach Beck: »Ich sagte ihm, daß ich ihn für geradezu weise und überragend klug halte, ein Mann, der zugleich Charakter, Uneigennützigkeit und Güte in seltenster Weise vereinigte.«[60]
F. D. von Schulenburg wohnte dann vom 1. 4. 1943 an etwa ein Vierteljahr im Hause von Goltz. Mit Hardenberg, »der oft nach Berlin kam« und Goltz in seinem »Büro, im Hotel Bristol oder außerhalb traf, stand der Rechtsanwalt »in ständiger Fühlung. Immer wieder war es die drängende Frage des Wann ... Graf Hardenberg, ruhig und sicher wie immer«, vertröstete Goltz »auf Tunis – die Preisgabe Afrikas! – als nächste Gelegenheit, die man ausnutzen werde. Die Krankheit von Beck (dieser mußte sich einer Krebsoperation unterziehen – d. A.) brauche kein Hindernis zu sein. Doch auch dieser Termin sollte verstreichen wie noch mancher andere.«[61]
Nach zwei »sehr ernsten Unterhaltungen mit dem Generalobersten Beck«[62], die Goltz im November–Dezember und am 16. Februar 1944 hatte, suchte er wiederum Kontakt zu Hardenberg. »Die innere Unruhe trieb mich zu Hardenberg: ich sagte mich im Januar in Neuhardenberg an und sah ihn am 9. 2. 44 in Potsdam bei der alljährlichen Zusammenkunft ehemaliger Offiziere meines alten Regiments. ›Saure Gurken, saure Gurken‹, antwortete er meinem fragenden Blick. Und Freiherr von Plettenberg, der getreue, lächelte verständnisvoll maliziös, als ich ganz harmlos fragte, wo denn eigentlich Schulenburg heute sei. Soweit war die Sache also schon herum, wenn auch bei Plettenberg bestens aufgehoben!
Zu einem Besuch in Neuhardenberg kam es nicht mehr ...«[63] Der Grund war ein Unfall von Goltz »auf dem nach einem Bombenangriff vereisten oberen Korridor des Moabiter Gerichts«,[64] wonach er sich in Bayern auskurierte. »Meine Verbindung hielt ich nach Rückkehr mit Schulenburg und Hardenberg. Eines Tages, es muß in jener Zeit gewesen sein, meldete sich ... Graf Yorck an, den ich sehr schätzte, von dessen Beteiligung ich wußte ...«[65]
Goltz hatte auch notiert: »Schulenburg sagte mir später, Plettenberg habe auch die Frage des Kronprinzen wenigstens zur Erörterung gestellt: es sei aber abgelehnt worden; das sei kein Problem. Plettenberg hatte damit wohl auch nur der Klarstellung dienen wollen.«[66]

Prinz Louis Ferdinand

Ein Gutsbesitzer namens Magnus von Knebel-Döberitz hatte vorgeschlagen, daß sich der Kronprinz durch eine Proklamation der Armee gegenüber an die Spitze der Widerstandsbewegung stellen sollte. Er hatte erklären sollen, er habe 1918 auf den Thron verzichtet, halte diesen Verzicht auch aufrecht. Aufgrund der durch Hitlers Schuld entstandenen Lagebedingungen sehe er sich gezwungen, zur Beendigung des Krieges das Kommando über die Armee zu übernehmen.

Danach sollte der Kronprinz zunächst Reichsverweser werden; nach zehn Jahren hatte das Volk über die endgültige Staatsform entscheiden sollen.
Auch Hardenbergs Kampfgefährten, die Generale von Hammerstein und Beck, hatten diesen Plan unterstützt, allerdings unter strikter Beachtung des Legalitätsprinzips. Doch der Kronprinz hatte negativ darauf reagiert. »In Zusammenhang mit diesen Vorgängen kam es dann... zu dem Gespräch zwischen dem Kronprinzen und Louis Ferdinand, der – das hatte er ausdrücklich erklärt – nicht ohne Einwilligung des Vaters handeln wollte. Durch die negative Haltung seines Vaters wurde dann auch Louis Ferdinand bewogen, von jeder Handlung abzusehen. Damit verlief auch diese Aktion um der Persönlichkeit des Kronprinzen willen im Sande.«[67]
Daß ein Teil des Volkes der Monarchie damals wohlwollend gegenüberstand, hatte die umfassende Anteilnahme der Bevölkerung an der Beisetzung von Prinz Wilhelm, des ältesten Sohnes des Kronprinzen, in Potsdam veranschaulicht, der 1940 an der Front gefallen war. Es waren »weit mehr als 50 000, die in würdiger Trauer dem Zug folgten oder schweigend die Straßenränder säumten«.[68] Das damit bekundete Bekenntnis zur Monarchie war eine Form des beginnenden Widerstandes gegen den Hitlerschen Totalitarismus gewesen.

Kardorff

Es gilt als gesichert, daß für Hardenbergs oppositionelles Wirken auch die Bekanntschaft mit Ursula von Kardorff, die 1938/39 bei ihm in Neuhardenberg

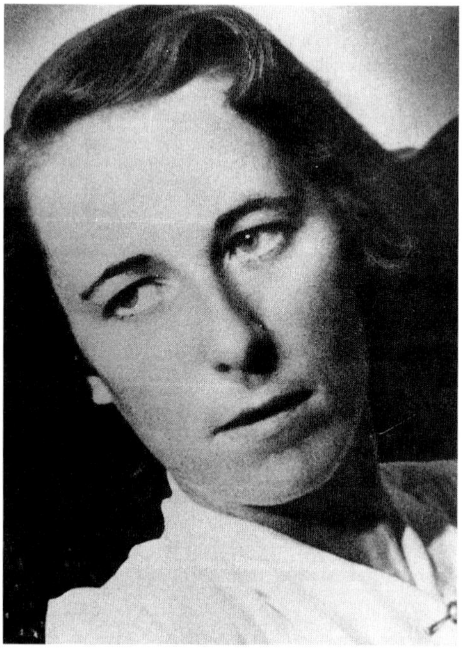

Ursula von Kardorff

als Sekretärin gearbeitet hatte, eine gewichtige Rolle spielte. Sie arbeitete danach als Journalistin bei der »Deutschen Allgemeinen Zeitung« in Berlin und informierte Hardenberg ständig über den Verlauf des politischen und militärischen Geschehens, ihre Verbindungen zum Propagandaministerium nutzend. Wenn auch nicht in die unmittelbaren Vorbereitungen einbezogen, so ahnte sie sofort im Zusammenhang mit dem Attentatsversuch am 20. Juli 1944 die Mitwirkung Hardenbergs an der Verschwörung.
Kardorff hatte am 8. Februar 1943 ein Treffen mit Paul Löbe, dem ehemaligen sozialdemokratischen Reichstagspräsidenten, einem »kluge(n), bescheiden auftretende(n) Mensch(en) mit einem offenen Gesicht. Er sagte, die Arbeiter würden jeder Art von Verfassung zustimmen, wenn Deutschland nur wieder ein Rechtsstaat würde«.[69]
Am Abend des 11. Mai 1943 erhielt Kardorff ein Flugblatt der mittlerweile hingerichteten Studenten Geschwister Scholl. Sie war ergriffen, wie diese beiden jungen Menschen gestorben sind. »Mit überlegener Haltung dem geifernden Freisler gegenüber. Schrieb beide Blätter in großer Eile mit acht Durchschlägen ab. Gab einen Durchschlag einem befreundeten Redakteur, der ihn vervielfältigen lassen will, um ihn an die Front zu schicken. Möchte mich mehr an solchen Dingen beteiligen, obwohl bei der Vorstellung KZ mein ganzer Mut in ein Häufchen Feigheit zusammensinkt.«[70]
Ursula von Kardorff wurde am 5. August 1943 von Hardenberg aus dem benachbarten Trebnitz vom Bahnhof abgeholt. Sie wollte sich von einer Operation in Neuhardenberg erholen. So lernte sie Ulrich von Hassell und Oberst Fritz Jäger kennen, die am 21. August 1943 bei Hardenberg zu Gast waren. In dieser Zeit war sie in Neuhardenberg »zur vereidigten Fremdsender-Abhörerin ernannt worden«.[71] Hardenberg wurde und war stets gut über die Entwicklung des Kriegsverlaufs informiert. Er »selbst ist ohne Illusionen. Wirkt in seiner wuchtigen Größe imponierend, daß sogar die Behörden-Götter vor ihm Respekt haben, obwohl sie doch am längeren Ende der Stange sitzen. Er macht sich über unsere Lage nichts vor.« Er verfüge über einen »gesunden Menschenverstand«, schrieb seine ehemalige Sekretärin.[72]
Voller Verzweiflung stellte sich Kardorff die Frage nach der sich stets verschlechternden Lage. »Warum kommt es nicht zu einem Massenaufstand, der von ihnen (den Arbeitern – d. A.) aus ja am leichtesten möglich wäre? Alle können doch nicht erschossen werden. Aber der Terror, der den einzelnen isoliert, ist so raffiniert, daß es ausgeschlossen scheint, etwas zu unternehmen. Auch fehlt es an führenden Männern. Die einzigen wären nach wie vor die hohen Militärs. Aber das Urteil Hardenbergs und (Fritz-Dietlof) Schulenburgs über die Generalfeldmarschälle ist vernichtend.«[73]
Ursula Kardorff wollte am 21. September 1943 wieder zurück nach Berlin, aber Hardenberg ließ sie nicht fort. »Ich müsse noch ein paar Tage abwarten. Er sagte es mit einer solchen Betonung, daß ich mich fügte. Ob etwas im Gange ist?«[74]

Halem und Römer

Kardorff führte am 15. August 1943 mit Hardenberg Gespräche über Nikolaus Christoph von Halem, einen leitenden Angestellten des Ballestremkonzerns. Hardenberg kannte Halem. Kardorff: »Wenn ich auf der Terrasse liege und vor mich hingrüble, taucht die Gestalt Halems oft vor mir auf. Die hohe Figur, das helle, von Schmissen zerfetzte Gesicht, in dem Witz, Klugheit und Genußfreude sich mischten. Er hatte etwas, was die Engländer mit ›overwhelming‹ bezeichnen. Seine katzenhafte Sicherheit ließ nie direkt für ihn fürchten, obwohl er von unbekümmertem Leichtsinn war, der die Ängstlicheren aus seiner Nähe forttrieb ... Nun sitzt er schon seit langem. Ich höre nichts mehr von ihm. Bekomme auch keine Briefe mehr ...«[75]

Bereits »Anfang Januar 1941 soll Nikolaus von Halem die Tötung Hitlers als ›einzige Lösung‹ bezeichnet haben«.[76] Halem entwickelte eigene Attentatspläne auf Hitler, wozu er Beppo Römer gewinnen wollte, der bislang mit der Uhrig-Gruppe zusammengearbeitet hatte. Seit der Jahreswende 1941/42 wirkte dieser nun mit der »Hammersteingruppe« zusammen, in der er insonderheit zu Halem und Mumm von Schwarzenstein, ehemaligem Legationsrat im Auswärtigen Amt, Kontakt suchte.[77] Steinbach bezeichnet es als mehr als wahrscheinlich, daß Halems Gruppe im Zusammenhang mit nationalsozialistischen Fahndungserfolgen gegen kommunistische Regimegegner um Robert Uhrig aufgeflogen war.[78]

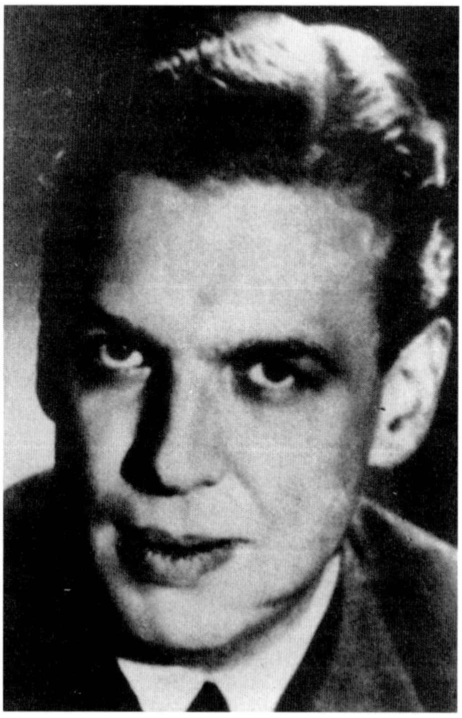

Nikolaus Christoph Graf von Halem

Spranger

Ende August bis Mitte September 1943 war Professor Eduard Spranger mit seiner Familie in Neuhardenberg. Hardenberg hatte Spranger im Potsdamer Infanterieregiment 9 kennengelernt. An den damals montäglich stattfindenden Herrenabenden waren gesellschaftliche und politische Probleme der Zeit diskutiert worden. Der damalige Divisionspfarrer erinnerte sich »des starken Nachhalls, den der Pädagoge Eduard Spranger« mit seinen Vorträgen hinterlassen hatte. »Er verstand es in überzeugender Weise, die Grundpositionen seiner Philosophie: ›Spekulieren um des Handelns willen‹ mit der anderen Notwendigkeit zu verbinden, daß ›alles Denken sich eine Kontrolle durch die Tatsachen gefallen lassen muß‹. Dieser Ansatz des Philosophen und Pädagogen hatte auf die jungen Offiziere faszinierend wirken müssen. Die von Spranger geforderte wechselseitige Befruchtung durch Theorie und Praxis traf genau die Lage der jungen Kompaniechefs und Zugführer, die anderen jungen Menschen Sinn und Geist ihres Soldatseins nahebringen sollten. Spranger meinte, nur in einem lebendigen strengen Umgang mit der Theorie entstehe ein Kulturbewußtsein, in dem sich die sich kreuzenden Strömungen geklärt und geordnet einander befruchteten. So strahlte der Kern der Religion in alle Schichten des ›leidenschaftlich umfassenden, tätigen heutigen Soldatenlebens‹ aus.«[79]

Bock

Am 6. September 1943 besuchte Bock Neuhardenberg, ein »Feldmarschall in Ungnade ... Im Profil sieht er gut aus, hat freilich den typischen, schmalen, verklemmten Mund des höheren Offiziers. Betont höfliche Manieren, eitel, verschlossen, glatt und nur für militärische Unterhaltungen zugänglich. Lebt auf, wenn die Rede auf Frankreich kommt. Merkwürdigerweise hat er keinerlei Bitterkeit gegen Hitler, der ihn doch verabschiedet hat. Erzählte hochgeschmeichelt, wie Hitler ihn am Krankenbett besuchte. Wirkt ein bißchen wie ein Fisch, der sich auf dem Trockenen abzappelt. Nervös, unruhig, magenleidend ... Hardenberg versucht, ihn für seine Ideen zu gewinnen. Ob er Erfolg hat?«[80]
Hardenberg »hat als Adjutant Feldmarschall Bocks in Rußland grauenhafte Dinge gehört und gesehen. So grauenhaft, daß er zu allem entschlossen ist. Macht kein Hehl daraus.«[81]

Ursula von Kardorff zog ein Resümee aus dem Vergleich von Spranger und Bock: »Der Professor mit seiner fast gravitätisch zu nennenden, altmodischen Höflichkeit wirkt wie ein Professor aus den Zeiten der Gebrüder Grimm. Merkwürdig, wie unnütz mir (Kardorff – d. A.) andere Gespräche erscheinen, wenn ich mich eine Weile mit ihm unterhalten habe ... Spranger mit dem breitrandigen Hut, im dunklen Anzug, ein Mäntelchen über dem Arm, durch die Koppeln wandelnd, entspricht ganz dem Bild eines deutschen Gelehrten. Wenn er den

Zwicker abnimmt, fällt auf, wie kritisch seine Augen blicken können. Aber erst wenn er zu sprechen beginnt, mit Ironie, in wohlüberlegten Worten, wird sein hoher geistiger Rang spürbar. Neben ihm wirkt der Feldmarschall (Bock – d. A.), obwohl doch auch eine Kapazität in seinem Fach, wie ein Gardeleutnant, und bei den Mahlzeiten beschwört seine Haltung immer die schnarrende Kasinoatmosphäre herauf.«[82]

Der Krieg forderte währenddessen seinen Tribut. Die Verluste an Menschen und Material steigerten sich. Die Versorgung hatte schon vorher nicht mehr gereicht. Jetzt wurde die Lage so aussichtslos, daß auch der Nachschub aus dem besetzten oder befreundeten Ausland die Engpässe nicht mehr überbrücken konnte. Selbst privilegierte Schichten bekamen das nun zu spüren. Hardenbergs Versorgungsforderungen an Werkmeister konnten nicht mehr erfüllt werden. »Für derartige Ausgaben reicht leider der nun sehr geschmolzene Fonds Hardenbergs (gemeint ist eine Geldsumme für Hardenbergs Vorgesetzten Bock – d. A.) nicht mehr aus. Aber Zigaretten will ich Ihnen hin und wieder senden«, schrieb Werkmeister an Bock.[83]

Am 10. Juli 1944 kam es zu einer letzten Begegnung zwischen Hardenberg und Bock. Hardenberg fuhr dazu nach Grodtken bei Heinrichsdorf (Ostpreußen), wo sein Vorgesetzter ansässig war. Ich »hatte ihm mitgeteilt, daß in allernächster Zeit gegen dieses System gehandelt würde. Er kenne meine Auffassung. Ich müsse ihm mitteilen, daß ich beteiligt sein würde. Seine, des Feldmarschalls Person, sei natürlich in keiner Weise belastet. Dieses Bekenntnis war ich ihm schuldig, hatte er mir doch, obwohl in keiner Weise meiner Auffassung, stets gestattet, meine Auffassung unumwunden zu äußern. Ja, ich hatte oft das Gefühl, daß er eine gegnerische Auffassung direkt suchte, ohne sich allerdings selbst dazu durchringen zu können.«[84]

Hassell

Hardenberg empfing am 6. September 1943 Generalfeldmarschall von Bock in Neuhardenberg und am 11. September Ulrich von Hassell, zwangspensioniert, zuletzt davor Botschafter in Rom, der später im Zusammenhang mit den Ereignissen des 20. Juli 1944 zum Tode verurteilt und viehisch hingerichtet werden sollte. Hardenberg charakterisierte seinen Vorgesetzten Bock Hassell gegenüber. Hassell vertraute danach seinem Tagebuch an: »Die Labilität der Menschen ist schon erstaunlich, vor allem die der immer fröhlich weiter … kommiß-militärisch und ›gehorsamst‹ denkenden Generale. Wir verbrachten … das letzte Wochenende in Neuhardenberg. Beide Hardenbergs gefielen uns gut …, sie durch den Ernst, mit dem sie an die Fragen des evangelischen Christentums, auch praktisch durch Laiengottesdienste, herangeht. Dagegen war das, was Hardenberg von seinem militärischen Herrn, Bock, erzählte, um so trüber: politisch völlig urteilslos im eben angedeuteten Sinne.«[85]

Ulrich von Hassell war erneut am 27. Dezember 1943 in Neuhardenberg. »Ein langes befriedigendes Gespräch hatte ich mit Sofies Neffen (Schwerin) (gemeint ist Ulrich Graf Schwerin von Schwanenfeld – d. A.), der mir wieder gut gefiel und offenbar sehr aktiv ist, zusammen mit F. Cast. Scuola (Fritz Dietlof Schulenburg), Montecluso (Hardenberg) und anderen.«[86] Diese Tagebuchnotiz enthüllt die Tarnnamen der Verschwörer und verdeutlicht, daß zu diesem Zeitpunkt die künftig handelnden Verschwörer umfangreiche Diskussionen über ihre künftigen Absichten führten. Weitere Gespräche fanden u. a. am 13. Februar 1944 in Neuhardenberg statt zwischen Hardenberg, Stauffenberg, Haeften und Fritzi Schulenburg. Außer Hardenberg wurden alle Teilnehmer dieser zwei Treffen nach dem 20. Juli 1944 hingerichtet.

Waldersee

Am 5. September 1943 hatte Hardenberg Besuch von Alfred Graf Waldersee in Neuhardenberg. Verwundet, war es Waldersee gelungen, Stalingrad zu verlassen. Er berichtete Hardenberg über die dortige Lage, verbunden mit seinen Erlebnissen und hob hervor, »daß Generaloberst Strecker Anti-Nazi gewesen sei, die Leutnants hätten an seinem Tisch ganz unverfrorene Dinge ausgesprochen. Seine letzten Funksprüche«, so schrieb Kardorff, »sind also an Goebbels' Schreibtisch entstanden und nicht in Stalingrad.«[87] Diese Gespräche machten Hardenberg den Widerspruch zwischen Kriegsrealität und Goebbels-Propaganda anschaulicher denn je. Kardorff hatte am 25. Oktober und am 6. November weitere Begegnungen mit Waldersee; an letzterer nahm Professor Sauerbruch teil. Waldersee »ließ seinem Zorn über die Feldmarschälle freien Lauf« und unterhielt sich lange Zeit mit Klaus Kardorff, der Offizier war. »Sie brauchen zuverlässige Offiziere. Wofür?«[88]

F.-D. Schulenburg

Karl von Oppen hatte Schulenburg schon frühzeitig kennengelernt. Beide hatten 1924 gemeinsam ein Mietzimmer in Göttingen bewohnt, als Schulenburg dort studiert hatte. Oppen konnte ihm aufgrund seiner Qualifikation Hilfe gewähren. Seitdem besuchte Schulenburg seinen Freund Oppen in Altfriedland hin und wieder, so etwa gemeinsam mit seiner Familie am 21. September 1938. Seit Herbst 1943 war Schulenburg wegen der Bombenangriffe auf Berlin und aus Konspirationsgründen des öfteren in Altfriedland.
Auch Schulenburg hatte sich nach seinem Frontdienst »mit aller Intensität den Vorbereitungen für den Sturz Hitlers gewidmet«, berichtete Karl von Oppen. »Bei seinem letzten Besuch in Friedland (Altfriedland) im Juni 1944 sagte er mir (Fritzi Schulenburg zu K. von Oppen), daß jetzt alle Vorbereitungen getroffen seien; Hitler werde umgebracht werden.«[89]

Die Entschlossenheit Schulenburgs wurde ohne Zweifel noch verstärkt, hatte er doch etwa drei Monate zuvor an einer Verhandlung des Volksgerichtshofes in Potsdam teilnehmen müssen. Von Anfang an hatte er gespürt, daß »das Todesurteil, das am Schluß gefällt wurde, bereits vor der Verhandlung festgelegt war. Die Wiederherstellung des Rechts – das ist die wichtigste Aufgabe einer neuen Verfassung, gleichgültig, welcher Richtung. Fritzi war deprimiert, nichts scheint recht vorwärtszugehen«, notierte Ursula Kardorff.[90]
Sie hatte Fritz-Dietlof Graf von der Schulenburg am 18. September 1943 in Neuhardenberg kennengelernt. 1931 war er in die NSDAP eingetreten, doch jetzt »ist aus dem Parteimann ein glühender Gegner geworden, der mit der ganzen Schärfe seines ungewöhnlich wachen Verstandes den ehemaligen Führern Feindschaft geschworen hat... Er ist nicht schön, mittelgroß, hat etwas abstehende Ohren, ziemlich kurze Haare, eine Nase, die wohl mit einem Höcker erdacht, dann ein wenig schief weitergewachsen ist. Viele Schmisse in der unteren Gesichtshälfte. Am Kinn ein Zug von Energie, der Furcht einflößen könnte, wären nicht die Augen, durchsichtig helle Augen, die dauernd den Ausdruck wechseln, manchmal raubvogelartig blicken, manchmal in Selbstironie funkeln. Man kann den Mund verstellen, aber nicht den Blick. Wenn Fritzi lacht, fährt dieses Lachen wie mit dem Scheibenwischer über sein Gesicht. Es ist sofort wieder weg. Ich geriet gleich in seinen Bann. Er strahlt einen Optimismus aus, der unwiderstehlich ist.«[91] Sein Regimentskamerad Ewald Heinrich von Kleist sagte von ihm, er habe ein glühendes Herz, aber sei eiskalt in der Aktion.[91a]

Otto von Albedyll

Gutshaus Klessin

Suche nach weiteren Mitverschwörern

Hardenberg suchte Gesprächskontakte mit potentiellen Verschwörern. Am 13./14. März 1943 kam es zu einer Begegnung mit Ludwig Freiherrn von Hammerstein. »Mittags im übervollen Zug nach Hardenberg gefahren. Dort waren alle Kinder zu Hause, dazu Plettenberg. Mit Hardenberg und Plettenberg über die Lage und Möglichkeiten gesprochen. Sehr ordentliches Urteil.«[92] Am 4. Juli darauf ist sein Bruder Kunrat Freiherr von Hammerstein in Neuhardenberg.
Hardenberg nutzte seine Kontakte zu Gutbesitzern des Kreises Lebus. Da zu Marwitz engste freundschaftliche Beziehungen bestanden, ist es wahrscheinlich, daß Hardenberg bemüht war, seinen Freund für die Widerstandsbewegung zu gewinnen. Dies aber widersprach offensichtlich dessen Gesinnung. Lediglich, daß es mit dem Gutsbesitzer Otto von Albedyll (1887–1957) aus Klessin »zu einer geheimen Besprechung gegen Hitler kam«, welche die Frau des Klessiner Gutsgärtners Richard Stephan bezeugen konnte, ist belegt.[93]
Hardenberg war bemüht, eine soziale Vielschichtigkeit des aufzubauenden Verschwörerkreises zu erreichen. Als Kardorff Anfang März 1944 zu Hardenberg sagte, daß sie »einen neuen Mann für ihn« habe, fragte Hardenberg sogleich: »Ist es ein Graf?« Als sie bejahte, meinte er: »Dann geht es nicht, denn davon haben wir genug. Wir brauchen Arbeiter.«[94]
Schließlich hatte Hardenberg Anfang 1944 eine Begegnung mit Generaloberst Fromm. »Dabei hatte er gegenüber Fromm geäußert, daß die verantwortungsbewußten Menschen aller Stände ihre Blicke auf ihn richteten, und zwar in der Hoffnung, daß er, wenn die Stunde reif sei, handeln werde. Fromm hatte hierauf nichts erwidert. Er hatte weder zugestimmt noch abgelehnt.«[95]

G. S. Oppen

Am 8. Juli 1944 war Ludwig Hammerstein noch einmal in Neuhardenberg, gemeinsam mit Georg Sigismund von Oppen und Ewald von Kleist, jenen Offizieren, die am 20. Juli 1944 gemeinsam in Berlin ihren Anteil beim Staatsstreich leisten sollten.[96] Georg Sigismund von Oppen, damals einundzwanzigjährig, hatte sich nach dem Abitur 1941 freiwillig zur aktiven Offizierslaufbahn gemeldet. Ausgebildet worden war er beim Infanterieregiment 9 in Potsdam. »Nach Fronteinsätzen am Wolchow, bei Leningrad und bei Newel wurde ich im Dezember 1943 verwundet und gehörte ab März 1944 zum Ersatz-Bataillon 9, wo ich ambulant nachbehandelt wurde. Während dieser Zeit erneuerte ich meine Verbindung mit Freunden und anderen Männern, die eine politische Änderung in Deutschland herbeiführen wollten. Insbesondere drei von ihnen muß ich hier erwähnen: Ewald Heinrich von Kleist, Werner von Haeften und Fritz Graf von der Schulenburg. Alle drei hatte ich in meinem Elternhaus oder in dessen Umfeld kennengelernt.
Sicherlich waren die Überlegungen und die Gründe, die die Teilnehmer des 20. Juli zu dem Entschluß eines Umsturzes gebracht haben, unterschiedlich. Ein

Ziel war jedoch vorrangig und gleich: die Beseitigung eines Systems, das die politische Existenz der Nation in Gefahr gebracht, die in Deutschland sehr ausgeprägten rechtsstaatlichen Vorstellungen weitgehend außer Kraft gesetzt und mit einer unmenschlichen Brutalität die Durchsetzung von Zielen angestrebt hatte, die nicht mehr den allgemein gültigen moralischen Prinzipien und dem Wohl unseres Vaterlandes entsprachen. Für mich stand bei der Mitwirkung an dem Umsturzversuch die Beseitigung der NS-Führungsspitze im Vordergrund, für eine politische Lösung des Krieges, für die Erhaltung des Reiches und einen staatlichen Neuaufbau.«[97]

Vorgesehene Ernennungen

Nach langwierigen Verhandlungen der Verschwörer war weitgehende Übereinstimmung über die Zusammensetzung einer künftigen Regierung nach dem geplanten Sturz Hitlers erzielt worden. Aus Hardenbergs Freundes- und Bekanntenkreis waren vorgesehen:

Generaloberst Ludwig Beck	Staatschef
Carl Goerdeler	Kanzler
Ulrich von Hassell oder F. D. Graf von der Schulenburg	Außenminister
General der Infanterie Friedrich Olbricht	Kriegsminister
Oberst i. G. Claus Graf Schenk von Stauffenberg	Staatssekretär des Kriegsministers
Generalfeldmarschall Erwin von Witzleben	Oberbefehlshaber der Streitkräfte
Generaloberst Erich Hoepner	Oberbefehlshaber des Heeres
Oberleutnant d. R. Fritz-Dietlof Graf von der Schulenburg	Staatssekretär im Innenministerium
Oberstleutnant d. R. Carl-Hans Graf von Hardenberg	Oberpräsident von Berlin und der Provinz Brandenburg
Generalmajor Henning von Tresckow	Chef der Polizei

Außer dieser Liste wurde auch eine Liste mit den Namen der politischen Beauftragten und Verbindungsoffiziere für alle Wehrkreise zusammengestellt, die nach dem Umsturz in den einzelnen Landesteilen die Staatsgewalt ausüben sollten. Danach sollte werden:

Oberleutnant Heinrich Graf von Lehndorff	Verbindungsoffizier des Wehrkreises I (Königsberg)

Vorabend

Da der konkrete Zeitpunkt des Attentats von zahlreichen Zufälligkeiten und Umständen abhing, mußten die Verschwörer ständig bereit sein, ihre Aufgaben zu erfüllen. So Hardenberg am 15. Juli 1944. Immer wieder umsonst. Nervenaufreibend! Doch am 19. Juli erhielt Hardenberg durch einen Geheimcode die Mitteilung, daß der nächste Tag für das Attentat festgesetzt sei.[98]

Den sogenannten Kaltenbrunner-Berichten ist zu entnehmen: »Am 19.7. 44 war Jäger in Berlin. Da aber immerhin ein Angriff auf Berlin hätte erfolgen können, verließ er am 19.7. gegen 19.00 Uhr abends mit dem Wagen die Stadt und fuhr nach Frankfurt/Oder, wobei er nicht versäumte, wieder in Hardenberg Station zu machen«.[99]

Schulenburg unterrichtete am 19. Juli abends den Oberleutnant von Gottberg, Adjutant des Ersatz-Bataillons 9 in Potsdam, davon, daß der 20. Juli der unwiderrufliche Termin des Attentats sei. Leutnant Georg-Sigismund von Oppen fuhr Schulenburg dann zu Stauffenberg.[100]

Der Tag des Attentats

Am 20. Juli 1944, dem Tag des Attentats, verabschiedete sich Hardenberg gegen sieben Uhr früh von seiner Familie. »Der Abschied von zu Hause unterschied sich in nichts von all den früheren. Meine Familie, seit Monaten an die Spannungen und Aufregungen gewöhnt, zeigte eine Haltung, deren ich immer dankbar gedenken werde und die mich mit großer Kraft erfüllte.«[101] Hardenberg fuhr nach Berlin zu seiner Wohnung am Pariser Platz 3. Früher hatten sich hier die Klubräume der Casino-Gesellschaft befunden, nur ein paar Minuten vom Auswärtigen Amt und der Reichskanzlei.

Dort traf er Ursula von Kardorff, zu der er sagte, daß er einige Tage im Hause wohnen werde. Mit Kardorff ging er frühstücken, wo beide im »Restaurant einen Kollegen (Max Claus – d. A.) aus der DAZ (Deutsche Allgemeine Zeitung) aus Lissabon (trafen). Er und Hardenberg unterhielten sich über die möglichen Friedensbedingungen. Für beide war es überhaupt keine Frage mehr, daß der Krieg schon lange verloren sei. Von Hardenberg geht der gleiche Optimismus aus wie von Fritzi.«[102]

Dann fuhr er zur Bendlerstraße, dem Sitz des Befehlshabers des Ersatzheeres. »In Berlin war der engere Stab versammelt.«[103] Dort warteten auch Hauptmann Dr. Hans Karl Fritzsche, Leutnant Ewald Heinrich von Kleist, Oberleutnant Ludwig Freiherr von Hammerstein und Leutnant Georg-Sigismund von Oppen, die auch mit F. D. von der Schulenburg eng verbunden waren. Sie alle hatten sich als Ordonnanzoffiziere, mit wichtigen Aufgaben betraut, zur Verfügung gestellt.[104] Alle diese Offiziere kamen aus dem Potsdamer Infanterie-Regiment 9. Die Situation dieser Gruppe an diesem Morgen beschrieb Fritzsche wie folgt:[105]

»Am Morgen des 20. Juli 1944 kam ein Anruf aus der Bendlerstraße, Kleist, Hammerstein, Oppen und ich sollten uns im Hotel ›Esplanade‹, nahe dem Berliner Tiergarten, bereithalten. Für mich persönlich war das gegen den Plan, sollte ich doch den Stab der Potsdamer Walküre-Division übernehmen, wovon die Kameraden ja nichts wußten und weisungsgemäß auch nichts wissen sollten. Mein Infanterieinstinkt witterte Unheil, weil ich den Befehl ›Walküre‹ nicht übermittelt bekam. Kleist und Hammerstein redeten auf mich ein, und ich dachte mir, daß es doch richtig sei mitzufahren, um die entscheidenden Informationen zu erhalten. Mit einem Wagen hätte ich ja relativ schnell wieder in Potsdam zurück sein können... Wir trafen also im Hotel ›Esplanade‹ ein und nahmen ein bescheidenes Essen. Wir sprachen kaum ein Wort...«

Nach fast unerträglichem Warten erhielt die sich noch im Hotel »Esplanade« aufhaltende Gruppe ein Telefonat von Klausing, der die Wartenden aufforderte, unverzüglich in die Bendlerstraße zu kommen. Noch ohne konkrete Aufträge war Hardenberg zum Büro des Generalfeldmarschalls von Bock in die Kaiserallee gefahren. Anschließend war er aber wieder zur Bendlerstraße zurückgekehrt und dort gegen zwölf Uhr eingetroffen. Nun wartete er gemeinsam mit den anderen Verschwörern auf das Eintreffen Stauffenbergs bzw. auf einen Fernspruch aus dem Hauptquartier Hitlers, doch es gab nichts. Wieder mußte Hardenberg weg, um einige andere Arbeiten in der Stadt zu erledigen.[106] Doch schon gegen eins erschien er wieder in der Bendlerstraße und traf dort F. D. Schulenburg. Hardenberg konnte noch nicht wissen, was etwa kurz vorher, gegen 12.30 Uhr, in der »Wolfsschanze« geschehen war.

Das Attentat

Darüber existiert eine bisher nicht veröffentlichte Darstellung Hitlers. Von einer Besprechung mit dem Reichsaußenminister am 14. August 1944 im Hauptquartier »Wolfsschanze« berichtete Kasche, der Deutsche Gesandte in Kroatien.[107]

»... Dann schilderte uns der Führer den Hergang des Attentats im einzelnen. Er habe an dem Tisch mit der Blickrichtung zu den Fenstern an der Stirnseite der Baracke gestanden. Neben ihm haben der Gen. Heusinger, dann Gen. Brandt sich befunden. Er selbst habe sich mit dem rechten Ellbogen auf den Tisch gestützt, in der rechten Hand Bleistifte zum Einzeichnen gehalten und mit der linken Hand eine Lupe zum Kartenlesen. Es sei die Ostlage besprochen worden. Die Explosion sei unmittelbar rechts zu Füßen des Gen. Brandt erfolgt, der seinen Verletzungen später erlag. Brandt sei Mitwisser der Attentatsvorbereitungen, von den letzten Maßnahmen wohl aber nicht unterrichtet gewesen. Im Augenblick der Detonation habe er (Hitler) gedacht: ›Nun werfen die Schweine mit Bomben auf uns.‹ Er habe dann überlegt, durch das Fenster den Weg nach außen zu suchen, davon aber Abstand genommen, weil er hätte annehmen müssen, die Baracke wäre umstellt. Er habe sich dann müh-

sam aus den Trümmern frei gemacht und zur rückwärts liegenden Tür begeben. Dabei habe er die Flammen an seinem Haar und an der verbrannten und zerissenen Hose gelöscht. Durch die Explosion, die in 3 Schlägen erfolgte, sei sein rechter Ellbogen geprellt worden, an Kopf und Bein habe er leichte Verletzungen erlitten. Später habe er festgestellt, daß ein großer Gegenstand ihm auf Kreuzbein und Steißknochen gefallen war, der die Bekleidung zerrissen und starke Prellungen hervorgerufen habe. Am Abend und während der nächsten Tage habe diese Verletzung besondere Schmerzen verursacht. Er habe wie ›ein Pavian‹ ausgesehen.
Hieran anschließend erörterte der Führer eine Reihe von Fragen der Zusammenhänge des Attentats... Aus einem Schreiben eines Offiziers habe er Andeutungen entnommen, daß gewisse Fäden aus den Attentäterkreisen zum ehemaligen Kronprinzen liefen.«

Oertzen

Major i. G. Hans-Ulrich von Oertzen, ein Vertrauensmann der Verschwörer, war ihnen von einer Heeresgruppe des Ostens zugeteilt worden, um die für den Umsturz bedeutsame generalstabsmäßige Arbeit im Generalkommando für Berlin-Brandenburg zu erledigen. In seinem Verantwortungsbereich lag die gesamte Vorbereitung und Organisation aller Aktivitäten des Generalkommandos III. Hardenberg, dessen zivile Tätigkeit erst nach dem Attentat und Umsturz hätte einsetzen können, war nachmittags, wegen Mangel an Beschäftigung für ihn in der Bendlerstraße mit dem Auftrag zum Generalkommando auf dem Hohenzollerndamm geschickt worden, sich dort davon zu überzeugen, daß alles vorschriftsmäßig verlaufe. Die Verhältnisse waren für Oertzen besonders schwierig gewesen, da auch der Chef des Generalstabs gewechselt hatte, so daß niemand dagewesen war, der Oertzen aus eigener Erfahrung heraus hätte unterstützen können. Als Hardenberg beim Generalkommando eintraf, wurde dort aber intensiv, jedoch ohne Hektik gearbeitet. Oertzen versicherte Hardenberg, daß er keine Hilfe benötige. Gegen 21.00 Uhr hatte Hardenberg das Generalkommando mit dem Hinweis verlassen, daß er erst am nächsten Morgen wiederkommen wolle.[108] Nach seiner Verhaftung noch am selben Tag nahm sich Oertzen mit zwei Gewehrsprenggranaten das Leben. Damit war Major i. G. Hans-Ulrich von Oertzen das erste Todesopfer der Männer des 20. Juli 1944.

Gewißheit des Mißlingens

Am Abend hatte sich Hardenberg noch einmal über den weiteren Verlauf in der Bendlerstraße informiert. Als er dort angekommen war, waren die zum Oberkommando der Wehrmacht und Oberkommando des Heeres gehörenden Gebäude, der sogenannte Bendler-Block, durch Wachposten abgeriegelt. Zutritt

erhielten nur diejenigen, die im Besitz eines entsprechenden Ausweises waren, über den Hardenberg verfügte.
Auch Schulenburg bestätigte, daß alles aus sei, weil Hitler noch lebe. Aber er fügte hinzu: »Wir müssen trotzdem weitermachen. Wir müssen diesen Kelch bis zur Neige leeren. Wir müssen uns opfern. Später wird man uns verstehen.«[109]

Gegen 9.00 Uhr früh am 20. Juli war auch Oberst Fritz Jäger von Frankfurt/Oder nach Berlin gefahren.[110] Ihm war die Verantwortung für die Besetzung des Propagandaministeriums übertragen worden. Die dazu erforderlichen und befohlenen Einheiten, zwei Stoßtrupps des Heeresstreifendienstes, Landeschützen und die Angehörigen der Feuerwerkerschule, hatte er vom Stadtkommandanten übernehmen sollen. Als jedoch bekannt wurde, daß Hitler noch lebe, lösten sich die Einheiten auf.[111] General Paul von Hase, Stadtkommandant von Berlin, war zu Goebbels gefahren, um dessen Aufmerksamkeit abzulenken und ihm zu versichern, daß nichts Unrechtes geschehe. Goebbels hatte ihn jedoch festnehmen lassen.
Als sich Graf Helldorf, der Polizeipräsident Berlins, ein anderer Mitverschwörer, auf dem Heimweg befand, sah er vor dem Hotel Eden Hardenberg auf und ab gehen. Helldorf ließ seinen Dienstwagen anhalten, um Hardenberg zu fragen, ob er ihn mitnehmen könne, was dieser mit der Bemerkung verneinte, daß er auf jemand warte. Darauf Helldorf: »Dieser Jemand, auf den er warte und der ihm eine Nachricht bringen solle, auf die er gleichfalls gewartet habe, werde heute nicht mehr kommen. Er könne getrost nach Hause gehen, der ›Festakt‹ sei vertagt.«[112]
Mit Dienstwagen war Hardenberg in seine Wohnung am Pariser Platz 3 gefahren. Als er im daneben gelegenen Hotel Adlon zu Abend aß, erhielt er ein Extrablatt der Deutschen Allgemeinen Zeitung mit dem Bericht über das Attentat. Dieses Blatt war mit einem schwarzen Rand umgeben. Die Gäste von den Nachbartischen stürzten von ihren Plätzen und baten, einsehen zu dürfen, verbreiteten sich doch mehr und mehr die Gerüchte über einen Staatsstreich.

Eugen Gerstenmaier, der dritte Bundestagspräsident, berichtete 1981, auch

> »Jahre später war Graf Hardenberg, der ehemalige Besitzer von Neuhardenberg, einer unserer Mitverschwörer, noch immer nicht damit zufrieden, daß wir an jenem Abend (20. Juli 1944 – d. A.) unser Leben nicht so teuer wie möglich verkauften. Als ich hörte, daß wir nicht erschossen, sondern gehängt werden sollten, war ich der gleichen Meinung.«[113]

»In der darauffolgenden Zeit wurden insgesamt rund siebentausend Verhaftungen vorgenommen und nicht ganz fünftausend Menschen hingerichtet, soweit sie sich nicht selbst das Leben nahmen. Unter ihnen befanden sich fast alle Mitverschworenen, darunter auch nahezu alle Mitglieder der durch die Gruppe für den Übergang in Aussicht genommenen Reichsregierung. … Eine eigene Sonderkommission ›20. Juli‹ war eingesetzt worden, in der vierhundert Beamte in elf Abteilungen arbeiteten. Neben der grauenhaften und massenweisen Verfolgung aller Beteiligten und Verdächtigen stehen die ausführlichen Berichte der Sonderkommission, in denen über die Motive, Zusammensetzung und die konkreten Pläne der Verschwörer weit mehr zutage trat als durch irgendeine andere Erkenntnisquelle … Was vom 20. Juli 1944 fortwirkt, sind nicht historische Zusammenhänge oder politische Berechnungen bei den Verschwörern, sondern ihr Charakter, ihr Gewissen und ihre Tat. … Aus allen Landschaften waren sie zusammengekommen, aus allen Schichten der Bevölkerung, aus allen Traditionen. Es hatte tiefe politische Gräben unter ihnen gegeben. Aber sie hatten erkannt, wie unwichtig dies gegenüber ihren gemeinsamen und nun lebensgefährlich bedrohten Überzeugungen der Humanität geworden war.«[IV]

Richard von Weizsäcker, 1964

VII Verfolgung – das NS-Regime im Untergang

Plettenberg

Am 21. Juli, etwa »um halb acht kam in Berlin Carl-Hans Graf Hardenberg... aus seiner Stadtwohnung am Pariser Platz durch den Tiergarten in die Bendlerstraße, wo er am Vortag dreimal kurz gewesen war.«[1] Über seine unfreiwillige Untätigkeit am 20. Juli war er sehr unglücklich gewesen. Jetzt, am 21. Juli frühmorgens, wollte er letzte Zweifel am Mißlingen beseitigen und seinen Handkoffer samt Namensschild und Adresse holen, den er am Vortag beim Portier des alten OKH, Bendlerstraße 14, abgegeben hatte. Mit dem Koffer fuhr er per Bus oder U-Bahn zu seinem Adjutantenbüro auf der Kaiserallee und schrieb einen letzten Brief an seine Frau, denn er wollte sich erschießen, wie er es mit seinem Freund Kurt Plettenberg 1943 verabredet hatte, um der Folter zu entgehen, bei der eine Preisgabe anderer nicht auszuschließen war.

Kurt Freiherr von Plettenberg
Hofkammerpräsident, Oberlandforstmeister a. D.,
IIa im Stab des 23. Infanterie-Regiments

Grabstein auf dem Friedhof Bornstedt

Marion Gräfin Dönhoff erinnerte sich im März 1985 an Kurt Plettenberg:[2]

»Der Klang dieses Namens ist wie ein Anruf aus fernen Zeiten – die Erinnerung an ein anderes Leben. Ich sah ihn zum letzten Mal etwa eine Woche nach dem 20. Juli 1944, als ich von Ostpreußen nach Berlin gekommen war, um festzustellen, wer von den Freunden noch frei sei. Wir gingen zusammen in Potsdam durch den Park von Cäcilienhof und tauschten unsere spärlichen Informationen und vielfältigen Sorgen aus.

Aber die Erinnerung an ihn geht viel weiter zurück in meine Kindheit. Kurt Freiherr von Plettenberg kam zu uns nach Friedrichstein in Ostpreußen zwischen den beiden Weltkriegen – es muß 1923 oder 24 gewesen sein – um als Forstmeister die Verwaltung der zum Besitz gehörigen Forsten zu übernehmen. Er war damals Anfang oder Mitte 30.«

Marion Dönhoff berichtete, wie sehr er von allen – Kinder und Waldarbeiter eingeschlossen – geliebt und geachtet worden sei.

»Jahre später, als er dann in Berlin war, erst als Oberlandforstmeister in der staatlichen Verwaltung und dann zuletzt als Kammerpräsident der Hohenzollernschen Verwaltung, war Kurdel, wie viele seiner Freunde ihn nannten, im Kreise derer, die zum aktiven Widerstand gehörten, genauso geachtet und auch ebenso geliebt – wegen seiner Verläßlichkeit, Unbestechlichkeit und Verschwiegenheit. Er leistete sich den Luxus, die eigenen Maßstäbe unbekümmert beizubehalten und die Welt der Braunen, die er verachtete, wo immer dies möglich war, zu boykottieren.

Als Kammerpräsident residierte er im sogenannten Niederländischen Palais Unter den Linden gegenüber der Wache, neben dem Zeughaus. Als ich ihn dort eines Tages besuchte, war er gerade von einer Hochwildjagd zurückgekommen, die Fernrohrbüchse lag noch auf dem Tisch. ›Schau mal‹, sagte er, nahm die Waffe in die Hand, ohne sie anzulegen und zeigte auf die Wache, in der sich das Grabmal des unbekannten Soldaten befand, ›wenn *er* dort seinen Auftritt hat, könnte ich ihn leicht umlegen.‹

Aber Hitler umlegen, einen Mord begehen, das wäre gegen seine Natur gewesen. Während er nicht zögerte, sich das eigene Leben zu nehmen, als er gezwungen werden sollte, die ihm bekannten Mitglieder der Verschwörung zu nennen. Er hatte sich geweigert, bekam 24 Stunden Bedenkzeit und wußte genau, was danach kommen würde: die Folter.

Schlabrendorff, einer der wenigen Überlebenden, der ihn an jenem Morgen als Letzter im Gefängnis der Prinz-Albrecht-Kaserne einen Moment hatte sprechen können, schreibt: Er schilderte mir seine Situation und sagte mit einem Lächeln auf den Lippen: ›Ich werde mir selbst das Leben nehmen, ehe ich einen Namen nenne.‹ Als er dann um die Mittagszeit in das im vierten Stock gelegene Vernehmungszimmer hinaufgeführt wurde, versetzte er dem vernehmenden Beamten einen Kinnhaken und sprang mit einem Satz aus dem Fenster. Eine Sekunde später lag er zerschmettert auf dem Pflaster des Gefängnishofes. So endete das Leben dieses edlen, furchtlosen Menschen.«

Axel von dem Bussche schilderte Plettenberg im April 1985:[3]

»Wann Plettenberg begonnen hat, an praktische Gewaltanwendung zu denken, kann ich nicht sagen. Daß er schon in der Sudetenkrise, die zur Münchner Vereinbarung führte, über Pläne des Generals Hoepner informiert war, ist sicher…

Plettenberg war 50 Jahre alt, als er Regimentsführer im Osten wurde. Er hat es dann … mit der Selbstbeschränkung der Tapferkeit nicht allzu ernst genommen. Hier soll nur erwähnt sein, daß Plettenberg das Deutsche Kreuz in Gold bekam. Das war ein neuer Orden. Er setzte voraus, daß man nachweislich fünfmal die Bedingungen für das Eiserne Kreuz der ersten Klasse – und das getrennt voneinander – erfüllt hatte.

Als ich ihm früh im Kriege von einem Buch von Percy Reck-Malleczewen erzählte: ›Bockelson, Geschichte eines Massenwahnes‹, freute sich Plettenberg über den Begriff des Massenwahnes. Er fülle ein Vakuum der Begriffe aus. Das sei es: Massenwahn. Und wir waren alle verstrickt. Es werde unmöglich sein, den Wahn eines Tages abzustreifen. Das werde Generationen dauern…

Später, Plettenberg war schon wieder zurück in Berlin, erzählte ich ihm über das System der Ausrottung von Minderheiten in der Ukraine. Prüfend stellte er die Frage, wieviele Menschen denn nach unserem Eindruck, die wir die erste ›Aktion‹ erlebt hatten, im äußersten Falle umgebracht worden seien. Wir waren zu dem Ergebnis gekommen, um mehr als eine Million Menschen

Axel von dem Bussche

könne es sich auch bei düstersten Schätzungen nicht handeln. Er widersprach und sagte voraus, bei Kriegsende würden wohl im Schutze der deutschen Waffen ebensoviel wehrlos Ermordete zu beklagen sein wie Gefallene der deutschen Streitkräfte an allen Fronten. Er erwartete, daß neue, chemische Verfahren das vor dem Kriege auf 20 Millionen geschätzte jüdische Volk mindestens um ein Viertel vermindern würden. Er hielt es nicht für möglich, daß ein oder alle Sieger gemeinsam ein Viertel des deutschen Volkes umbringen würden...
Nach diesem Gespräch führte Plettenberg mich an das Fenster seines Büros. Schräg gegenüber stand das Denkmal des unbekannten Soldaten in der ›Wache‹. Ich berichte dies, weil Marion Dönhoff eine fast identische Szene beschrieben hat:
Plettenberg sagte ganz ruhig, er könne bei der jährlichen Kranzniederlegung durch das Staatsoberhaupt das Erforderliche, weil Notwendige tun. Er könne den Staatschef erschießen.
Nun glaube ich nicht, daß er dazu nicht der Mann war. Die Dinge waren... viel verwickelter. Es handelte sich... um ein Tabu... Die kaum lösbare, lähmende Wirkung dessen, was hier als Tabu bezeichnet wurde, ist aber nur eines der Dilemmen, denen sich Kurt Plettenberg ausgesetzt fand. Ein anderes... war die Frage des Zeitpunktes. ›Wie‹, so konnte er fast grüblerisch fragen, ›können‹ wir jemals wieder über uns selbst bestimmen, wenn wir uns nicht selbst, von innen heraus, von dieser Geißel befreit haben – ohne Rücksicht auf politische oder strategische Opportunität?‹ Ist Alleingang, wenn technisch möglich – und ganz abgesehen von der Reife der öffentlichen Meinung – vertretbar? Ist Alleingang mit welch Folgen auch immer notwendig?
Die Massenausrottung zu beenden war die erste und wichtigste Priorität. Sie war auch seine Präferenz. Natürlich wäre die Zusammenstellung einer wie immer lebensfähigen Regierung die zweite Priorität – auch wenn diese Regierung von den Siegern (zunächst einmal) beiseite gefegt würde. Aber konnte beides auf einmal gelingen?
Plettenberg wußte, daß ›der Baum der Freiheit von Zeit zu Zeit mit ein wenig Blut begossen werden muß‹. (Thomas Jefferson)
Mein letzter Abend mit Kurt Plettenberg in seiner wohl nur vorübergehend bezogenen Bleibe in Potsdam. Es war kurz vor Jahresende 1944. Er hatte noch überlebt, mußte aber jeden Tag mit der Festnahme rechnen, denn Notizzettel über eine Verabredung mit Claus Stauffenberg waren verschwunden.
Ich habe ihn niemals laut, ausfallend oder ›unangenehm‹ erlebt. Er fand Viele und Vieles lustig, Weniges komisch: ein großer Unterschied.
Über seinen Tod wissen Sie Alles.
Plettenberg, einst vor dem ersten Weltkrieg Boxmeister seiner Gewichtsklasse des deutschen Heeres, hat auf dem Wege zum ersten hochnotpeinlichen Verhör seine zwei Wächter, wenn ich richtig informiert wurde, niedergeschlagen und sich dann, aus dem vierten Stock des Reichssicherheitshauptamtes springend, das Leben genommen. Er ist an der ›dritten Front‹ für Freunde, die er unter der Folter nicht preisgeben wollte, gefallen.«

Hardenberg – In Erwartung der Verhaftung

Als Hardenberg am 21. Juli 1944 seinen Abschiedsbrief schloß, bewegte ihn, wie er später aufschrieb, die Frage: »Was werden die Menschen sagen? Werden sie meine Frau und Kinder kränken? Im Angesicht des Todes verloren selbst diese Fragen ihre Bedeutung. Nur das Urteil zweier Menschen war mir nicht gleichgültig: was sagt dein alter Kommandeur aus dem Weltkrieg,[4] dem ich neben dem Elternhaus alles zu verdanken hatte, und was wird einst dein eigener Junge sagen?«[5] Da kam der Stabsfeldwebel herein und meldete, daß der Major Graf Lynar, Adjutant des Feldmarschalls von Witzleben, am Telefon sei. Hardenberg ging an den Apparat und erfuhr, daß Witzleben und er in Seese im Kreise Calau auf dem Besitz Lynars seien, wohin sie gestern nacht gefahren wären. Also hatten sie die Bendlerstraße noch verlassen, bevor dort Stauffenberg und die anderen erschossen worden waren.[6]

Ludwig Freiherr von Hammerstein-Equord hatte ebenfalls den »Bendler-Block« unbemerkt verlassen können, da er über Ortskenntnisse verfügte. Sein Vater, Kurt Freiherr von Hammerstein-Equord, hatte dort eine Dienstwohnung gehabt.

Hardenberg erinnerte sich im Dezember 1945 an das Telefonat mit Lynar[7]: »Das Gespräch hatte mir gezeigt, daß die Gestapo bisher keine Schritte unternommen hatte. Ich beschloß daher, nach Neuhardenberg zu fahren und das Weitere abzuwarten. Gleich darauf rief der Feldmarschall von Bock aus Ostpreußen an und beschwerte sich bei mir in den kräftigsten Ausdrücken, daß ihm durch den Wehrkreiskommandeur in Ostpreußen auf Befehl Keitels verboten worden sei, seinen Wohnsitz zu verlassen. Das Gespräch ist bestimmt abgehört worden und war auch darauf berechnet.«

Hardenberg fuhr also am 21. Juli mittags unangefochten nach Neuhardenberg, wo ihn seine Töchter Lalla und Wonte vom Bahnhof in Trebnitz abholten. Er mußte der armen Wonte bestätigen, daß Werner von Haeften, mit dem sie (noch nicht öffentlich) verlobt war, auf dem Hof des Bendlerblocks erschossen worden war.[8]

»Margarethe Oven, früher Sekretärin der Generale Hammerstein und Fritsch, die später für Stauffenberg und Tresckow geschrieben hatte, unterbrach an diesem Samstag ihre Fahrt nach Wartenberg-Neumark kurz in Neuhardenberg. ›Sie brachte Nachricht vom Tode Hennings von Tresckow und hatte die Aufgabe, es seiner Frau zu sagen.‹«[9] Diese Aufzeichnung von Hardenbergs Frau aus dem Jahre 1946 stimmt nicht überein mit den Erinnerungen von Margarethe Gräfin von Hardenberg (Margarethe von Oven; sie hatte Hardenbergs Bruder Wilfried im Jahre 1955 geheiratet – d. A.) aus den Jahren 1990/91[10]:

»In der Nacht (vom 21. zum 22. Juli 1944 – d. A.) ruft mich Berndt von Kleist vom Stab der Heeresgruppe Mitte an, um mir mitzuteilen: ›Tresckow ist gefallen. Fahren Sie bitte nach Neuhardenberg und besprechen Sie dort, wer seiner Frau die Nachricht überbringen soll, Sie oder Hardenberg, das überlasse ich Ihnen. Nehmen Sie sich den Dienstwagen.‹ Da bin ich am 22. Juli morgens raus-

gefahren nach Neuhardenberg, habe mich mit meinem späteren Schwager besprochen – damit keiner mithören konnte, gingen wir im Park spazieren – und Hardenberg hat mir genau erzählt, was in der Bendlerstraße am 20. losgewesen war. Er bat mich, ich solle Frau von Tresckow die Nachricht überbringen.«
Offensichtlich hatte Hardenberg seiner Frau von diesem Gespräch nichts berichtet. Sie schrieb weiter: »Die offizielle Nachricht lautete, er wäre in vorderster Linie im Osten gefallen. – Wie sehr hat Hanni (Carl-Hans) ihn beneidet, daß er sich auf diese Weise den Tod hat geben können.«[11]
Hardenberg selber erinnerte sich Ende 1945: »Fräulein v. Oven teilte mir mit, daß Henning Tresckow als Armeechef am Tage nach dem Attentat ›gefallen‹ sei. Wir wußten beide ohne viele Worte Bescheid... Im Weltkrieg war er Fahnenjunker unter mir gewesen, jetzt erkannte ich ihn freudig als Führer-Persönlichkeit an. Die Beerdigung sollte nach Rückführung der Leiche durch Flugzeug am 26. in Wartenberg, Kreis Königsberg/Neumark, stattfinden. Ich wollte selbstverständlich, falls ich noch frei war, hinfahren. Die Mehrzahl unserer Freunde war tot oder verhaftet. Der einzige aus unserem engeren Kreis, von dem ich wußte, daß er am Tag des Attentats unbeteiligt war, weil er dienstlich in Bückeburg zu tun hatte, war Kurt Plettenberg.«[12] Hardenberg, Tresckow und Plettenberg waren noch im Kaiserreich gemeinsam Leutnants im preußischen I. Garderegiment zu Fuß gewesen.
»Abends am 22. Juli 1944 mußten auf Geheiß des Grafen alle Hardenbergs, auch die sehr widerstrebende Wonte, ›auf der Dorfaue eine widerlich gehässige Rede über sich ergehen lassen, die der Bürgermeister Zubke gegen Stauffenberg und seine Freunde vor einer sehr gleichgültigen, kommandierten Menge hielt‹.«[13] Zubke war einer der aktivsten Verfechter der Nazi-Ideologie in Neuhardenberg und hatte in Zusammenarbeit mit dem Ortsbauernführer Thiele ausländische Arbeiter durch die Landjäger Mager und Stuckert mißhandeln lassen.[14]

Verhaftung und Selbstmordversuch

In den Sog der Abrechnung mit den »blaublütigen Schweinen« – so Reichsorganisationsleiter Dr. Robert Ley – wurde auch Hardenberg gezogen.[15]
»In Neuhardenberg kamen am 24. abends um halb acht zwei oder drei Kraftwagen mit Berliner Gestapoleuten vor das Schloß gefahren.« Die Familie mit zwei Verwandten zu Gast, saß beim Essen am großen Tisch im Gartensaal. Sie wollten »aufstehen, als Lalla durch die aufgehende Tür im Hausflur drei Männer sah und fragte, was sie wollten. Ihr Vater stand auf und ging hinaus. ›Sind Sie Graf Hardenberg-Neuhardenberg?‹ ›Ja.‹ ›Dann sind wir gezwungen, Sie zu verhaften.‹ Hardenberg erwiderte, daß er zur Verfügung stehe und sich nur von seiner Frau verabschieden wolle. Er umarmte sie im Gartensaal und küßte ihre Hand.

›Ich war wie versteinert. Mein einziger Wunsch war nur, daß Gott ihm sein Ende erleichtern möge. Ich ging mit den Mädels auf die Terrasse, und wir hörten in der Bibliothek zwei Schüsse, denen noch vier weitere folgten, die einen anderen Klang hatten.‹

Hardenberg war aus dem Gartensaal in die Bibliothek gegangen, hatte die Tür geschlossen. ›Ich wußte, daß alles darauf ankam, schnell zu handeln und schoß mich zweimal hintereinander in die Brust. Einer der Beamten, der außen herum in die Bibliothek gegangen war, eröffnete darauf – in großer Sorge, daß ihm mein Schuß gelte – aus der kleinen Bibliothek nebenan das Feuer auf mich und sprang dabei nach jedem Schuß in Deckung hinter die Tür.‹

Gräfin Hardenberg: ›Als ich mich (vor dem letzten anders klingenden Schuß) umdrehte, stand einer von den Kerlen mit erhobener Pistole an der Mitteltür im Gartensaal und rief ›Hände hoch!‹, worauf Onkel Willy Schilling und Bolly Schulenburg – wir fühlten uns nicht angesprochen und wurden auch nicht beachtet – in den Steinflur gehen mußten. In dem Moment schrie der Mann laut auf. Ich lief außen herum in die Bibliothek und rief Reppinchen, der Beschließerin, zu, sie möchte den Mann verbinden.‹

Der Beamte in der kleinen Bibliothek hatte Graf Hardenberg nicht getroffen. ›Er hatte aber den Erfolg‹, schrieb der Beschossene, ›seinen Beamten hinter mir durch die Tür des Gartensaals ins Bein zu schießen. Ich sank auf einen Stuhl. Der Beamte setzte sich neben mich, und ich sagte zu ihm: ›Was machen Sie eigentlich? Überlassen Sie das doch mir!‹ Er sagte voll äußerster Erregung: ›Sie sind ja ein furchtbarer Mensch!‹ ›Darauf verlor ich die Besinnung.‹

Schloß Neuhardenberg, Blick auf Bibliothek und Gartensaal (linke Seite)

Gräfin Hardenberg: ›In der Bibliothek saß H. (Hardenberg) sehr matt in einem Sessel und sah grau im Gesicht aus. Er hatte die Augen offen, war aber wohl nicht ganz bei Bewußtsein. (Aus Rücksicht für mich hatte er sich ins Herz, nicht in den Kopf schießen wollen.) Der Gestapo-Mann war aus einem Stuhl aufgestanden und stand an meinem Schreibtisch mit der Pistole in der Hand. Ohne ihn anzusehen, sagte ich ihm, daß er mich nun auch totschießen könne. Er murmelte: ›Ihr Mann hat ja geschossen.‹ Später in der Nacht ließ er mir durch Reppinchen sagen, es wäre ein Irrtum von ihm gewesen, mein Mann hätte gar nicht auf ihn geschossen. – Lalla kam dann, und wir legten H. behutsam auf den Teppich. Sie flüsterte mir zu, daß Wonte auch verhaftet wäre, und alle drei saßen draußen auf dem Steinflur und warteten auf den Abtransport.

Schilling, früher I. Garderegiment, und B. Schulenburg waren am 20. Juli ganz unbeteiligt. Mit diesem Schulenburg hatten Fritz Schulenburg und Plettenberg nicht mehr sprechen wollen. Er war zu Reichswehrzeiten als Regimentskommandeur abgegangen und Generalmajor geworden. Im Krieg wieder eingestellt, kümmerte er sich als Inspekteur des Gefangenenwesens sehr um Westgefangene und Austern, aber nicht um Ostgefangene. Es war keine Gemeinheit, sondern große Beschränktheit, die ihn daran hinderte – und sogar zu normalen Zeiten nicht gehindert hatte, General zu werden. Ich hatte die ersten Austern neben ihm und Hjalmar Schacht am 16. Januar 1941 im späteren Haus des amerikanischen Stadtkommandanten von Berlin gegessen.

Die Beamten hatten nach einer Tochter ›Wonte‹ gefragt. Dadurch war es klar, daß sie nicht im Zusammenhang mit H. als seine Sekretärin verhaftet wurde, sondern wegen Werner Haeften. – Dieser hatte sorgfältig alle Briefe vernichtet, ehe er ins Führerhauptquartier flog, aber unterdessen hatte sich auf seinem Schreibtisch ein neuer Brief von Wonte eingefunden.

Der Arzt aus dem Dorfe, Dr. Schumann, wurde herangeholt, weil man nicht wußte, ob H. transportfähig sei. Er untersuchte ihn und lehnte es ab, gab ihm eine wohltuende Morphium-Spritze. Dr. Schumann, der irgendwelche Einblicke in das finstere Treiben der SS gehabt hatte, war sofort im Bilde über die Gefahren, die H. bevorstanden, und benahm sich ganz hervorragend. Als er ihn ausziehen half, stand es einen Moment ganz schlimm: H. hatte einen Kollaps, der Puls blieb weg. Aber als er auf der Chaiselongue lag, die ich hereinbringen ließ, ging es ihm wieder besser. – Lalla pflegte ihn so liebevoll, während ihr oft die Tränen über die Backen liefen.
Die Autos mit den Verhafteten fuhren nach Berlin. Wonte saß neben dem jungen, durch den Oberschenkel geschossenen Gestapomann, der jetzt mit ihr anzubändeln versuchte, aber am Berliner Stadtrand aufhörte, weil ein Luftangriff einsetzte. Die Gestapos mit schwarzer Seele sprangen angstvoll in den Straßengraben. ›Kommen Sie auch!‹ Wonte blieb sitzen. – Es ging weiter in die Innenstadt zur Gestapo-Leitstelle in der Französischen Straße. Dort saßen die drei, bis

sie morgens verhört und danach ins Gefängnis an der Lehrter Straße gebracht wurden. Die Gestapo entdeckte erst am Eingang, daß Frauen nicht hinein durften. Wonte kam ins Moabiter Gerichtsgefängnis …

Gräfin Hardenberg: ›Gegen Morgen wachte H. auf und verlangte, daß man den Gestapo-Leuten zu essen gäbe. Sie hätten schließlich nur ihre Pflicht getan. Nach längerem Zaudern haben sie es auch angenommen. Diese Fürsorge, und daß H. nie über ihr törichtes Benehmen ausgesagt hat, soll ihnen sehr imponiert haben.
Dr. Schumann untersuchte noch einmal und erklärte, daß keine augenblickliche Lebensgefahr bestünde. Lungenschüsse wären beim heutigen Stand der Wissenschaft kein Problem. Allmählich merkte H. es selbst und war verzweifelt. ›Ich muß sterben‹, flüsterte er mir zu. Und ich hatte einen kurzen Moment geglaubt, daß er uns irgendwie erhalten bleiben könnte, aber in meinem Unverstand fühlte ich auch nicht die schützende Hand Gottes und flehte den Arzt an, daß er ihm viel Morphium geben möge. Dieser lehnte es erst ab, ging aber nach Hause und kam mit einer Ampulle wieder. Er erklärte dem beaufsichtigenden Beamten, daß und warum es Tetanus wäre und stellte die leere Ampulle auf den Schreibtisch. In Wirklichkeit hatte er eine Überdosis Morphium in die Spritze getan, die er H. verabreichte. – Danach verlangte Dr. Schumann, daß zu seiner Entlastung ein Arzt hinzugezogen würde, und ich schickte sofort das Auto nach Berlin, um den Professor Landrois vom Elisabeth-Krankenhaus zu holen. H. war wieder zu sich gekommen. Selbst dies hatte er ausgehalten. Er wurde sehr unruhig, riß sich den Verband ab und drückte an den Wunden herum, um sie zum

Gendarm Blume (unten Mitte) mit seinen Söhnen

Bluten zu bekommen und konnte es gar nicht fassen, daß er so gefehlt hatte. ›Ich muß sterben!‹ (Sein linkes Schultergelenk und ein Stück Oberarmknochen waren nach schwerer Verwundung im Ersten Weltkrieg entfernt worden, wodurch vielleicht eine Anomalie in der Lage des Herzbeutels entstanden war.) Der uns bewachende Beamte schlief gerade und schnarchte. Draußen auf dem Flur hatte, da die Beamten alle abgekämpft waren, Gendarm Blume aus Neuhardenberg zu wachen und als Hilfspolizist der gute Bauer Buchholz, der so tieftraurig dasaß, während ihm die dicken Tränen in seinen großen Schnauzbart rollten.‹

Hardenberg: ›Blume hatte sich nicht von den Beamten imponieren lassen, sondern erst sorgfältig ihre Ausweise geprüft und sich auch die ganze Zeit nach der Verhaftung als aufrechter Mann gezeigt. Als Reservist und politisch links stehender Maurer besaß er die Zivilcourage, die vielen Höherstehenden ermangelte.‹
Gräfin Hardenberg: ›Gegen zehn Uhr kam unser geliebter Landrat (Hans) Kreutzberger mit dem stellvertretenden Kreisleiter, einem unbedeutenden, aber anmaßenden Nazi. Kreutzberger war sehr traurig. Ich mußte den Raum verlassen und ging gegenüber ins Nähzimmer. Kurz darauf wurde die Tür der Bibliothek geöffnet und ich hörte, wie man einen Menschen herausschleifte. Ich erschrak sehr und lief hin. Aber nur der Kreisleiter hing ohnmächtig zwischen zwei Leuten. Ich half und gab ihm einen Schnaps. Als er wieder zu sich gekommen war, meinte er, die Luft da drinnen wäre so schlecht gewesen. Dabei stand schon den ganzen Morgen das Fenster offen. Er hatte H. nur ein paar Fragen gestellt, die dieser klar beantwortet hatte; darauf hatte er plötzlich schlapp gemacht!‹

Hardenberg bat jetzt seine Tochter Lalla, ihm die große Papierschere vom Schreibtisch zu geben. Lalla verneinte. Aber sie wollte ihn nicht hindern, wenn er die Schere selber erreichte, und verließ die Bibliothek. Dann kam Professor Landrois. Hardenberg: ›Landrois war ein guter alter Bekannter, der mich schon mehrfach an meinen Kriegsverletzungen operiert hatte. Er stellte jetzt fest, daß die beiden Schüsse zwischen den Rippen hindurchgegangen waren und den Herzbeutel nur gestreift hätten. Danach sagte er, es wäre ein SS-Krankenwagen da, der mich in ein Lazarett abtransportieren sollte. Ich weigerte mich energisch und bat ihn um eine große Papierschere vom Schreibtisch mit den Worten: ›Sie dürfen mich nicht hindern; ich weiß, was ich tun muß!‹ Den schweren inneren Kampf konnte man ihm ansehen. Dann siegte der Freund über den Arzt. Ich bat ihn, meiner Frau beizustehen und mich alleine zu lassen. Dann bohrte ich die Schere tief in jeden Schußkanal und begann die Pulsadern zu öffnen. Bei meiner Schwäche und der Stumpfheit der Schere ein schweres Beginnen. – Da kamen die Beamten mit der Bahre, sahen, was geschehen war und ließen die Verletzungen verbinden.‹[16]
Gräfin Hardenberg: ›Ein neu hinzugezogener Gestapo-Beamter, Kommissar Weber, bemühte sich um H., und H. sagte, er wäre sehr anständig gewesen. Ich

dankte dem mir höchst unsympathischen Mann etwas widerwillig.‹ – Weber war mit einem Krankenwagen aus Berlin gekommen. Ein kurzer Abschied, und der Wagen fuhr ab. Als ich noch ziemlich erstarrt und tränenlos in der kleinen Bibliothek saß, kam Dr. Schumann und fragte mich ›im Vertrauen‹, warum H. sich das Leben habe nehmen wollen? Da erwachte bei mir das erste Mal das Mißtrauen, was ich dann auch nicht wieder los wurde. Schumann, der vorher so viel Verständnis gezeigt hatte (und H. eben noch Morphium gegeben hatte), mußte es doch eigentlich wissen. Sicher mußte er im Auftrag der Gestapo fragen. Ich fuhr auf: ›Weil er sich nicht wie ein Verbrecher abführen lassen wollte!‹– Von nun an log ich konsequent bei Freund und Feind. Der Gendarm kam, drückte mir die Hand, und ich fühlte eine Welle von Sympathie, die H. galt, den dieser alte Sozi bis dahin gar nicht sehr geschätzt hatte. Er sagte, daß ich mich nun wieder auf freiem Fuße befände. Von der Verhaftung hatte ich allerdings nichts gemerkt. – Blume hat sich in seinem Bericht sehr scharf gegen die Gestapo-Leute ausgesprochen, die ›dem Herrn Grafen die Waffe erst richtig in die Hand drückten, weil sie ihm Zeit ließen, anstatt ihn vom ersten Moment nicht mehr allein zu lassen‹.«[17]

»Von nun an konnte man die Menschen einteilen in solche, die glaubten, Hardenberg wäre unschuldig verfolgt, und in solche, die hofften, er wäre am Attentat gegen Hitler beteiligt. Jedenfalls war es eine Welle von Sympathie, die mir wider Erwarten entgegenflutete, und ich war so dankbar für die Hochachtung, die ihm galt. Unser treues altes Faktotum Fräulein Reppin behandelte mich so liebevoll und zart, als wäre ich krank, und unser guter Taillout, ein französischer Kriegsgefangener, den wir als Diener ins Haus genommen hatten, weil er die Waldarbeit nicht vertrug, hielt mir im Namen der Kameraden eine reizende kleine Rede, worin er ihre Hochachtung und Verehrung für M. le Comte zum Ausdruck brachte.«[18]

Gestapo und Konzentrationslager Sachsenhausen – mit Kommunisten im KZ

»Hardenberg: ›Die Fahrt im SS-Krankenwagen dauerte zwei bis drei Stunden. Ein kurzer Halt und das Öffnen der Türe ließ mich ein Schild erkennen: Bernau. Jetzt war bestätigt, was ich erwartete: unser Ziel war das berüchtigte KZ Oranienburg-Sachsenhausen. Als der Wagen hielt, umstanden uns mehrere SS-Leute und eine große Zahl von Männern in blau-weiß gestreiften Anzügen. Man brachte mich in einen gut ausgestatteten Operationsraum. Einer der Männer flüsterte mir zu: ›Nicht reden, immer nur schweigen, überall Spitzel.‹ Dann drückte mir einer in einem unbewachten Augenblick einen Kuß auf die Stirn mit den Worten: ›Ich weiß nicht, was war, aber wir danken dir alle!‹ Ich war glücklich – bis ich nach einigen Tagen erfuhr, daß der Betreffende seit Jahren wegen Paragraph 175 im Lager war. –

Die beiden Kugeln wurden unter der Haut im Rücken herausgeschnitten und alles sorgfältig verbunden. Der behandelnde Arzt, Condère, war ein sehr geschickter Chirurg aus Paris, er war Häftling. Dann kam ich in einen Raum, wo 22, meist operierte, Kranke lagen, in ein Bett, wo vorher Oberst Wagner – früher Stahlhelm-Bundeskanzler – gestorben war, der sich bei seiner Verhaftung aus dem Fenster gestürzt hatte …

Hardenberg, der mit einer neuen Morphiumspritze bis fünf Uhr morgens (26. Juli) geschlafen hatte: ›Ich wurde schon am nächsten Tag im Krankenwagen ins ›Behandlungszimmer‹, wie es zweideutig hieß, gefahren. Meine kommunistischen Bettnachbarn instruierten mich: ›Reg dich gar nicht auf, Carl, sondern nur die anderen. Rede so wenig wie möglich bei heiklen Fragen, um so länger bei harmlosen. Verdächtige keinen Freund. Bekenne alles, worauf nicht Todesstrafe steht. Es ist egal, ob du lebenslanges Zuchthaus oder ein halbes Jahr Gefängnis erhältst. Beides dauert genauso lange wie das Dritte Reich. Nach zwölf bis fünfzehn Minuten zeige Atembeschwerden, antworte immer langsamer und schließe die Augen.‹

Das erste Verhör begann: ›Ihr Haus steht auf einem christlichen Standpunkt; Sie haben in einem der besten Regimenter der alten Armee gestanden; Sie werden sich also nicht der Lüge bedienen, sondern als Ehrenmann alles aussagen. Der Kurfürst von Brandenburg hat in Ostpreußen einst einen Kalckstein[19] hinrichten lassen, und trotzdem hat dessen Name dort heute noch einen guten Klang.‹«[20]

Konzentrationslager Sachsenhausen, Krankenbau R II, in dem Hardenberg operiert wurde und für seine Verurteilung zum Tode »vorbereitet« werden sollte

Hardenberg: »Hauptpunkte meiner Vernehmungen in Sachsenhausen waren:
1. ›Warum haben Sie versucht, sich das Leben zu nehmen?‹ Dies war besonders belastend.
2. ›Ein Zeuge hat ausgesagt, daß Stauffenberg alle wichtigen Fragen mit Ihnen besprochen habe.‹
3. ›Eine vorgefundene Liste bezeichnet Sie als zukünftigen Oberpräsidenten von Berlin und Brandenburg. Davon hatten Sie Kenntnis?‹
4. ›Warum waren Sie am 20. Juli dreimal in der Bendlerstraße?‹
5. ›Das Fremdenbuch von Neuhardenberg weist auf, daß der engere Kreis der Attentäter bei Ihnen aus und ein gegangen ist.‹

Zu der 1. Frage hatte ich in der Nacht zum 26. Juli meiner Frau noch zuflüstern können, es wäre geschehen, da ich infolge Zuckerkrankheit hochgradig erregbar sei und eine Verhaftung für untragbar hielte. Um durch den in Wirklichkeit nur in ganz geringer Menge vorhandenen Zucker im KZ nicht Lügen gestraft zu werden, mußte ich dort heimlich vor jeder Untersuchung Zucker essen.
Zu Punkt 2 sagte ich aus, daß Stauffenberg durch seinen Adjutanten Haeften nur deswegen nach Neuhardenberg gebracht worden wäre, damit er sich von seiner großen Arbeitslast in der Natur erholen könnte. In Berlin sei ich nur bei ihm gewesen in Fragen von Burschen- und Pferdegestellungen für meinen Feldmarschall. Bartoll (Kommissar) erwiderte einmal: ›Sie müssen ja eine sehr unbedeutende Persönlichkeit gewesen sein.‹ Ich konnte ihm dies nicht bestreiten.
Zu Punkt 3 habe ich ausgesagt, ich könnte nicht hindern, wenn mich andere auf eine Liste gesetzt hätten ohne meine Kenntnis. Hierauf wurde ich gefragt, ob ich ein Amt wohl angenommen hätte, wenn es mir angeboten wäre. Instinktiv antwortete ich, das könnte ich nicht beantworten. Mir war damals noch nicht bewußt, daß die Nazis den ›Annahme-Paragraphen‹ eingeführt hatten, d. h. daß auch der verurteilt wurde, von dem ›angenommen‹ werden konnte, daß er etwas getan haben würde.
Punkt 4 war leicht zu beantworten: Ich wollte Stauffenberg dienstlich sprechen und konnte ihn wegen der Vorkommnisse nicht erreichen. –
Sehr viel schwieriger war der Punkt 5. Alle jüngeren Besucher von Neuhardenberg tat ich als Courmacher meiner Töchter ab. Meine Bemerkung: ›Ich hasse jeden Schwiegersohn, ehe ich ihn kenne‹, lenkte die Aufmerksamkeit glücklicherweise auf längere Zeit ab.« – »Bartoll wollte Preußen retten, nicht nur Hardenberg überlebte«, schrieb Hammerstein.[21]

Werner von Haeften

Werner von Haeften

Reinhild Gräfin von Hardenberg

Paul Hofmann und Irmgard Gräfin Hardenberg

In dieser für Hardenberg schwersten Zeit seines Lebens stand ihm ein weiterer kommunistischer Mithäftling stets hilfreich zur Seite. Das war Paul Hofmann, dem Hardenberg viel verdankt. Er hat insgesamt 11 Jahre und 6 Monate in Gefängnissen, im Zuchthaus und im Konzentrationslager zugebracht. Warum? Er war frühzeitig zu der Erkenntnis gekommen, daß die politische und wirtschaftliche Entwicklung im Jahre 1932 gezeigt habe, der Nationalsozialismus würde siegen, wenn sich die antinationalsozialistischen Kräfte des deutschen Volkes nicht endlich zusammenfänden. Für alle überzeugten Marxisten war es eine Selbstverständlichkeit, daß dieser Sieg nur vorübergehend sein konnte. Deshalb galt es auch, den Kampf selbst dann weiterzuführen, wenn man die Kommunisten in die Illegalität zwingen würde.

»Bereits im November 1932 erhielten wir den Auftrag, eine illegale Unterbezirksleitung der KPD im Unterbezirk Burgstädt zu schaffen; ... ich erhielt die Organisationsleitung. Die neugeschaffene Leitung erhielt den Auftrag, in allen unteren Einheiten die Umstellung der Kommunistischen Partei auf die Illegalität vorzubereiten und die Voraussetzung zu schaffen, daß bei einem Verbot der KPD sofort illegal weitergearbeitet werden konnte.«[22]

Paul Hofmann übergeordnet gewesen war eine Kommunistin, die den gleichen Namen trug wie sein jetziger Pflegebefohlener in Sachsenhausen, von deren Wirken Carl-Hans Graf von Hardenberg jedoch offensichtlich keinerlei Kenntnis hatte.

Irmgard Gräfin von Hardenberg, 1905 in Demmin geboren, war gelernte Wohlfahrtspraktikantin und Säuglingsschwester und wurde Mitglied des technischen Apparats des Sekretariats des Zentralkomitees der KPD. Am 12. April 1934 war sie verhaftet worden. Von den Vernehmungen existiert folgendes Gestapoprotokoll:

> »Mein Vater hieß Ernst Graf Hardenberg und ist im Jahre 1919 in Hohengöhren a. d. Elbe bei Schönhausen verstorben. Meine Mutter heißt Elisabeth Gräfin Hardenberg, geb. von Arnim, und wohnt zur Zeit in Wernigerode ... Auf wiederholtes Vorhalten erkläre ich, daß ich seit 1931 eingeschriebenes Mitglied der KPD und der Roten Hilfe war ... Ich habe auch während der Wahlperiode zur legalen Zeit der KPD Flugblätter verteilt und kommunistische Schriften verbreitet ... An den früher stattgefundenen Demonstrationen und Versammlungen habe ich ebenfalls teilgenommen ... Mir wird weiter vorgehalten, ... daß ich nicht nur Geldverwalterin der KPD (war), sondern auch noch die Korrespondenz sowie die gesamte Briefpost erledigte ... In der Hauptsache handelte es sich um Aufstellungen von Treffs und kleinere Informationen ... Auf wiederholtes Vorhalten erkläre ich, daß ich seit der Illegalität der KPD im technischen Apparat des Sekretariats des ZK tätig bin, und zwar übte ich die Funktion einer Kurierin im technischen Apparat aus.«[23]

Irmgard Gräfin von Hardenberg stand mit den Städten Leipzig, Hamburg und Düsseldorf in Verbindung und hatte vor allem die Aufgabe, Planung, Konzeption

Paul Hofmann

Wehrnummer

Döbeln 07/190/29917

Polizeil. Meldebehörde

Wehrbezirkskommando

Döbeln

Ausschließungsschein

Der Textilarbeiter Max, Paul

(Beruf, Vor- und Familienname)

Hofmann

geb. am 1. Juli 1907 zu Burkersdorf

(Tag, Monat, Jahr) (Ort)

Rochlitz

(Gemeinde, Kreis usw., Regierungsbezirk, Land)

wird hiermit vom Dienst in der Wehrmacht im Frieden

ausgeschlossen.

Er scheidet auf die vorstehend eingetragene Dauer aus dem Wehrpflichtverhältnis aus.

Döbeln, den 1. April 1939

(Musterungsort) (Tag, Monat, Jahr)

Die Kreispolizeibehörde **Der Wehrbezirkskommandeur**

I. A.

Dienststempel (Unterschrift) Dienststempel (Unterschrift)

Der Landrat

Major

Zur Beachtung

1. Alle Eintragungen sind mit Tinte oder mit Hilfe der Schreibmaschine auszuführen.
2. Der Verlust dieses Scheines ist sofort dem zuständigen Wehrmeldeamt zu melden.
3. Fälschung und mißbräuchliche Benutzung dieses Scheines wird als Urkundenfälschung gerichtlich verfolgt.

Paul Hofmanns Bestätigung der Wehrunwürdigkeit (1939)

Irmgard Gräfin von Hardenberg

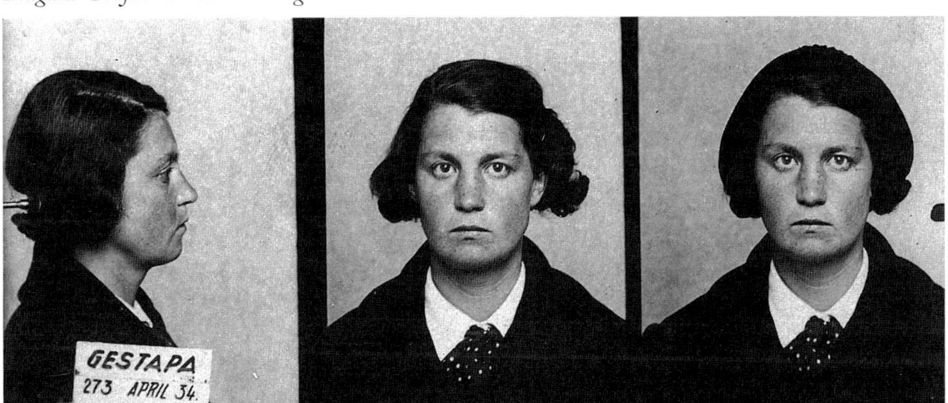

und Verteilung von Flugschriften zu organisieren. Darüber hinaus wurden die Bezirksleitungen der KPD aufgefordert, ihr über den Stand der technischen Arbeiten in den einzelnen Städten zu berichten.[24] Ihre und Paul Hofmanns »Aufgabe war es, das deutsche Volk aufzurütteln und mit uns den Kampf gegen den Faschismus zu führen«.

Das brachte Hofmann im Jahre 1941 wiederum KZ-Haft ein. »Vor allem als ich im aseptischen Operationssaal (der Krankenbaracke) arbeitete, hatte ich die Möglichkeit, Aufträge auszuführen, die manchem unserer Genossen das Leben gerettet haben.«[25] Der Auftrag Hofmanns, Hardenberg zu pflegen, war insofern kompliziert, als er einerseits die von den SS-Ärzten befohlene Wiederherstellung von Hardenbergs Gesundheit erreichen mußte, andererseits jedoch nur in einem solchen Maße, daß die vorgesehene Vernehmung vor dem Volksgerichtshof unmöglich wurde.

Einige Wochen war Rudolf Küstermeier Hardenbergs »Nachbar« im Krankenbau.[26]

Hardenberg lernte in Sachsenhausen auch den Kommunisten Fritz Perlitz kennen. Mit ihm verband Hardenberg gewissermaßen eine Freundschaft auf Zeit, auf Leidenszeit. Fritz Perlitz hatte in Fürstenwalde/Spree als Funktionär im Kommunistischen Jugendverband Deutschlands gewirkt. 23jährig hatte er an der Peripherie des Hardenbergschen Besitzes, auf dem Gute Gölsdorf, nach seinen eigenen, jedoch unbestätigten Angaben, einen Streik organisiert.[27] 1936 hatte er in Spanien gekämpft, 1939 hatte ihn die französische Polizei interniert und 1941 an die Gestapo ausgeliefert, die ihn ins KZ Sachsenhausen brachte.

Perlitz hatte sich zunächst geweigert: »Macht mit mir, was ihr wollt. Zu dieser Diskussion (mit Hardenberg – d. A.) habe ich keine große Lust.«[28] Schließlich rückten die anderen Kommunisten »unsere Betten zusammen, und die Gespräche begannen. Zuerst mußten wir aber alles tun, um dem Grafen das Leben zu erhalten ... Unsere Sanitäter machten ihn aber vorher immer vernehmungsunfähig, um ihm Leiden und eventuelle durch Folterungen erzwungene Aussagen zu ersparen.«[29] Perlitz verschwieg in seinen Aufzeichnungen, daß auch religiös gebundene Mithäftlinge Hardenberg Hilfe und Sympathie bezeugten.

Peeters

Neben Hofmann und Perlitz bemühte sich auch der Holländer Dr. Floor Peeters, ebenfalls KZ-Häftling, um den gräflichen Leidensgefährten. »Über den 20. Juli erzählte er (Hardenberg – d. A.) nichts, da die Untersuchung durch die Gestapo noch nicht beendet war. Regelmäßig wurde er gerufen; dann mußte ich ihn ins Büro begleiten außerhalb vom Lager, wo die Gestapo untergebracht war. Wenn wir durch die Pforte gingen, mußte ich uns melden und rief zu der Wache: ›Nummer 40981 und Graf Hardenberg.‹ ›Was‹, rief die Wache, ›es gibt hier keine Grafen. Noch einmal!‹ Ich rief: ›Nummer 40981 und ein Häftling vorübergehend aus dem Lager!‹ Dann schrie der SS-Mann: ›Vorwärts Ferkel, die ihr seid,

schert euch fort; hier gibt es nur Schweine, ich werde euch *Grafen* lehren!‹ Hardenberg schüttelte den Kopf. Wie ich mit ihm ins Büro hereintrat, sagte der Gestapomann zu mir: ›Gib nur acht, daß Hardenberg gut versorgt wird.‹ Ich nickte und ging zurück. ...
Als ich Hardenberg zwei Stunden später abholte, und mit ihm wieder zurück war in unserer Baracke, bringe ich ihm eine Schüssel Haferbrei. Er kommt um vor Hunger. Hardenberg bekommt normalerweise immer etwas mehr zum Essen als die anderen, aber was ist das schon für jemanden mit über zwei Metern Länge. Ich halte ihm eine kleine Ansprache: ›Herr Graf, ich tue das nicht, weil der Gestapohund dies gesagt hat, sondern weil Sie durch Ihre Tat bewiesen haben, daß es noch gute Deutsche gibt. Sie haben ein kleines bißchen von all dem Leid wieder gutgemacht, das uns von Ihren Landsleuten angetan wird. Deshalb bekommen Sie jetzt Haferbrei, den ich von den letzten Restchen gemacht habe aus den Päckchen, die meine Frau mir geschickt hat.‹ Hardenberg dankt mir und drückt mir die Hand.
Ich bleibe neben ihm sitzen. Auf seinem Bett liegt eine Übersetzung des Neuen Testaments und der Psalmen durch Dr. Martin Luther und ich bitte Hardenberg um eine Erklärung, wie er seine Selbstmordversuche mit der christlichen Moral in Übereinstimmung bringt. ›Ach‹, sagt er, ›es bestehen in unseren Adelskreisen Gewohnheiten, womit sich der liebe Herrgott abfinden muß.‹ Als ich ihn darauf hinweise, daß die ganze Krise, die das deutsche Volk jetzt durchmacht, letzten Endes ihren Ursprung in der Tatsache findet, daß das Volk des St. Bonifatius dem Christentum untreu geworden ist und seine große historische Rolle verspielt hat durch die Nachfolge Luthers, sagt Hardenberg leise: ›Sie urteilen natürlich als Katholik mit der Strenge der Inquisitoren.‹ ›Ja‹, antwortete ich, ›sicherlich mit der Strenge der Inquisitoren, aber ich verbrenne Sie nicht auf dem Scheiterhaufen und dazu hätte ich auch überhaupt keine Lust. Sie sehen, ich helfe Ihnen.‹ ›In dieser Hinsicht besteht zwischen uns ein Abgrund‹, sagte Hardenberg. ›Der muß verschwinden‹, fügte ich hinzu. ...
Danach habe ich die ›Reden an die deutsche Nation‹ von Fichte durchgearbeitet. ... An einem Tag verweise ich Hardenberg auf einen Text in den ›Reden‹ und lese ihm diesen vor. ›Wissen Sie, falls Fichte das jetzt schriebe, würde er sicher wegen Defätismus ins Gefängnis gebracht oder sogar aufgehängt werden.‹ Hardenberg lacht und sagt spöttisch: ›Haha, Sie beklagen sich über die SS, und dabei bekommen Sie hier die Gelegenheit, Material für ein neues Buch gegen Deutschland zusammenzutragen.‹ ›Nicht gegen Deutschland, Herr Graf, nur gegen die Nazis.‹«[30]

Verhöre von Hardenbergs Frau

Renate Gräfin Hardenberg wurde in dieser Zeit mehrmals verhört. Sie berichtete darüber:[31] Am Morgen des 27. Juli »kam ein neuer Gestapo-Mann hinzu, der dann ausschließlich unseren Fall bearbeitete: Kommissar Bartoll, ein mittelgro-

ßer Mann in SS-Uniform von etwa 28 Jahren, blond und blaß. Er hatte einen sehr wechselnden Ausdruck, einen schmalen grausamen Mund und kleine schlaue Augen. Er hatte aber Humor, und deswegen war es nicht allzu schwer, eine Art Kontakt mit ihm zu bekommen. Bei den Verhören merkte ich bald, daß er stotterte, wenn man ihn fest ansah, was ich dann auch reichlich getan habe. – Im ersten Bibliotheksraum verhörte er mich das erstemal, ohne Protokoll aufzunehmen. Er begann, er könne sich sehr wohl denken, daß mein Mann mich in nichts eingeweiht hätte, aber er müßte mich Verschiedenes fragen. Er nahm dann meine Personalien auf und stutzte gleich: ›Wie denn nun? Gräfin Hardenberg oder Gräfin von Hardenberg?‹ Gelangweilt antwortete ich: ›Schreiben Sie, wie Sie wollen.‹ Komisch, aber das gewann den kleinen Emporkömmling für mich (und es gewann ihn für H., als dieser bat, ihn in der Umgebung des KZ nicht zu titulieren).
Als er auf die Frage kam, warum H. sich wohl das Leben nehmen wollte, sagte ich ziemlich wütend: ›Würden Sie sich wie einen Verbrecher abführen lassen?‹ Es leuchtete ihm sichtlich ein. ›Warum rechnete er denn mit seiner Verhaftung?‹ ›Weil er gehört hat, daß der Feldmarschall von Bock auch verhaftet worden ist.‹ Der englische Sender hatte es tatsächlich irrtümlicherweise durchgegeben. Dann fragte er nach dem Feldmarschall von Bock. Nun wurde ich vertrauensseliger und erzählte des längeren über dies harmlose Thema.
Dann fragte er, ob ich den Oberst Jäger kennte.[32] – ›Ja, ich hätte ihn einmal in Marienbad kennengelernt.‹ Ob er öfter bei uns gewesen wäre? –
Ich fühlte, wie gefährlich diese Frage war, denn er war am 19. abends da gewesen. Bartoll konnte es ja bereits von dessen Chauffeur oder von unseren Leuten erfahren haben. Die Antwort kam mir unwillkürlich: ›Kann sein, wollen wir doch im Gästebuch nachsehen.‹ Ich wußte, daß sie dieses mitgenommen hatten. Mir fiel ein Stein vom Herzen, als er sagte: ›Da steht er nicht drin.‹ Lalla (Renate, Tochter Hardenbergs – d. A.) war am 25. früh gefragt worden, welche Gäste in Neuhardenberg gewesen seien, und sie hatte schon gesagt: ›Sehen Sie im Gästebuch nach!‹, das am 25. abends nach Berlin mitgenommen worden war. – Dann fragte er noch nach verschiedenen Menschen, auch nach jungen. Ich sagte, daß die heranwachsenden Töchter natürlich viel Jugend ins Haus zögen.«[33]
Weiter fragte Bartoll nach »Werner Haeften (der seit sechs Tagen tot war, was Bartoll und Hardenbergs wußten, was aber nicht in der Zeitung gestanden hatte). Ein sehr netter junger Mann. Ob eine unserer Töchter mit ihm verlobt wäre? ›Nein; spruchreif ist die Sache jedenfalls noch nicht, und wir haben es bisher noch nicht ernst genommen. Wie Reinhild (Wonte) selber zu ihm steht, hat sie uns nicht gesagt.‹ Sehr ärgerlich fragte er, warum die Verhaftung (Hardenbergs) schon so bekannt wäre. Da gab ich tüchtig an: ›Wenn man meinen Mann verhaftet, so ist das nicht, als wenn man in Berlin einen aus der dritten Etage wegholt!‹«[34] Hitler hatte offensichtlich mehr erwartet von diesen Verhören der »Genies in der Wilhelmstraße«, den »Militärs alter Schule« oder den »ostelbischen Krautjunkern«, wie er die Verschwörer nannte.[35]

»Zum Abschluß gab er mir einen kleinen Zettel von H., wo dieser aufgeschrieben hatte, was ich Bartoll alles für ihn mitgeben sollte. Gott sei Dank, er lebt also und war auch bei Bewußtsein. Er hatte sogar Bartolls Büroadresse in der Französischen Straße 48 angegeben. Bartoll sagte, ich könnte ihm auch einen Brief mitgeben. ›Ja, und etwas würde ich ihm noch gerne mitgeben – aber das werden Sie sicher nicht nehmen wollen‹, sagte ich, als ich ihm den Brief gab, ›nämlich sein Neues Testament‹. Für so heidnisch wollte er aber bei uns nicht gelten und nahm es mit und hat es H. auch das nächste Mal gegeben. Daran knüpfte er noch die Frage: ›Ist er ein eifriger Kirchgänger?‹ ›Nein, das kann man nicht sagen, aber ein guter Christ.‹ Ich versuchte noch herauszukriegen, wo er ist, aber das verriet Bartoll nicht. Nur, daß er in einem Lazarett sehr gut aufgehoben wäre. ›Unter dem Bombenhagel von Berlin?‹ ›Nein, außerhalb. Es geht ihm sogar besser wie den anderen.‹
Unser Gästebuch war leider sehr aufschlußreich über unseren Verkehr. Hätten wir es aber noch beseitigt, so wäre das viel gefährlicher gewesen, denn sie hätten dann das Personal über unseren Verkehr befragt. Nur Plettenberg hat seinen Namen nie eingetragen, weil er sich so zu uns gehörig fühlte, wie ein nächster Verwandter.«[36]
Am 2. August 1944 traf Gräfin Hardenberg Ursula von Kardorff in Berlin, der sie berichtete, daß Hardenberg aufgrund seiner Verletzungen noch nicht verhört worden sei.

Lehndorff

Bartoll hatte auch nach Heini Lehndorff gefragt.[37] Vor dem Volksgerichtshof hatte dieser den Freislerschen Anschuldigungen nicht widersprochen, so daß die Verhandlung gegen ihn von kurzer Dauer gewesen war. In der Zelle hatte er seiner Frau noch geschrieben: »Du wirst immer davon überzeugt sein, daß ich nicht leichtfertig Eure Zukunft zerstört, sondern einer Idee gedient habe, von der ich glaube, daß sie eine Rücksicht auf Familie und Privates nicht rechtfertigt.«[38]
Hardenberg war oft bei Graf Lehndorff gewesen, der seinen Wohnsitz in Steinort hatte. Dessen Aufgabe in Vorbereitung der Verschwörung hatte darin bestanden, den Stellvertretenden Kommandierenden General in Ostpreußen auf die Seite der Verschwörer zu bringen. Diese Aufgabe konnte er ebensowenig erfüllen wie Hardenberg die seine, Bock zum Widerstand zu bewegen.
Marion Gräfin Dönhoff berichtete[39] von ihrem Jugendfreund und seinem Ende. Er habe 1936 Steinort geerbt »und hat mit viel Kompetenz und nie erlahmter Passion die Wirtschaft modernisiert und sie betriebswirtschaftlich wie sozial beispielhaft geführt.
Nach dem 20. Juli 1944, der Heini wie auch allen anderen Freunden zum Schicksal wurde, bin ich nie wieder in Steinort gewesen. Wir waren beide dem Kreis der Verschwörer gegen Hitler verbunden. Ich hatte mit gewissen Vorbereitungen zu tun, Heini mit der aktuellen Durchführung …

Am 19. Juli erreichte Heini Lehndorff in Steinort, wo er einen wirtschaftlichen Sonderurlaub verbrachte, die Nachricht, daß es am folgenden Tag losgehen werde. Es war 7 Uhr morgens, wenige Stunden bevor Stauffenbergs Bombe explodierte, als er nach Königsberg fuhr, um nach gelungenem Attentat beim Wehrbezirkskommando die Übernahme der Macht durch die Repräsentanten General Becks zu leiten. Er zog sich im Walde um, denn die Sicherheitspolizei, die zum Schutz Ribbentrops abgestellt war, durfte nicht sehen, daß er Uniform trug.
Nachdem sich die ersten Nachrichten über das Scheitern des Attentats über den Rundfunk verbreitet hatten, kehrte er tief deprimiert und besorgt zurück. Er ließ das Auto auf einem Vorwerk stehen, bestieg sein Pferd und ritt, scheinbar aus der Wirtschaft heimkehrend, in Steinort auf den Hof. Als die Gestapo am nächsten Tag im Auto vorfuhr, was er zufällig am Fenster stehend beobachtete, war seine Reaktion offenbar ganz spontan: nur nicht sich greifen lassen. Es war, als hätte der Erdboden ihn verschluckt. Er war sofort verschwunden. Niemand hat ihn mehr gesehen. Wahrscheinlich ist er aus dem ersten Stock in den Garten gesprungen und herunter zum See gerannt. Bald danach hatten die Gestapo-Leute ihre Wolfshunde losgelassen, die ihn verfolgten, aber rasch seine Spur verloren, weil der geübte Jäger weite Strecken am Ufer im Wasser gelaufen war. Später, nachdem er sich – um seine Familie nicht zu gefährden – doch gestellt hatte, ist er der Gestapo in Berlin noch einmal entkommen, aber nur für wenige Tage. Am 4. September endete sein Leben am Galgen in Plötzensee.«

Besuchsgenehmigung für Hardenbergs Frau

Gräfin Hardenberg informierte am 26. Juli 1944 Bock telefonisch über die Vorgänge bei der Verhaftung im Neuhardenberger Schloß. Offensichtlich hatte die Gräfin versucht, ihren Mann »freizukaufen«, denn Bock notierte: »Gold hat sein Opfer nicht angenommen.«[40]
Um ihrem Mann zu helfen, nahm Sie etwa im Oktober/November 1944 Kontakt mit der entsprechenden Gestapobehörde in Berlin auf. »Ein Gestapobeamter (wahrscheinlich Bartoll – d. A.) aus einem Ausweichlager riet der Gräfin eines Tages, sie möge doch einen Brief an Himmler schicken und darin bitten, ihren Mann aus der Haft zu entlassen. Als die Gräfin fragte, wie denn ein solches Gesuch aussehen müsse, sagte der Gestapobeamte: ›Sie müssen darauf hinweisen, daß Ihr Mann zu Unrecht verdächtigt wird. Natürlich müssen Sie aber auch deutlich werden und nicht von einem Attentat, sondern von dem fluchwürdigen Attentat sprechen; außerdem müssen Sie nicht nur den Führer erwähnen, sondern den geliebten Führer.‹«[41]
Offensichtlich war die Gräfin aufgrund ihrer Überzeugungen dazu nicht in der Lage, so daß sie für das Schreiben des Briefes an Himmler zwei Journalistinnen zu Rate zog, darunter wahrscheinlich Hardenbergs ehemalige Sekretärin Ursula von Kardorff. Nicht ohne Erfolg. Nunmehr durfte die Gräfin ihren Mann in Abständen von vier Wochen besuchen.

Bocks Reaktion auf die Verhaftung Hardenbergs

Obwohl Bock über die Mittäterschaft Hardenbergs informiert worden war, schrieb er, zeitweilig selbst unter Hausarrest stehend, sicher zur Irreführung der Gestapo am 1. August 1944 in sein Tagebuch:[42] »Anscheinend also stand Hardenberg in irgendwelchen Beziehungen zu dem Attentat. Erschreckend und furchtbar! Was wird aus der Gräfin und aus den Kindern, die mit zärtlicher Liebe an dem Vater hängen, was aus dem schönen, so vorbildlich verwalteten Besitz?« – »Von seiner ostpreußischen Heimat aus nahm er Kontakt zu der gramgebeugten Frau von Hardenberg auf und lud sie zu sich und seiner Familie ein. Frau von Hardenberg entschied sich, diese Einladung nicht anzunehmen, denn bei der Gestapo hätte im Falle der Annahme dieser Einladung möglicherweise der Ver-

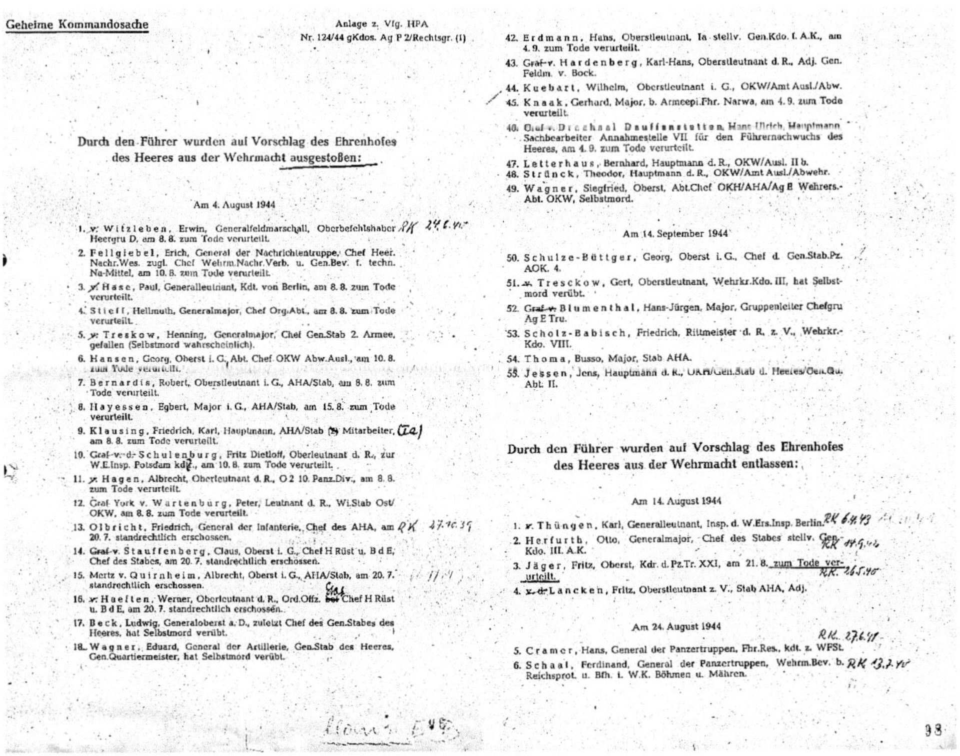

Geheime Kommandosache

Anlage z. Vfg. HPA
Nr. 124/44 gKdos. Ag P 2/Rechtsgr. (I)

Durch den Führer wurden auf Vorschlag des Ehrenhofes des Heeres aus der Wehrmacht ausgestoßen:

Am 4. August 1944

1. v. Witzleben, Erwin, Generalfeldmarschall, Oberbefehlshaber Heergru D, am 8.8. zum Tode verurteilt.
2. Fellgiebel, Erich, General der Nachrichtentruppe, Chef Heer. Nachr.Wes. zugl. Chef Wehrm.Nachr.Verb. u. Gen.Bev. f. techn. Na-Mittel, am 10.8. zum Tode verurteilt.
3. v. Hase, Paul, Generalleutnant, Kdt. von Berlin, am 8.8. zum Tode verurteilt.
4. Stieff, Hellmuth, Generalmajor, Chef Org.Abt., am 8.8. zum Tode verurteilt.
5. v. Treskow, Henning, Generalmajor, Chef Gen.Stab 2. Armee, gefallen (Selbstmord wahrscheinlich).
6. Hansen, Georg, Oberst i. G., Abt. Chef OKW Abw.Ausl., am 10.8. zum Tode verurteilt.
7. Bernardis, Robert, Oberstleutnant i. G., AHA/Stab, am 8.8. zum Tode verurteilt.
8. Hayessen, Egbert, Major i. G., AHA/Stab, am 15.8. zum Tode verurteilt.
9. Klausing, Friedrich, Karl, Hauptmann, AHA/Stab Mitarbeiter, am 8.8. zum Tode verurteilt.
10. Graf v. d. Schulenburg, Fritz Dietloff, Oberleutnant d. R., zur W.E.Insp. Potsdam kdt., am 10.8. zum Tode verurteilt.
11. v. Hagen, Albrecht, Oberleutnant d. R., O 2 10. Panz.Div., am 8.8. zum Tode verurteilt.
12. Graf York v. Wartenburg, Peter, Leutnant d. R., Wi.Stab Ost/OKW, am 8.8. zum Tode verurteilt.
13. Olbricht, Friedrich, General der Infanterie, Chef des AHA, am 20.7. standrechtlich erschossen.
14. Graf v. Stauffenberg, Claus, Oberst i. G., Chef H Rüst u. B d E, Chef des Stabes, am 20.7. standrechtlich erschossen.
15. Mertz v. Quirnheim, Albrecht, Oberst i. G., AHA/Stab, am 20.7. standrechtlich erschossen.
16. v. Haeften, Werner, Oberleutnant d. R., Ord.Offz. Chef H Rüst u. B d E, am 20.7. standrechtlich erschossen.
17. Beck, Ludwig, Generaloberst a. D., zuletzt Chef des Gen.Stabes des Heeres, hat Selbstmord verübt.
18. Wagner, Eduard, General der Artillerie, Gen.Stab des Heeres, Gen.Quartiermeister, hat Selbstmord verübt.

42. Erdmann, Hans, Oberstleutnant, Ia stellv. Gen.Kdo. I. A.K., am 4.9. zum Tode verurteilt.
43. Graf v. Hardenberg, Karl-Hans, Oberstleutnant d. R., Adj. Gen. Feldm. v. Bock.
44. Kuebart, Wilhelm, Oberstleutnant i. G., OKW/Amt Ausl./Abw.
45. Knaak, Gerhard, Major, b. Armeepi.Fhr. Narwa, am 4.9. zum Tode verurteilt.
46. Graf v. Drechsel Deuffenstetten, Hans Ulrich, Hauptmann Sachbearbeiter Annahmestelle VII für den Führernachwuchs des Heeres, am 4.9. zum Tode verurteilt.
47. Letterhaus, Bernhard, Hauptmann d. R., OKW/Ausl. II b.
48. Strünck, Theodor, Hauptmann d. R., OKW/Amt Ausl./Abwehr.
49. Wagner, Siegfried, Oberst, Abt.Chef OKH/AHA/Ag E Wehrers.-Abt. OKW, Selbstmord.

Am 14. September 1944

50. Schulze-Büttger, Georg, Oberst i. G., Chef d. Gen.Stab.Pz. AOK. 4.
51. v. Tresckow, Gert, Oberstleutnant, Wehrkr.Kdo. III, hat Selbstmord verübt.
52. Graf v. Blumenthal, Hans-Jürgen, Major, Gruppenleiter Chefgru Ag E Tru.
53. Scholz-Babisch, Friedrich, Rittmeister d. R. z. V., Wehrkr.-Kdo. VIII.
54. Thoma, Busso, Major, Stab AHA.
55. Jessen, Jens, Hauptmann d. R., OKH/Gen.Stab d. Heeres/Gen.Qu. Abt. II.

Durch den Führer wurden auf Vorschlag des Ehrenhofes des Heeres aus der Wehrmacht entlassen:

Am 14. August 1944

1. v. Thüngen, Karl, Generalleutnant, Insp. d. W.Ers.Insp. Berlin.
2. Herfurth, Otto, Generalmajor, Chef des Stabes stellv. Gen.-Kdo. III. A.K.
3. Jäger, Fritz, Oberst, Kdr. d. Pz.Tr. XXI, am 21.8. zum Tode verurteilt.
4. v. d. Lancken, Fritz, Oberstleutnant z. V., Stab AHA, Adj.

Am 24. August 1944

5. Cramer, Hans, General der Panzertruppen, Fhr.Res., kdt. z. WFSt.
6. Schaal, Ferdinand, General der Panzertruppen, Wehrm.Bev. b. Reichsprot. u. Bfh. i. W.K. Böhmen u. Mähren.

98

Dokument über die Ausstoßung Hardenbergs aus der Wehrmacht (Hardenberg unter Nr. 43)

dacht der Komplizenschaft Bocks an der Verschwörung entstehen können…«[43] Am 5. August 1944 wurden durch Radio die Namen von 23 an dem Attentat beteiligten Offizieren bekanntgegeben. »Von Hardenberg wird nach wie vor nichts gesagt«, notierte Bock.[44]

»Bock reagierte phlegmatisch auf den letzten Versuch, Hitler im Juli 1944 umzubringen«, schreibt Alfred W. Turney in seinem Buch über Bocks Kampagnen in Rußland.[45] Bock schrieb vorwurfsvoll: »Sehen die denn nicht, daß sie sich nur selbst vernichten, daß das nicht der richtige Weg ist, Deutschland zu retten?« Turney zieht daraus den Schluß, daß Bock »offenbar keine Alternative für die Rettung Deutschlands« hatte.[46] Nach Turney soll Bocks Reaktion auf Hardenbergs Mitbeteiligung am Attentat und die darauf folgende Inhaftierung schärfer gewesen sein als die auf den versuchten Anschlag auf Hitler.

Enteignung

Die Gestapo eskalierte den Psychoterror. Am 24. August fand eine Ehrenhofsitzung statt mit dem Ergebnis, daß neben vielen anderen auch »Oberstleutnant der Reserve Graf von Hardenberg« aus der Wehrmacht ausgestoßen wurde.[47]

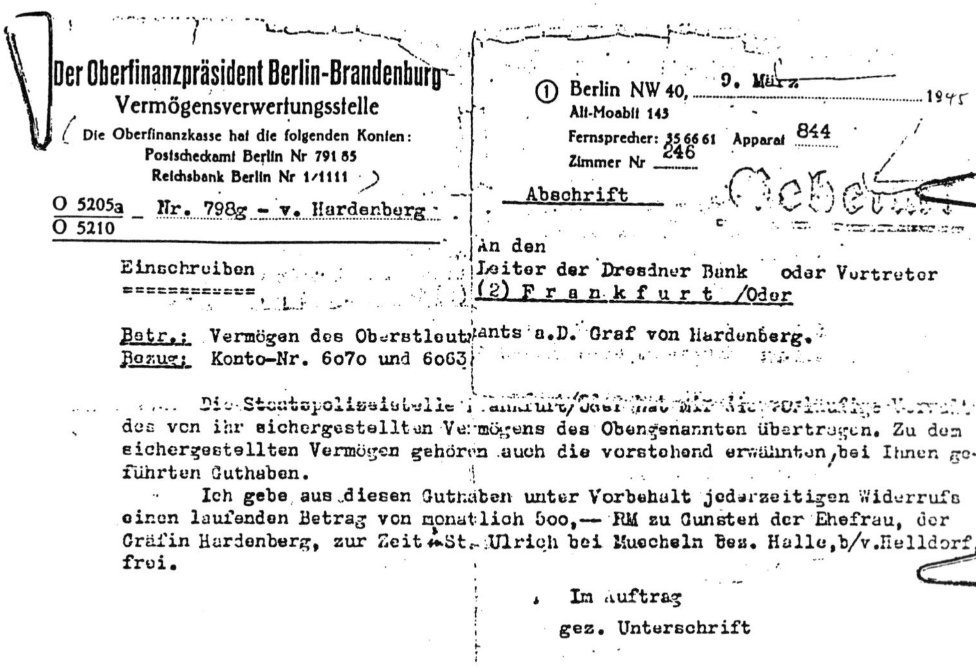

Der Oberfinanzpräsident Berlin-Brandenburg
Vermögensverwertungsstelle
Die Oberfinanzkasse hat die folgenden Konten:
Postscheckamt Berlin Nr 791 85
Reichsbank Berlin Nr 1/1111

O 5205a / O 5210 – Nr. 798g – v. Hardenberg

① Berlin NW 40, 9. März 1945
Alt-Moabit 143
Fernsprecher: 35 66 61 Apparat 844
Zimmer Nr 246

Abschrift

Einschreiben
============

An den
Leiter der Dresdner Bank oder Vertreter
(2) F r a n k f u r t /Oder

Betr.: Vermögen des Oberstleutnants a.D. Graf von Hardenberg.
Bezug: Konto-Nr. 6070 und 6063

Die Staatspolizeistelle [illegible] hat mir die vorläufige [illegible] des von ihr sichergestellten Vermögens des Obengenannten übertragen. Zu dem sichergestellten Vermögen gehören auch die vorstehend erwähnten, bei Ihnen geführten Guthaben.

Ich gebe aus diesen Guthaben unter Vorbehalt jederzeitigen Widerrufs einen laufenden Betrag von monatlich 500,— RM zu Gunsten der Ehefrau, der Gräfin Hardenberg, zur Zeit St. Ulrich bei Muecheln Bez. Halle, b/v. Helldorf, frei.

Im Auftrag
gez. Unterschrift

Dokument über die vorläufige Verwaltung des sichergestellten Vermögens Hardenbergs

Bald darauf, am 28. September, wurde das Neuhardenberger Schloß samt Vermögen Hardenbergs beschlagnahmt.[48] Darüber berichtete Schlabrendorff, später Richter am Bundesverfassungsgericht in Karlsruhe: »Beamte des Finanzamtes erschienen und erklärten die Enteignung. Der Inspektor wurde Treuhänder.«[49] Grundlage war ein Schreiben des Chefs des Stabshauptamtes des Reichskommissars für die Festigung deutschen Volkstums vom 23. August 1944.[50] Darin[51] heißt es:

> »Vorg.: Einziehung des Vermögens der Verräter vom 20. Juli 1944 zugunsten des Großdeutschen Reiches, vertreten durch den Reichskommissar für die Festigung deutschen Volkstums.
> An den Reichsführer SS
> Berlin-SW 11
> Prinz-Albrecht-Str. 8
> Reichsführer! SS-Obergruppenführer Reichsminister Backe hat … mitgeteilt, daß Reichsführer bei einer Rede vor Reichsleitern und Gauleitern dem Sinne nach folgendes erklärt haben: Das Vermögen, insbesondere das land- und forstwirtschaftliche Vermögen der Verräter vom 20. Juli 1944 wird zugunsten des Großdeutschen Reiches, vertreten durch den Reichskommissar für die Festigung deutschen Volkstums, eingezogen …
> SS-Obergruppenführer
> und General der Polizei«

Die Einziehung des Vermögens ist auch dokumentiert in einem Schreiben der Vermögensverwertungsstelle beim Oberpräsidenten von Berlin-Brandenburg an den Leiter der Dresdner Bank in Frankfurt/Oder vom 9. März 1945:[52]

> »Die Staatspolizeistelle Frankfurt/Oder hat mir die sofortige Verwaltung des von ihr sichergestellten Vermögens des Obengenannten[53] übertragen. Zu dem sichergestellten Vermögen gehören auch die vorstehend erwähnten, bei Ihnen geführten Guthaben (Konto-Nr. 6070 und 6063 – d. A.).«

Es entsprach der üblichen Verfahrensweise bei Vermögenseinziehungen, dem Oberfinanzpräsidenten vorläufig die Verwaltung der Vermögenswerte zu übertragen und der Ehefrau des Verfolgten daraus unter dem Vorbehalt des jederzeitigen Widerrufs monatliche Zahlungen zu bewilligen. Das ergab sich aus dem Erlaß Hitlers vom 29. Mai 1941, solange über die zugunsten des Reiches eingezogenen Vermögenswerte noch nicht entschieden war. Nach den vorhandenen Unterlagen des Reichsfinanzministeriums und des Reichsführers SS und Reichsinnenministers Heinrich Himmler entsprach die Verwaltung durch den zuständigen Oberfinanzpräsidenten sowie die Gewährung von Notbedarf für Familienangehörige und Hinterbliebene der Verwaltungs- und »Gnadenpraxis« des NS-Systems in anderen Fällen von Vermögenseinziehung. So erhielten selbst Familienangehörige und Hinterbliebene der vom Volksgerichtshof Verurteilten unter Hinweis auf den großmütigen Umgang des Regimes mit den Hinterbliebenen der Exekutierten des Röhm-Putsches monatliche Gnadenzuwendungen, die, soweit dies möglich war, aus dem eingezogenen Vermögen zu gewähren waren.

Aus dem Verhalten des Oberfinanzpräsidenten darf keineswegs auf eine nur vorläufige, nicht endgültige Wegnahme des Vermögens geschlossen werden.
Schließlich war Minister Speer im Schloß Neuhardenberg erschienen, »besichtigte und brachte zum Ausdruck, daß er mit seinem Stabe darin einziehen wolle. Der schnelle Vormarsch der sowjetischen Streitkräfte verhinderte dies jedoch.«[54]

Freunde in der Not

Gräfin Hardenberg mußte neben ihrem Mann auch um ihre Tochter Reinhild (Wonte) bangen, die im Gefängnis Charlottenburg einsaß und ihre Mutter über Kassiber informierte. Am 29. September wurde Ursula von Kardorff von Melitta Stauffenberg angerufen, sie möchte Gräfin Hardenberg informieren, daß sie ihrer Tochter Reinhild ein Eßpaket schicken könne.[55] Am 26. Oktober hatten Ursula von Kardorff und Renate (Lalla – Tochter Hardenbergs) die Möglichkeit, Pfarrer Poelchau in Tegel Lebensmittel für die Gefangenen zu übergeben.
Ihren Mann durfte Gräfin Hardenberg erst am 24. Dezember auf ihr Schreiben an Himmler hin im Konzentrationslager Sachsenhausen besuchen, wohlvorbe-

Bodo von der Marwitz

reitet mit Zigaretten und Kognak für die Gestapo, um günstigere Besuchsbedingungen zu erlangen. Hier erfuhr sie, daß Hardenberg zweimal verhört worden war, ohne daß viel herausgekommen worden sei, wie sie wenige Stunden später Ursula von Kardorff berichtete.
Am 25. Dezember 1944 schrieb Gräfin Hardenberg an Hardenbergs Freund Marwitz: »Lieber Bodo: Von Hanni soll ich Dir sagen, daß er Dich *sehr* grüßen läßt...«[56] Daß Marwitz ihm in das Konzentrationslager Sachsenhausen den Gruß schickte: »Graf Hardenberg. Ich grüße mit treuen Wünschen. Bodo«[57] zeugt nicht nur vom Mut Marwitz', sondern auch von der wahrhaft tiefen Freundschaft und Treue. Zudem sorgte er sich während Hardenbergs Inhaftierung um die Gräfin. Er kam täglich zu Pferde aus Friedersdorf »und unterstützte die Gräfin mit Rat und Tat«.[58]
Hardenberg, der vor seiner Inhaftierung sehr oft bei seinem Friedersdorfer Freund Bodo von Marwitz gewesen war, hatte dort auf dem Grabstein von Johann Friedrich Adolf von der Marwitz' die berühmten Worte gelesen: »Sah Friedrichs Heldenzeit und kämpfte mit ihm in allen seinen Kriegen. Wählte Ungnade, wo Gehorsam nicht Ehre brachte.« Marwitz, der im Siebenjährigen Krieg von Friedrich II. den Befehl zur Plünderung des Schlosses Hubertusburg erhalten hatte, hatte diesen verweigert und war nach Friedersdorf verbannt worden. Er war bis zu seinem Tode dort geblieben. Hardenberg bewegten diese Worte so sehr, daß er sie in seinen Erinnerungen aus dem Jahre 1945 zur Maxime seines Denkens und Handelns erklärte. Winston Churchill charakterisierte Marwitz als ein Vorbild für Zivilcourage und edle Gesinnung. Und Theodor Heuss, als der erste Bundespräsident, sagte im Juli 1954: »›So mag das Preußische als moralische Substanz begriffen werden. Und wenn irgendwo, dann steht Preußens Denkmal in einer Dorfkirche der Mark Brandenburg. In Friedersdorf.‹ In Marwitz zeigte sich eine Gesinnung, die vergleichbar ist mit der der Männer des 20. Juli, der Witzleben, Kleist, Tresckow, Moltke, Stauffenberg, Schulenburg – kaum ein Name fehlt von jenen, die Preußen großgemacht haben –, Männer, die nach dem für das Offizierskorps Friedrich Wilhelms geltenden Gebot handelten, wonach der Gehorsam dort endet, wo es um die Ehre geht.«[59]

Schlabrendorff

Zu den Kontaktpersonen Hardenbergs hatte auch Schlabrendorff gehört, der seit 1938 Verbindungen zu dem bei der Abwehr tätigen Hans Oster hatte und bei Tresckow gemeinsam mit Hardenberg als Ordonnanzoffizier bei der Heeresgruppe Mitte wirkte. Er befand sich vom 18. August 1944 bis Ende März 1945 im Hauptquartier der Gestapo, Prinz-Albrecht-Straße 8. Dort entdeckte er viele Mitverschwörer wie Admiral Canaris, General Oster, Botschafter Graf von der Schulenburg, Botschafter von Hassell, Graf Lehndorff, Reichsbankpräsident Schacht, Oberbürgermeister Goerdeler.
Hardenberg wußte nicht, daß während seiner Haftzeit Schlabrendorff ebenfalls in das Konzentrationslager Sachsenhausen gebracht worden war. Dort hatte man

ihn an einen Schießstand geführt. Ein Beamter sagte: »Nun werden Sie ja wissen, was mit Ihnen geschehen wird. Vorher aber haben wir noch etwas anderes mit Ihnen vor.« Darauf war Schlabrendorff zum Krematorium geführt worden, in dem der Sarg des Generals von Tresckow stand. »Angesichts der Leiche«, so Schlabrendorff, »die schon mehrere Monate in der Erde gelegen hatte, wurde ich mit halb drohender, halb beschwörender Stimme gefragt, ob ich nicht nunmehr ein umfassendes und endgültiges Geständnis ablegen wollte.«[60] Doch auch Schlabrendorff verriet Hardenberg nicht!

Das NS-Regime im Untergang

Hardenberg: »Die Gestapo hatte 4mal die Todesstrafe beantragt. Zu einer Verhandlung vor dem Volksgerichtshof ist es wegen des russischen Vormarsches nicht mehr gekommen.«[61]

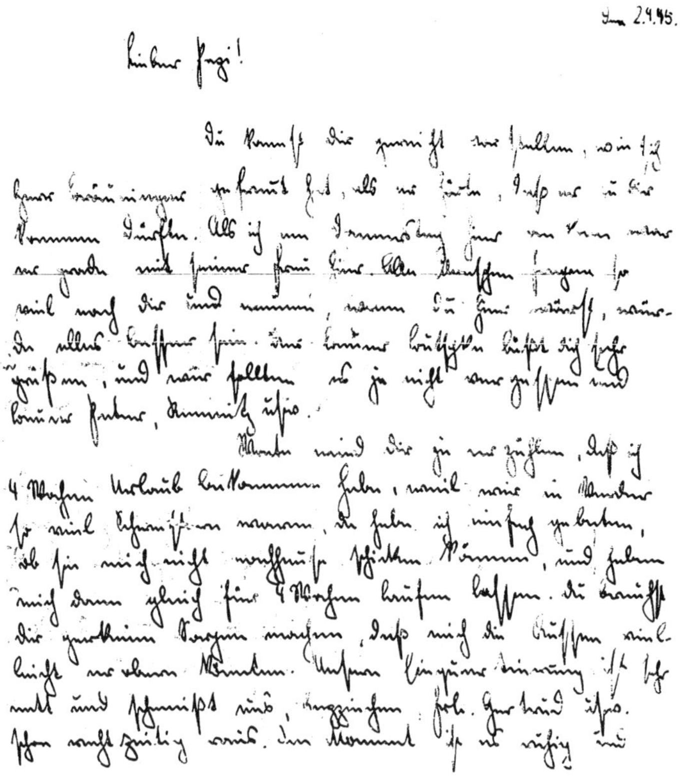
2.4.45.

Lieber Papi!

Brief von Renate Gräfin Hardenberg (Lalla) an ihren Vater in das Konzentrationslager Sachsenhausen

Drei Wochen vor der Auflösung des Konzentrationslagers Sachsenhausen, am 2. April 1945, schrieb Hardenbergs Tochter Renate (Lalla) an ihn:

»Lieber Papi!
Du kannst Dir gar nicht vorstellen, wie sich Herr Bräuninger gefreut hat, als er hörte, daß er zu Dir kommen dürfte. Als ich am Donnerstag hier ankam, war er gerade mit seiner Frau hier. Alle Menschen fragen soviel nach Dir und meinen, wenn Du hier wärst, würde alles besser sein. Der Bauer Butschke läßt Dich sehr grüßen und wir sollten es ja nicht vergessen und Bauer Peter, Kemnitz usw.
Wonte wird Dir ja erzählen, daß ich 4 Wochen Urlaub bekommen habe, weil wir in Werder soviel Schwestern waren, da habe ich einfach gebeten, ob sie mich nicht nach Hause schicken können, und haben mich dann gleich für 4 Wochen laufen lassen. Du brauchst Dir gar keine Sorgen machen, daß mich die Russen vielleicht erobern könnten. Unsere Einquartierung ist sehr nett und schmeißt uns, Reppinchen, Frl. Gertrud[61a] usw. schon rechtzeitig raus. Im Moment ist es ruhig und man hört gar nicht soviel schießen, bloß wenn die Tiefflieger kommen, dann schießt die Flak in der Umgebung aus allen Löchern. Du kannst Dir ja gar nicht vorstellen, wie schön es hier ist, und alle Menschen sind so rührend, wenn jemand Bekanntes vorbeikommt, kommen sie mal ran. Fast täglicher Gast ist H. v. Krieger. In Wulkow auf dem Hauptverbandsplatz ist ein Arzt, der vorher bei uns in Werder war, der kommt auch manchmal; Kartoffeln und Zwiebeln haben wir ihm neulich mitgegeben, für Bratkartoffeln.
Gestern war ich mit Reppinchen in der Kirche. Sie war ganz voll und viele Soldaten drin, aber der Pfarrer war so langweilig, es war direkt ein Jammer, ich mußte immerzu denken, was für eine schöne Osterpredigt der Pfarrer Koeller gehalten hätte. Ich gehe jetzt alle 1½ Tage auf den Hauptverbandsplatz, der im Arbeitsdienstlager ist. Die armen Kerlchens haben manchmal so schreckliche Verwundungen und es sind schon viele hier gestorben. Auf dem Feld (unbestellt) hinter dem Dorffriedhof und dem Flugplatz ist der Heldenfriedhof.
Ich kann den Menschen ja so wenig helfen, aber sie sind schon so dankbar, wenn man sie mal kräftig wäscht.

Viele tausend herzliche Grüße und Küsse
Deine Lalla.«[62]

Wegen des Vormarschs der sowjetischen Streitkräfte hatte Hardenbergs Frau am 8. März 1945 Neuhardenberg mit einem Lastkraftwagen verlassen[63] und war zu Baronin Reinhild von Helldorf nach St. Ulrich (bei Mücheln, Halle) in die Provinz Sachsen gefahren. Baron Helldorf hatte in seinem Testament Hardenberg zum Pfleger seiner Kinder bestellt. Am 1. August 1940 hatte die Baronin aber darum gebeten, daß Marwitz dessen Stelle einnehmen möge.[64]
Trotz der Gefahren und des nunmehr weiteren Weges fuhr aber die Gräfin weiterhin in das Konzentrationslager Sachsenhausen, um ihren Mann zu besuchen.

Fritz Kemnitz
mit seiner Tochter Ilse (etwa 1940)

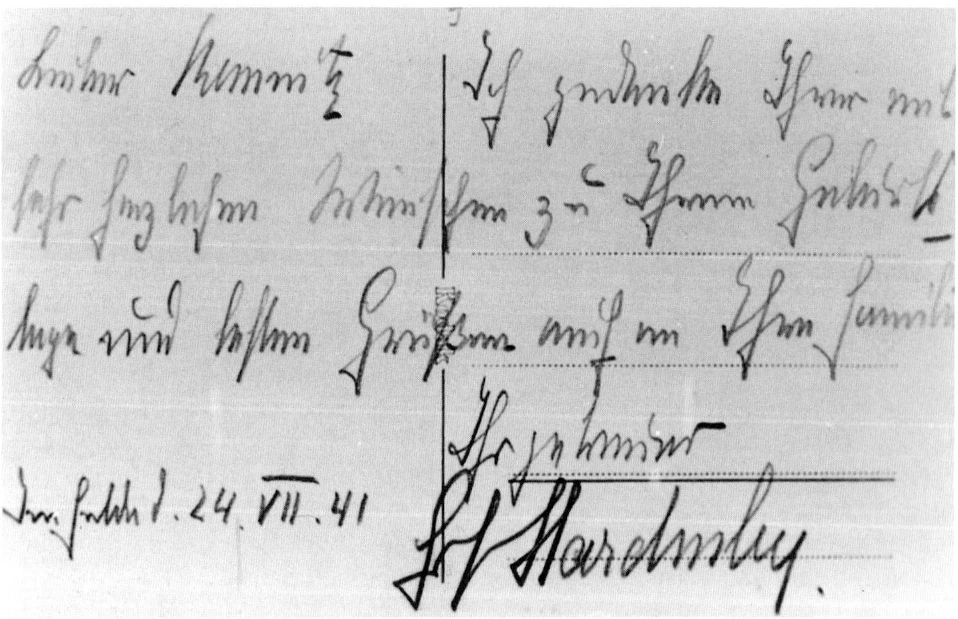

Lieber Kemnitz
Ich gedenke Ihrer mit
sehr herzlichen Wünschen zu Ihrem Geburtstage
und besten Grüßen auch an Ihre Familie
Ihr getreuer
Hardenberg
Neuhardenberg d. 24. VII. 41

Geburtstagskarte Hardenbergs an Fritz Kemnitz

Hitler in Neuhardenberg

In dieser Zeit dürfte Hardenberg von seiner Frau erfahren haben, daß am 18. oder 19. März 1945 Hitler einen kurzen Halt in Neuhardenberg machte, ohne das Verschwörerschloß zu betreten.

Der ehemalige Oberleutnant Heinz Freyn, eingesetzt im Stab der 309. Infanterie-Division, welcher sich im Schloß Neuhardenberg aufhielt, erinnerte sich:[65]

Ende 1944/Anfang 1945 wurde in Döberitz die Infanterie-Division 309 mit dem Namen »Berlin« aufgestellt, um an der Oder-Front eingesetzt zu werden. Oberleutnant Freyn, der sich – wie er formulierte – gegen die Bolschewisierung Europas engagieren wollte, meldete sich freiwillig zum Einsatz in dieser Division und erschien Anfang März 1945 beim Divisionskommandeur, General Voigtsberger, im Schloß Neuhardenberg. Dort wurde Freyn als Adjutant bei Major Deppe eingestellt, der als 1b der Division fungierte. Freyn kümmerte sich unter anderem um die Versorgung der deutschen Truppen, die im Verteidigungsbereich Letschin bis Zechin eingesetzt waren.

Im Gartensaal des Schlosses führte General Voigtsberger die Lagebesprechungen durch. Die Truppenkommandeure erhielten hier ihre Einsatzbefehle.

Die Offiziere des Divisionsstabes wohnten in der oberen Etage des Schlosses. Zu ihnen gehörten weiterhin Major i. G. Bjoska (1a) und Hauptmann i. G. Jürgen Edzardi (1c).

General Voigtsberger

Um den 18./19. März 1945 erschien ein Kradmelder am Schloß Neuhardenberg mit der Information: »Hoher Besuch aus dem Führer-Hauptquartier ist zu erwarten.« Etwa am 20. März war es soweit. Der Führer kommt! Die Divisionsführung solle an der Schloßkreuzung am Kriegerdenkmal Aufstellung nehmen. »Ein großer Fahrzeugkonvoi fuhr von Jahnsfelde kommend in das menschenleere Neuhardenberg. Einige Vorausfahrzeuge mit Hitlers Leibwache fuhren vorbei. Hitler stieg aus seinem Fahrzeug aus und begrüßte jeden Offizier persönlich, während die Kameras surrten.
General Voigtsberger berichtete über den Verteidigungsabschnitt der Division und über den schlechten Zustand der Mannschaften. Alte Männer und kleine Hitlerjungen, verstärkt durch ein dünnes Gerippe erfahrener altgedienter Soldaten, sollen dem gewaltigen Druck der Roten Armee standhalten. Hitler war sehr ungehalten, als General Voigtsberger keinen Hehl aus der schlechten Verfassung der Division machte. Während Voigtsberger berichtete, beobachtete Freyn, wie Keitel und andere Generale hinter Hitler warnend Zeichen machten, damit Voigtsberger nicht so pessimistisch berichtete. Dann beendete Hitler seine Visite mit dem Befehl: ›Die Division muß es trotzdem schaffen!‹ Die Fahrzeugkolonne fuhr dann in Richtung Wriezen.«

Am 16. April 1945 begann die 5. sowjetische Stoßarmee unter General Bersarin die Offensive in Richtung Neuhardenberg, Altfriedland, Gottesgabe... In den Morgenstunden des 17. April 1945 schlugen Granaten in Neuhardenberg ein. Auch das Schloß wurde anvisiert. Granaten schlugen im Park ein, dann vor dem Schloß und schließlich bekam es einen Treffer über dem Haupteingang.
Freyn erhielt die Aufgabe, die Bewohner des Schlosses zu evakuieren. Mit einem Lastkraftwagen mit Holzvergaserantrieb wurden dann Hardenbergs Tochter Renate sowie die Wirtschafterin in ein Waldstück weit hinter das Schloß transportiert.[66]

Befreiung aus dem KZ Sachsenhausen

Seit Beginn des Jahres 1945 mußte Hardenberg erleben, daß jede Nacht Häftlinge aus den Baracken geholt und getötet wurden, meistens durch Genickschuß. Außerdem wurden alle zwei Tage bis zu drei Häftlinge beim Zählappell vor den aufmarschierten Mithäftlingen aufgehängt.
Hardenberg lag in einem Raum, in dem sich 86 Häftlinge befanden; 53 davon wurden eines Tages vergast.
Seit Februar verstärkte sich der Selbstbefreiungsdrang der Häftlinge. Hardenberg wurde von norwegischen Häftlingen gefragt, ob er die militärische Leitung eines Ausbruchversuches übernehmen wolle. Doch es war zu spät.[67] Dem Todesmarsch, auf den die flüchtende SS die KZ-Häftlinge zwang, hatte er entgehen können. Er hatte sich unter einem Barackenboden versteckt gehalten, wie seine Tochter Reinhild berichtete, und war bei den Schwerkranken zurückgeblieben.

Am Morgen des 22. April 1945 waren sämtliche SS-Wachen verschwunden, und gegen 10.00 Uhr erschien ein russischer Soldat und erklärte, daß alle Häftlinge frei seien.
Dennoch war Hardenberg für den Tag noch bei den Schwerkranken in Sachsenhausen geblieben. Aber er inspizierte auch noch die ganze KZ-Hölle: Krematorium, Gaskammer und Genickschußanlage.[68] Er verließ sie tags darauf als Lebender! Von seinem qualvollen tagelangen Heimmarsch aus dem Konzentrationslager berichtete er Ursula Kardorff bei einem Besuch in Berlin im September 1945.

Hardenbergs Sohn Friedrich-Carl war »an die Kurlandfront geschickt (worden, hatte) aber mit einem Floß vor den Russen fliehen (können)«.[69] Er wurde dann mit seiner Einheit unter Oberst von Vietinghoff mit Fährschiffen von Kurland nach Holstein gebracht.

Bocks Tod

Bock war mit seiner Familie nach Schleswig-Holstein geflüchtet, wo er sich dem von Hitler zu seinem Nachfolger ernannten Dönitz als politischer Berater zur Verfügung stellte, von dem er am 30. April empfangen wurde.[70]
Am 3. Mai nachmittags in einem offenen Mercedes mit seiner Familie auf dem Wege zu Generalfeldmarschall von Manstein wurde sein Wagen von einem Jagdbomber angegriffen, durchlöchert und geriet sofort in Brand. Bock selbst hatte nur einen Streifschuß erhalten und konnte noch aus dem brennenden Wagen springen, doch die Brandwunden waren tödlich. Er erlag seinen Verletzungen einige Stunden später im Oldenburger Krankenhaus. Die Beisetzung fand einige Tage später auf dem Lensahner Friedhof statt. Eine unbewaffnete Panzerkompanie stellte mit Einwilligung der Engländer das Ehrengeleit. Generalfeldmarschall von Manstein hielt eine kurze Ansprache.[71]

VIII Befreiung und Nachkrieg

Freiheit und Neubeginn

Am 21. Mai 1945 traf sich Hardenberg mit Ludwig von Hammerstein in Potsdam, mit dem er sich lange über die gesellschaftlichen Entwicklungsmöglichkeiten unterhielt.[1] Hammerstein notierte: »Mit Hardenberg lange unterhalten. Ostorientierung.«[2] Wie das gemeint war, berichtete Hammersteins Bruder Kunrat. In einer Diskussion mit Wilhelm Scheidt brachte dieser zum Ausdruck, daß Hitler vor einem östlichen Sonderfrieden Angst gehabt habe. »Ohne Hitler brauche eine Wendung zu den Russen nicht das Schlechteste zu bedeuten.«[3]

Noch von den Qualen des Konzentrationslagers gezeichnet, stellte sich Hardenberg dem Aufbau zur Verfügung. Zusammen mit Andreas Hermes, Friedrich Carl von Zitzewitz-Muttrin und mit seinem getreuen Güterdirektor Oberamtmann Rudolf Bräuninger arbeitete Hardenberg zuerst im Ernährungsamt im Magistrat von Berlin, dann bei der Landesregierung in Potsdam, um Hilfe zu leisten bei der Reorganisation der Landwirtschaft und um die Versorgung der Bevölkerung sicherzustellen.

Andreas Hermes, Landwirtschaftsminister a. D. und ehemals Zentrumspolitiker, hatte bereits seit 1934/35 »in Bonn einem recht soliden Widerstandskreis« angehört.[4] Mehrere Treffen hatte es darüber hinaus mit Jakob Kaiser gegeben, der wiederum »Goerdeler auch nach Godesberg zu Andreas Hermes gebracht hatte, auf dessen ... Mitwirkung in der Zeit nach Hitler er größten Wert legte«.[5] Hermes hatte nach den Plänen der Verschwörer Landwirtschaftsminister werden sollen. Jakob Kaiser war die verantwortliche Mitarbeit von Andreas Hermes besonders wichtig gewesen, denn in der Zusammenarbeit mit Gewerkschaftsführern im Westen war seine soziale Linie zum Ausdruck gekommen, zudem hatte auch zwischen Leuschner[6] und ihm »weitgehende Übereinstimmung« bestanden.[7] Darüber hinaus hatte sich Hermes mit Plänen einer Parteineugründung getragen, die »Bürger, Bauern und Arbeiter« hatte vereinigen sollen.
Am 16. Mai 1945, unmittelbar nach seiner Befreiung aus dem Gefängnis, suchte Hermes Jakob Kaiser auf, um über politische Pläne zu debattieren. Am 8. Dezember 1945 schrieb Jakob Kaiser: »Es fanden sich Überlebende des 20. Juli zusammen, die unter Führung von Dr. Hermes zur Gründung der Christlich-Demokratischen Union schritten.«[8] Ludwig von Hammerstein blieb bei Jakob Kaiser. Von 1949 bis 1957 war er sein Pressereferent im Bundesministerium für Gesamtdeutsche Fragen.

Bodenreform – 2. Enteignung

Die Männer um Jakob Kaiser, insonderheit Hermes, Hardenberg und Ludwig von Hammerstein hatten in der Zeit des Nationalsozialismus und danach vor allem eine Grundhaltung: den »Widerstand gegen Totalitarismus«.[9]

Dies war auch die Ursache, eingeschlossen sein Auftreten gegen die Art und Weise der Durchführung der Bodenreform, daß Dr. Andreas Hermes, Mitbegründer der CDU in Ostdeutschland, und mit ihm natürlich auch Hardenberg, von den erstarkenden totalitären Kräften am 21. Dezember 1945 ihrer Posten enthoben wurden.

Die aus drei Artikeln bestehende »Verordnung über die Bodenreform in der Provinz Mark Brandenburg vom 6. September 1945«[10] setzte fest:

> »1. Die demokratische Bodenreform ist eine unaufschiebbare nationale, wirtschaftliche und soziale Notwendigkeit. Die Bodenreform muß die Liquidierung des feudalen junkerlichen Großgrundbesitzes gewährleisten und der Herrschaft der Junker und Großgrundbesitzer im Dorfe ein Ende bereiten, weil diese Herrschaft immer eine Bastion der Reaktion und des Faschismus in unserem Lande darstellte und eine der Hauptquellen der Aggression und der Eroberungskriege gegen andere Völker war.«[11]

Hardenberg hatte definitiv nicht zu dieser »Bastion... des Faschismus« gehört, sondern war schließlich ihr entschiedener Gegner gewesen.

> »2. Folgender Grundbesitz wird mit allen darauf befindlichen Gebäuden, lebendem und totem Inventar und anderem landwirtschaftlichen Vermögen, unabhängig von der Größe der Wirtschaft, entschädigungslos enteignet:
> a) Der Grundbesitz der Kriegsverbrecher und Kriegsschuldigen mit allem darauf befindlichen landwirtschaftlichen Vermögen.
> b) Der Grundbesitz mit allem darauf befindlichen landwirtschaftlichen Vermögen, der den Naziführern und den aktiven Verfechtern der Nazipartei und ihrer Gliederungen sowie den führenden Personen des Hitlerstaates gehörte, darunter allen Personen, die in der Periode der Naziherrschaft Mitglieder der Reichsregierung und des Reichstages waren.«[12]

Auch dieser Paragraph traf auf Hardenberg nicht zu, er hätte geradezu aus seiner Feder stammen können.

Im Unterschied zu den beiden ersten Paragraphen kam dann völlig unbegründet ein Enteignungsparagraph:

> »3. Gleichfalls wird der gesamte feudaljunkerliche Boden und der Großgrundbesitz über 100 ha mit allen Bauten, lebendem und totem Inventar und anderem landwirtschaftlichem Vermögen enteignet.«[13]

Das war blinder, nicht differenzierender Klassenhaß.[14]
Nur bruchstückhafte Quellen belegen Hardenbergs Enteignung. Danach wären in den Bodenfond gekommen: In Gölsdorf 531 ha Acker und Wiesen und 165 ha Wald. Diese wurden an 53 Siedler übergeben. In Tempelberg wurden 615 ha Acker und Wiese, 254 ha Wald und Gut, in Berkenbrück 694 ha enteignet.[15] Hinzu kamen die Besitzungen um Neuhardenberg.
Die Kommunisten, denen gegenüber sich Hardenberg tolerant verhalten hatte, denen er selbst eine gewisse Mitverantwortung zu übertragen bereit gewesen

war, hatten ihn kurzerhand nochmals enteignet! Währenddessen kämpfte Bräuninger um seinen Lietzener Besitz, »scheint sich auch durchzusetzen«.[16]
Bräuninger, der am 13. Februar 1946 Ludwig Hammerstein besuchte, berichtete, daß er wahrscheinlich deshalb Erfolg haben werde, »weil er den stellvertretenden Landrat von Seelow, als dieser mal in Lietzen im Kittchen saß, ... bestens verpflegt hat; das trägt jetzt seine Früchte«.[17]

Hunger – Chaos in der Landwirtschaft

Hardenberg bemühte sich darum, seinen Güterdirektor Bräuninger dafür zu gewinnen, nicht die Ostzone zu verlassen, sondern seine restlichen Besitzungen zu verwalten. Am 15. Dezember 1945 erschien Bräuninger bei Ludwig von Hammerstein und berichtete ihm, er solle »26 000 Morgen verwalten, davon seien 24 000 Morgen unbestellt«.[18] Einer der Gründe dafür war, daß die dortigen sowjetischen Besatzungstruppen landwirtschaftliche Maschinen und Geräte per Eisenbahn in die Sowjetunion brachten. Hardenberg konnte den Abtransport seiner schon auf dem Bahnhof Trebnitz bereitgestellten Landtechnik verhindern.[19]

An die
Vereinigung ehemaliger
Konzentrationäre und
politisch Inhaftierter

27.Okt.1945
27/Tu

(22) D ü s s e l d o r f
Rheinbahnhaus

Betr.: Graf von Hardenberg/ Suchaktion
Ihr Schreiben vom 20.9.45

Im obengenannten Schreiben habt Ihr uns zwei Kameraden genannt, die über Hardenberg den Angehörigen etwas mitteilen können. Wir haben diese Namen und Adressen der Suchenden mitgeteilt und kommen nun auch Eurer Bitte nach. Die Anschrift der Suchenden lautet: Frau Dr. H e i n s e n , Hamburg-Langenhorn, Dobenstück 3.

Am 15. Dezember 1945 erschien Friedrich Carl von Zitzewitz-Muttrin bei Ludwig von Hammerstein in Potsdam, wo er die Auffassung vertrat, er wolle nicht zu den 15 Millionen Verhungerten gehören.[20] Zitzewitz war von Mai bis Juli 1945 in der Ernährungsabteilung des Berliner Magistrats für die Landwirtschaft zuständig gewesen.
In der Landwirtschaft fehlte es nahezu an allem: Es gab weder Traktoren noch Treibstoff, kein Motorenöl und auch kein Pflanzgut. In vielen Dörfern suchte man vergeblich nach einem Huhn oder Schwein oder gar einem Pferd, einem Ochsen oder einer Kuh. In der sowjetischen Besatzungszone war der Bestand an Schweinen auf 20,7 Prozent und an Rindern auf 65,7 Prozent zurückgegangen.[21]

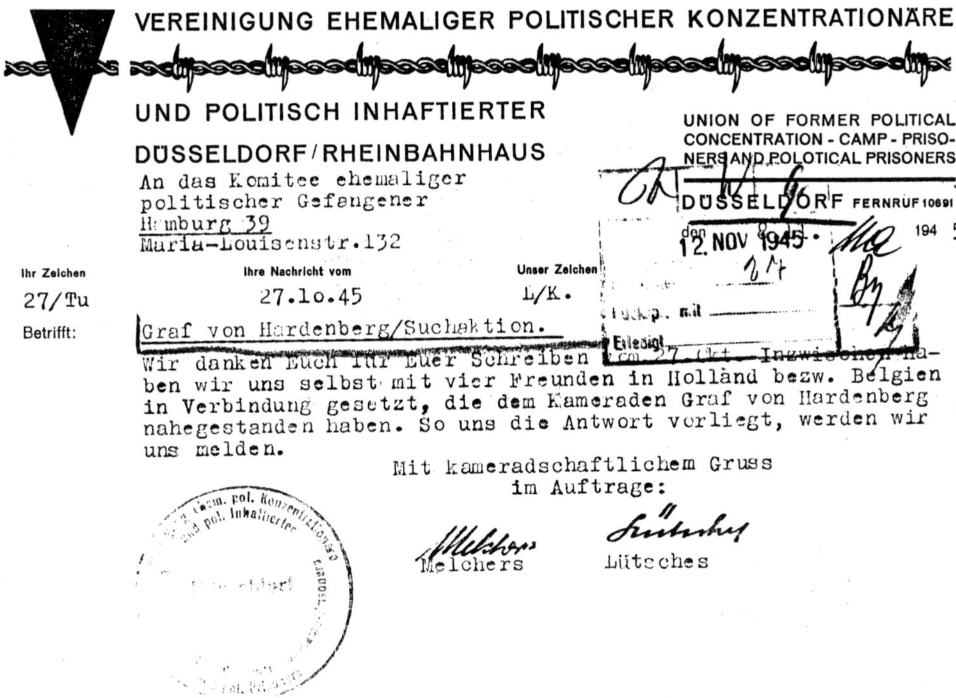

VEREINIGUNG EHEMALIGER POLITISCHER KONZENTRATIONÄRE
UND POLITISCH INHAFTIERTER
DÜSSELDORF / RHEINBAHNHAUS

UNION OF FORMER POLITICAL CONCENTRATION - CAMP - PRISONERS AND POLOTICAL PRISONERS
DÜSSELDORF FERNRUF 10691

An das Komitee ehemaliger
politischer Gefangener
Hamburg 39
Maria-Louisenstr. 132

den 12. NOV 1945 194 5

Ihr Zeichen	Ihre Nachricht vom	Unser Zeichen
27/Tu	27.10.45	L/K.

Betrifft: Graf von Hardenberg/Suchaktion.

Wir danken Euch für Euer Schreiben vom 27. Okt. Inzwischen haben wir uns selbst mit vier Freunden in Holland bezw. Belgien in Verbindung gesetzt, die dem Kameraden Graf von Hardenberg nahegestanden haben. So uns die Antwort vorliegt, werden wir uns melden.

Mit kameradschaftlichem Gruss
im Auftrage:

Melchers Lütsches

In dem mit am härtesten betroffenen damaligen Kreis Lebus – zu DDR-Zeiten im wesentlichen der Kreis Seelow – waren zum Beispiel von 43 146 Rindern, die 1938 dort gezählt worden waren, nach Kriegsende nur noch 442 vorhanden; vor dem Kriege gab es 59 936 Schweine, nach dem Kriege nur noch 108.[22]
Im Oderbruch fielen infolge der Kampfhandlungen etwa 20 000 ha fruchtbaren Ackerlandes für die landwirtschaftliche Nutzung aus. 27 000 Unter- und Geschützstände, Tausende Kilometer Laufgräben, Bomben- und Granattrichter hatten das Land zerfurcht.[23]
Bräuninger, der in der Provinzialverwaltung Potsdam arbeitete, war dennoch pessimistisch, weil eine Hungerkatastrophe drohte. Bräuninger berichtete[24], daß die Russen zwar großartige Pläne hätten, »in denen sie ihre russischen Landwirtschaftsmethoden ohne jede Abänderung auf unsere Verhältnisse übertragen wollen, was auch schon nicht geht«, sie durchkreuzten »dann aber ihre eigenen Anordnungen durch Abtransport von Saatgut und ähnlichen Sachen. Jetzt z.B. haben sie befohlen, 50 000 Tonnen Kartoffeln zu verbrennen, beste Saatkartoffeln, die vorgesehene Anbaufläche für Kartoffeln ist schon viel zu klein angesetzt, stattdessen soll Hardenberg 60 Morgen Tomaten anbauen, aber Glas zum Heranziehen der Pflanzen ist nicht vorhanden. Die Russen sind aber weniger geworden; auch auf diesem Gebiet einseitige Diktatur der Kommunisten; die wenigen Fachleute (in der Provinzialverwaltung) in Potsdam können sich nicht durchsetzen, die anderen liegen auf dem Bauch.«

Am 7. März 1946 war Bräuninger wieder bei Ludwig Hammerstein und erzählte, daß die »Sache … immer mehr dem Chaos (zusteuere); dann müßten ja Sündenböcke gefunden werden und hängen«.[25] Am 19. März desselben Jahres kam Bräuningers Frau. Sie war der Meinung, daß Bräuninger das Land verlassen müsse. »Wäre er in die KPD eingetreten oder auch in die SPD, könnte er bleiben, so ist es schon wieder, ist man nicht in ›der Partei‹, so kann man nichts werden.«[26] Hardenbergs ehemaliger Güterdirektor ging dann im Mai 1946 nach Württemberg, um dort ein Stück Land zu pachten, da er ein Arbeiten »hier für aussichtslos (hält), was es wohl auf die Dauer für ihn auch ist«.[27]

Ehrenpatron seiner Kirche

Ende September 1945 nach der zweiten Enteignung waren Graf Hardenberg und seine Frau nach Nörten bei Göttingen zum Stammsitz der Familie gezogen. Die Familie Hardenberg ist bereits seit 1357 auf dieser Burg zu Hause.[28]
Die Einwohner Neuhardenbergs ehrten und verehrten den Grafen. Das kam auch in dem Brief des Neuhardenberger Pfarrers Georg Simon vom 1. Oktober 1945 an Hardenberg zum Ausdruck:

»Hochverehrter Herr Graf!

Die Kirchenleitung Berlin-Brandenburg hat dem Antrag des Gemeindekirchenamtes stattgegeben und Ihnen das Ehrenpatronat über unsere Kirche und

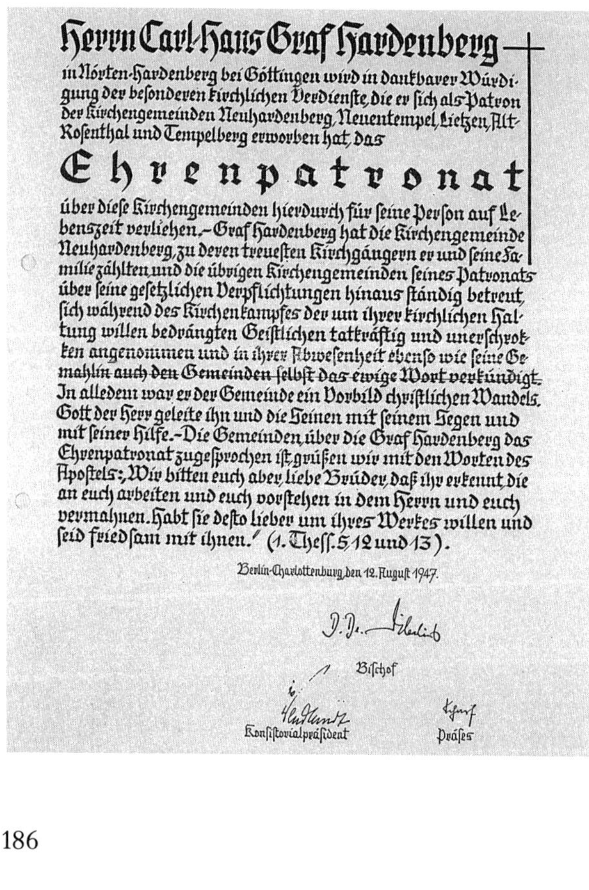

Herrn Carl-Hans Graf Hardenberg

in Nörten-Hardenberg bei Göttingen wird in dankbarer Würdigung der besonderen kirchlichen Verdienste, die er sich als Patron der Kirchengemeinden Neuhardenberg, Neuentempel, Lietzen, Alt-Rosenthal und Tempelberg erworben hat, das

Ehrenpatronat

über diese Kirchengemeinden hierdurch für seine Person auf Lebenszeit verliehen. – Graf Hardenberg hat die Kirchengemeinde Neuhardenberg, zu deren treuesten Kirchgängern er und seine Familie zählten, und die übrigen Kirchengemeinden seines Patronats über seine gesetzlichen Verpflichtungen hinaus ständig betreut, sich während des Kirchenkampfes der um ihrer kirchlichen Haltung willen bedrängten Geistlichen tatkräftig und unerschrokken angenommen und in ihrer Abwesenheit ebenso wie seine Ge~~mahlin auch den Gemeinden selbst das ewige Wort verkündigt.~~ In alledem war er der Gemeinde ein Vorbild christlichen Wandels. Gott der Herr geleite ihn und die Seinen mit seinem Segen und mit seiner Hilfe. – Die Gemeinden, über die Graf Hardenberg das Ehrenpatronat zugesprochen ist, grüßen wir mit den Worten des Apostels: „Wir bitten euch aber, liebe Brüder, daß ihr erkennt, die an euch arbeiten und euch vorstehen in dem Herrn und euch vermahnen. Habt sie desto lieber um ihres Werkes willen und seid friedsam mit ihnen." (1. Thess. 5, 12 und 13).

Berlin-Charlottenburg, den 12. August 1947.

Bischof

Konsistorialpräsident

Präses

Dokument über das Ehrenpatronat für Hardenberg

Hardenberg Burgruine

Hardenberg Vorderhaus

die anderen Kirchen, deren Patron Sie seinerzeit gewesen sind, verliehen. Die beigefügte Verleihungsurkunde wurde mir ausgehändigt mit der Bitte, sie Ihnen im Auftrag des Konsistoriums auf einem geeignet erscheinenden Wege zuzustellen. Da ich sie aus begreiflichen Gründen nicht unserer Post anvertrauen möchte, selber nicht in die britische Zone kommen kann, und da in absehbarer Zeit mit einem Besuch Ihrerseits nicht gerechnet werden kann, halte ich es für angebracht, die Urkunde einer Dame aus Lage/Lippe mitzugeben... Bei der 130-Jahrfeier unserer Kirche am kommenden Sonntag werde ich die Urkunde vor der Gemeinde zur Verlesung bringen. Ich und viele aus unserer Gemeinde bedauern es, daß Sie und die Ihren an diesem Gedenktage nicht in unserer Mitte sein werden. Der Gemeindekirchenrat wird Gelegenheit nehmen, am Grabe des Stifters unserer Kirche, des Fürsten und Staatskanzlers, an diesem Tage einen Kranz niederzulegen.
Mit herzlichen Segenswünschen für Sie und die Ihren verbleibe ich als Ihr dankbar ergebener Georg Simon.«[29]

Unmittelbar nach dem genannten Festgottesdienst erhielt Hardenberg von seiner Neuhardenberger Gemeinde folgendes Telegramm:[30]

»Die zur 130-Jahrfeier der Schinkelkirche versammelte Kirchengemeinde Neuhardenberg grüßte ihren letzten Patron in dankbarer Ehrerbietung und beglückwünscht ihn zu seiner Ernennung zum Ehrenpatron durch die Kirchenleitung Brandenburg.
Der Gemeindekirchenrat Georg Simon«

Hardenbergs Gedanken und Gefühle waren oft in Neuhardenberg.

Unzugängliche Heimat Neuhardenberg

Hardenberg wurde weiterhin von den Einwohnern Neuhardenbergs geachtet. Als Hardenbergs Tochter Reinhild nach sieben Wochen im September und Oktober 1946 aus Berlin und Neuhardenberg nach Nörten zurückkam, war sie »tief gerührt von der großen Liebe, mit der sie in unserer Heimat eigentlich von allen Einwohnern, einschließlich des Vorsitzenden der kommunistischen Partei, begrüßt worden« sei.[31]

Hardenberg erfuhr, daß seit dem 1. September 1946 in seinem Schloß eine Zentralschule für Neuhardenberg und die umliegenden Gemeinden eingerichtet worden war.[32]

Die Bauern fürchteten die Kolchose, da sie dem Ablieferungs-Soll nicht nachkommen könnten. Die Neusiedler hätten »wirtschaftlich schwer zu leiden in Ermangelung von Vieh und totem Inventar. Unangenehm« seien eigentlich nur zwei oder drei »unter russischem Einfluß stehende ortsfremde Kommunisten«.[33] »Scheinbar geht es ihnen dort wirklich schlecht,« schrieb Hardenberg, »denn der Schullehrer,[34] der aus Quappendorf (einem Nachbarort von Neuhardenberg) dorthin gekommen ist, und der sich sehr weitgehend umgestellt hatte, versuchte auch sich beliebt zu machen. Die mehr wie gewandte Umstellungs-Art dieser

Menschen ist ein zuverlässiger Pegel für die politische Situation… Herr Tietze aus Quappendorf hat sich neulich in einem Schreiben an mich versucht sehr zu schustern. Ich habe ihm aber… etwas kühl geantwortet. Sie haben ganz recht, bei den Volksschullehrern ist das Wichtigste, daß sie einen anständigen Charakter haben, sonst wird unsere ganze Jugend verdorben.
Carl Hans Hardenberg«[35]

1945 hatte Hardenberg noch Tempelberg besucht.[36] Zu gern wäre er selbst nach Neuhardenberg gefahren, zumal er zehn Tage vor Weihnachten 1946 in Berlin gewesen war »wegen der Übernahme der Geschäfte unserer Verwaltung«[37], der hohenzollernschen Vermögensverwaltung.
Auch im Juni 1947 war Hardenberg 14 Tage lang in Berlin. »Nach Neuhardenberg bin ich aber nicht herausgefahren, um den Leuten durch meinen Besuch keine Schwierigkeiten zu bereiten.«[38]
Wie recht er mit seiner Vorsicht hatte, erwies sich wenige Jahre später, als seine Frau, sicher mit seinem Wissen, vermummt, um nicht erkannt zu werden, nach Neuhardenberg fuhr, das seit dem 1. Mai 1949 Marxwalde hieß. Sie wurde jedoch zusammen mit dem ehemaligen Diener Bautz erkannt, welcher daraufhin aus dem Dorf regelrecht verbannt wurde.

Gustav Bautz, 1. Diener Hardenbergs (links neben der Braut), auf der Hochzeit seines Sohnes (1934); Diener und Chauffeur Hardenbergs, Franz Engelke (2. Reihe, 2. von links)

Die Neuhardenberger Bibliothek

Nach seinem Wirken an der Seite von Dr. Hermes hatte Hardenberg noch kurzzeitig mit Professor Eduard Spranger im Magistrat von Berlin im Leitenden Ausschuß für Hochschulfragen gearbeitet.[39] Dieser Ausschuß beteiligte sich an den Vorbereitungen zur Wiedereröffnung der Hochschulen in der gesamten sowjetischen Besatzungszone. Spranger war konservativer Hitlergegner gewesen, ein Philosoph, Pädagoge und Psychologe.[40] Bereits am 22. Dezember 1945 schrieb Hardenberg an Professor Eduard Spranger, mit dem ihn langjährige Freundschaft verband: »Meiner Familie geht es, Gott sei Dank, recht gut...«[41]
Spranger gebührt das Verdienst, im Auftrag Hardenbergs die Neuhardenberger Bibliothek sichergestellt zu haben, obwohl seine Bemühungen und die von Hardenbergs Tochter Reinhild, die Bibliothek auch wieder in Besitz zu nehmen, scheiterten. Bei Rückkehr von einer Kur aus Bayern nach Nörten schrieb Hardenberg am 2. Juni 1946 an Professor Spranger, der sich in seinem Auftrag um die Neuhardenberger Bibliothek bemüht hatte, voller Sorge: »Ich kann mir ja nicht denken, daß irgendeine Stelle die Tatsache, daß ich mich wegen meines Skorbutleidens als Folge der KZ-Zeit zur Behandlung in den Westen begeben habe, ausnutzt, um mir Sachen wie die Bibliothek oder das Archiv wegzunehmen.«[42]
Am gleichen Tag schrieb er an Dr. Aegidi, Landrat a. D., nunmehr in der Provinzialverwaltung in Potsdam: »Vielleicht gelingt es Ihnen zu erreichen, daß mir als aktivem Kämpfer gegen den Nationalsozialismus die Bibliothek erhalten bleibt...«[43]
Spürbar erleichtert, wenn auch keineswegs völlig zufriedengestellt, schrieb er am 4. Oktober 1946 an Spranger: »Nachdem unsere Neuhardenberger Bibliothek nunmehr von der Provinzial-Regierung in Potsdam übernommen worden ist und diese meiner Tochter eine Bescheinigung ausgestellt hat, daß ich der Eigentümer wäre und sie nur die treuhänderische Verwaltung hätten, möchte ich Ihnen nochmals sehr, sehr herzlich danken. Daß dieser große Teil der Bibliothek und damit ein eben so großer ideeller, wie materieller Wert gerettet worden ist, verdanke ich nur Ihrer Initiative und Ihren Ratschlägen. Ich werde Ihnen dieses nicht vergessen!... Einem Abtransport der Bücher nach dem Westen, was meine Tochter eigentlich mit anderen Sachen zusammen anstrebte, hat die Provinz allerdings widersprochen.«[44]

Nürnberger Prozeß

In diesen Monaten fand in Nürnberg der Prozeß gegen die Hauptkriegsverbrecher des Zweiten Weltkrieges vor dem Internationalen Militärtribunal statt. Herrn von Eichborn wurde am 1. Juli 1946 vom russischen Ankläger die Frage gestellt, ob er Gelegenheit hatte, »persönlich die Einstellung (seines) Oberbefehlshabers der Heeresgruppe Mitte, Feldmarschall Kluge, zur Erschießung von Kriegsgefangenen festzustellen. ...

Von Eichborn: Durch einen Zufall bin ich Ohrenzeuge geworden eines Gespräches der Oberbefehlshaber Bock und Kluge ... Ich wurde eines Tages zum Adjutanten des Herrn Feldmarschalls von Bock gerufen, es war dies Oberstleutnant Graf Hardenberg. Er gab mir den Auftrag ...
Vorsitzender: Diese Einzelheiten sind völlig unerheblich, nicht wahr? Alles was Sie ihn fragen wollen, ist doch nur, welche Haltung Kluge einnahm. Das ist alles.«[45]

Wahrscheinlich hatte Hardenberg, ausgehend von der bereits erwähnten Grundhaltung Bocks, Eichborn in Sachen Nebe entsprechende Handlungsempfehlungen geben wollen.[46]
Es ist anzunehmen, daß Kluge aufgrund des ständigen Meinungsaustauschs mit Bock zumindest ähnliche Auffassungen wie dieser vertrat.

Prinz Louis Ferdinand mußte ebenfalls nach Nürnberg, »wo er als Zeuge vorgeladen war. Er wurde anständig behandelt und wir konnten nach 2 Tagen wieder abfahren«, schrieb Hardenberg, der ihn begleitete.[47]

Ortsumbenennung und Rückbenennung

Hardenberg mußte erleben, wie der Ortsname Neuhardenberg am 1. Mai 1949 ausgelöscht wurde. Wie die Ortsumbenennung durch den ersten Seelower Kreistag zustande kam, darüber berichtete ein Historiker Schulz auf der Grundlage eines Gespräches mit Perlitz: »Die SED hatte keine absolute Mehrheit, sondern CDU und LDP. Nun hatte der CDU-Kreisvorsitzende irgendetwas auf dem Kerbholz, was zwar nicht schlimm war, aber unangenehm werden konnte. Er vertraute sich Perlitz an und winkte mit der Zustimmung seiner Fraktion für die Namensänderung, die damals dort eine Sensation darstellte. Der CDU-Mann versicherte, seine Mannen einwickeln zu können (wie man so sagt). Perlitz meinte zu mir: Wir drücken beide Augen zu, ein halbes wäre zwar nur nötig gewesen, hatten aber damit die in dieser Gegend wichtige Grundsätze ausdrükkende Umbenennung erreicht, mit Hilfe der CDU – gegen die LPD, was auf die Landbevölkerung (auf die SED nämlich) einen sehr positiven Eindruck machte.«[48]
Der neue Ortsname wurde den Neuhardenbergern durch die Vertreter von Staat und führender Partei regelrecht oktroyiert. Das beweist ein Aktenvermerk vom 3. November 1948, nach dem die »Namensgebung ... erstmal der Gemeindevertretung überlassen bleiben« soll.[49]
Die Sitzung der Gemeindevertretung vom 8. November 1948 begann dann offensichtlich mit einer Lüge: Danach sei »der Antrag auf Umbenennung von einigen Siedlern bei dem Herrn Landrat (Wottke) in Seelow[49a] gestellt worden und dieser sowie die Kreiskommandantur (hätten) eine Umbenennung nunmehr angeordnet«.[50] Es wurde der Vorschlag unterbreitet, Neuhardenberg zu

Ehren von Karl Marx in Marxwalde umzubenennen, »während von einem Vertreter der CDU ›Lindenberg‹ vorgeschlagen wurde. Eine Einigung kam nicht zustande.«[51] Mit diesen »Vorleistungen« sollte vier Tage darauf eine öffentliche Gemeindeversammlung über den »Vorschlag« befinden, natürlich mit dem Landrat und einem Vertreter der Sowjetischen Militäradministration. Man hatte es also eilig, denn der neue Ortsname sollte anläßlich der 600-Jahr–Feier des Ortes im Monat Dezember »verliehen« werden.
Auf der Gemeindeversammlung am 12. November 1948 sprachen der Bürgermeister, der Landrat und der Vertreter der Sowjetischen Militäradministration. Letzterer führte aus, daß die Namensänderung »aus verschiedenen Gründen notwendig sei«. Es gab nur wenige Gegenäußerungen, aber es gab sie, doch diese »waren so belanglos, daß darüber nicht weiter diskutiert wurde«. Bei der sodann erfolgten Abstimmung entschieden sich alle Erschienenen für die Umbenennung Neuhardenbergs in Marxwalde.
Eine aufschlußreiche Stellungnahme zur Ortsumbenennung wurde vom Bürgermeister Neuhardenbergs am 2. Februar 1949 verfaßt. Darin wurde nochmals betont, daß die Veranlassung zur Ortsumbenennung auf Betreiben »von seiten des Herrn Landrats … gegeben wurde, und zwar soll die Anregung von einigen Siedlern ausgegangen sein. Eine namentliche Nennung dieser Siedler wurde verweigert.«[52] Nun folgt der entlarvende Satz: »Es ist nicht bekannt, daß von irgend einer anderen Seite der Wunsch zur Umbenennung geäußert wurde.«[53]
Erneut kam es am 18. Februar 1949 zu einer Gemeindevertreterversammlung, in deren Protokoll zu lesen ist, daß die »Gründe der Umbenennung … in dem Protokoll vom 12. 11. 48 benannt« worden seien. Diesem Protokoll kann man, wie bereits erwähnt, lediglich entnehmen, daß Kapitän Lejkin von der Sowjetischen Militäradministration hervorhob, daß die Namensänderung »aus verschiedenen Gründen notwendig sei«.[54]
So zeigt sich der gesamte Vorgang der Ortsumbenennung von Anfang bis Ende als Versuch, die Erinnerungen an ein deutsches Geschlecht auszulöschen, das mit dem Staatskanzler unstreitig seinen Platz in der deutschen Geschichte eingenommen hat ebenso wie mit einem seiner Nachfolger, mit seinem Urgroßneffen Carl-Hans Graf von Hardenberg. Am 1. Januar 1991 erfolgte die Rückbenennung in Neuhardenberg.[55]

Für einen modernen Konservatismus

Nach der »Machtergreifung« hatte Hardenberg teilweise die Nationalsozialisten noch für pflichtbewußte, dem Vaterlande dienende Menschen gehalten und wie die Mehrheit des deutschen Volkes an die Wahrhaftigkeit ihres Programms geglaubt:

»Überbrückung der leidigen Klassenkämpfe,
Zerschlagung des undeutschen Kommunismus,
Beseitigung der Arbeitslosigkeit (6 Millionen Arbeitslose) und Wiederherstellung des deutschen Ansehens im Rahmen europäischer Zusammenarbeit.«[56]

Viele Parteien und Stände Deutschlands hätten dieses Programm unterstützt, schrieb er im Dezember 1945.

»Das dritte Reich trat im Jahre 1933 seinen Weg an von der Gruft der großen Preußen-Könige, Friedrichs Wilhelms I. und Friedrichs des Großen.« Damit hatte »dem Deutschen Volk und dem Ausland ... die geradlinige Fortsetzung des Preußisch-deutschen Weges im Gewande des 20. Jahrhunderts ... vor Augen geführt werden« sollen.[57] »Aber noch niemals in der Geschichte der Völker ist ein so großes Kapital von Vertrauen ruchloser verwirtschaft worden. Ein Führungsanspruch ... artete mehr und mehr in einen Terror ohne Grenzen aus.«[58]

Hardenberg lehnte den Totalitarismus ab, sowohl den nationalsozialistischer wie den stalinistischer Prägung, wie er sich im Osten Restdeutschlands etablierte. Dies um so entschiedener, als er die vom sowjetischen System geschaffene Realität im II. Weltkrieg in Rußland kennengelernt hatte.

Die ohnehin unfertige Gesellschaftsprogrammatik der sich etablierenden Parteien und Bewegungen war für Hardenberg zweifelsfrei nicht überzeugend genug, um einer dieser politischen Richtungen seine Unterstützung zu geben.

Zahlreiche Männer des 20. Juli 1944 waren als Konservative für die Belebung eines modern-monarchistischen Geistes eingetreten. Allein elf Johanniter hatten für ihre aktive Teilnahme an der Verschwörung mit dem Leben bezahlt, unter ihnen Freunde und Bekannte Hardenbergs:

Botschafter von Hassell,
Ewald von Kleist-Schmenzin,
Major Graf Lynar-Lübbenau,
Botschafter Graf von der Schulenburg,
Graf Schwerin von Schwanenfeld,
Generalfeldmarschall von Witzleben.

Johanniter aus dem Widerstand, die überlebt hatten, waren neben Hardenberg Fabian von Schlabrendorff, Ewald H. von Kleist und Freiherr Rudolf von Gersdorff, die mit Hardenberg und Tresckow zum Stab der Heeresgruppe Mitte gehört hatten, sowie Axel Freiherr von dem Bussche, Oberstleutnant von Sell und Rittmeister von Breitenbuch.[59]

Hardenbergs Streben nach einer Monarchie »im Gewande des 20. Jahrhunderts« war bekannt. So stellte sich Hardenberg schließlich den sich formierenden konservativen Kräften als Mittelsmann für Kontakte zu den Hohenzollern-Prinzen zur Verfügung. Erstmals waren konservative Kräfte Ende 1947 an Hardenberg herangetreten. Zunächst war man bemüht, Hardenberg gewissermaßen als Schirmherrn für die Gründung einer konservativen Partei zu gewinnen: So schrieb ihm Sontag (Julius Alter) am 17. Dezember 1947: Ich »halte ... nun Ihr Kommen für unbedingt geboten, gerade auch mit Rücksicht auf die heute erhaltene Mitteilung. Ebenso wichtig wird es sein, daß wir Gelegenheit haben, uns vor der gemeinsamen Rücksprache eingehend zu besprechen, nicht nur damit Sie das Terrain kennenlernen, sondern damit ich Sie auch über die allgemeine Situation und über den Stand der Spezialfrage[60] ausreichend informieren kann.«[61] Hier handelt es sich um die »nicht beantwortete Frage: Wie steht es mit

der Autorisation dieser Maßnahmen? In wessen Auftrag wird dabei gehandelt und würde der einmal in Betracht kommende Parteivorsitzende damit einverstanden sein? Glauben Sie, sehr verehrter Herr Graf, die Verantwortung für das alles übernehmen zu können?... Eventuell würde ich es empfehlen, darüber mit den Herren W. (Reinhold Wulle) und O. (Prinz Oskar) Rücksprache zu nehmen, die sie ja ohnehin aufsuchen wollen.«[62] Die Aktivitäten Sontags und Hardenbergs gemeinsam mit dem Kronprinzen Wilhelm basierten »auf Anregung von alliierter Seite«.[63]
Zu dieser Zeit gingen die sowjetischen Besatzungstruppen gegen Hardenbergs konservative Freunde vor. Von Sontag erhält er am 14. Januar 1948 die Nachricht, »demzufolge unser Freund Schmidt bei seinem Versuche, zur Absprache nach Westdeutschland zu reisen, trotz Besitzes eines Interzonenpasses – verhaftet worden ist, und daß seitdem jede Nachricht von ihm fehlt. Ich habe die mich tief erschütternde Nachricht sofort weitergegeben.«[64]
Sontag bemühte sich im Bunde mit Hardenberg um die Realisierung seiner Pläne. Bei ihrem Vorgehen waren sie bestrebt, andere Parteien nicht im Ungewissen zu lassen. Am 22. Januar 1948 berichtete er Hardenberg, daß eine »Fühlungnahme mit je einem ›Prominenten‹ der SPD, FDP und des Zentrums... in die Wege geleitet« worden sei.[65] Am 7. Februar 1948 fuhr Hardenberg zu Kronprinz Wilhelm, um dessen politische Absichten zu erfahren. Hardenberg war offensichtlich zufrieden und zuversichtlich. »Ich habe verschiedene Besprechungen gehabt, die alle positiv verlaufen sind.«[66]
Von Anfang an bemühte sich Hardenberg, zur Realisierung seiner politischen Ziele bewährte Männer des 20. Juli 1944 mit einzubeziehen. Am 7. Februar 1948 schrieb er Sontag: »Sehr dankbar würde ich sein, wenn mein Freund Schlabrendorff, Rechtsanwalt in Wiesbaden, der auch lange gesessen hat und gefoltert worden ist, an der Besprechung teilnehmen könnte.«[67]

Stiftung »Hilfswerk 20. Juli«

Sontag bemühte sich seinerseits um Hermann Freiherrn von Lüninck. Dieser berichtete, und das war beispielhaft für die Familien der Widerstandskämpfer, wie es ihm ging: »Immerhin ist es für die politische Lage und namentlich für die Ohnmachtslage des Rechtes im heutigen Deutschland bemerkenswert, daß ein Mensch, der seit 1935 ebenso konsequent wie offen Stellung gegen den Nationalsozialismus genommen hat, der am aktiven Widerstand teilgenommen hat, der dieserhalb mehr als 1 Dutzendmal vor der Gestapo und zweimal vor dem Volksgerichtshof stand, gegen den... die Todesstrafe beantragt wurde, der 3 Jahre nach dem sog. Sturz des Nationalsozialismus keinerlei politische Bewegungsfreiheit besitzt, daß seine Bankkonten widerrechtlich beschlagnahmt sind, und daß die von Hitler s. Zt. angeordnete Ausstoßung aus dem Amte einschl. völligen Verlustes jeder Pensionsansprüche nach wie vor als zu Recht bestehend behandelt wird.«[68]

Den Hardenbergs war es eine Anstands- und Herzensfrage, sich dafür einzusetzen, die Not der überlebenden Angehörigen der wegen des 20. Juli 1944 Ermordeten zu lindern. Sie bemühten sich um das Zustandekommen der Stiftung »Hilfswerk 20. Juli 1944«. Sitz der Stiftung »Hilfswerk 20. Juli 1944« war bis 1955 Nörten-Hardenberg und mit dem Umzug Hardenbergs schließlich Kronberg/Taunus. Als deren Geschäftsführerin recherchierte Gräfin Hardenberg beispielsweise, wer »zu den Leuten des Widerstandes« gehört hatte. Ihr Kriterium hierfür war, ob jene Widerstandskämpfer »mit ihrem Tun nach dem damaligen Maßstab ihr Leben verwirkt hatten.«[69]

Stiftung
»Hilfswerk 20. Juli 1944«

Kronberg i. Ts.

Entstehung und Aufgabe der Stiftung »Hilfswerk 20. Juli 1944«

Im Herbst 1945 gab Fabian von Schlabrendorff dem Ehepaar Graf Hardenberg eine von ihm aufgestellte Liste der Opfer und Überlebenden des »20. Juli 1944« mit der Bitte, nach ihrem Verbleiben und besonders nach ihren Angehörigen zu forschen. Die Suche nach den Hinterbliebenen und Überlebenden war damals nicht leicht. Viele waren irgendwie in die Einsamkeit verschlagen und waren ohne Verbindung mit ihren Angehörigen. Durch sorgfältige Nachforschungen entstand die umfangreiche Liste, die jetzt als Unterlage für den Kreis der Betreuten dient. Diese Liste umfaßte auch die Überlebenden und wird heute noch vervollständigt. Soweit Bedenken und Unklarheiten über die Zugehörigkeit zu einer der Gruppen des 20. Juli 1944 vorhanden sind, werden Äußerungen von Mitbeteiligten eingeholt. Über die Aufnahme in den Kreis der Betreuten entscheidet der Vorstand der Stiftung.
Von Anfang an zeigte sich die Notwendigkeit einer umfassenden Hilfeleistung für die Hinterbliebenen. Bereitwillig gewährte Dr. Eugen Gerstenmaier, der damalige Leiter des Hilfswerks der Evangelischen Kirchen in Deutschland, die ersten Mittel, die durch weitere Sammlungen ergänzt wurden. So war es von Anfang an der Stiftung möglich, Zuwendungen zu gewähren und lange bevor Wiedergutmachungsgesetze und sonstige Regelungen erlassen wurden, den Angehörigen der Opfer des 20. Juli 1944 Hilfe zuteil werden zu lassen.
Im August 1947 lud Dr. Gerstenmaier einen großen Kreis von Überlebenden und Hinterbliebenen zu einer Tagung nach Hindelang/Allgäu ein. Bei dieser Zusammenkunft wurde die Errichtung einer Stiftung »20. Juli 1944« beschlossen.
Bei der Zusammenkunft in Hindelang wurde als Geschäftsführerin der Stiftung Renate Gräfin Hardenberg berufen und die von ihr bisher geleistete Arbeit dankbar anerkannt. Wie von Anfang an wurde auch weiterhin die Geschäftsführung ehrenamtlich versehen. Die Geschäftsstelle wurde am Wohnsitz von Gräfin Hardenberg in Nörten-Hardenberg errichtet.

Aus einem Dokument der Stiftung »Hilfswerk 20. Juli 1944« (1952)

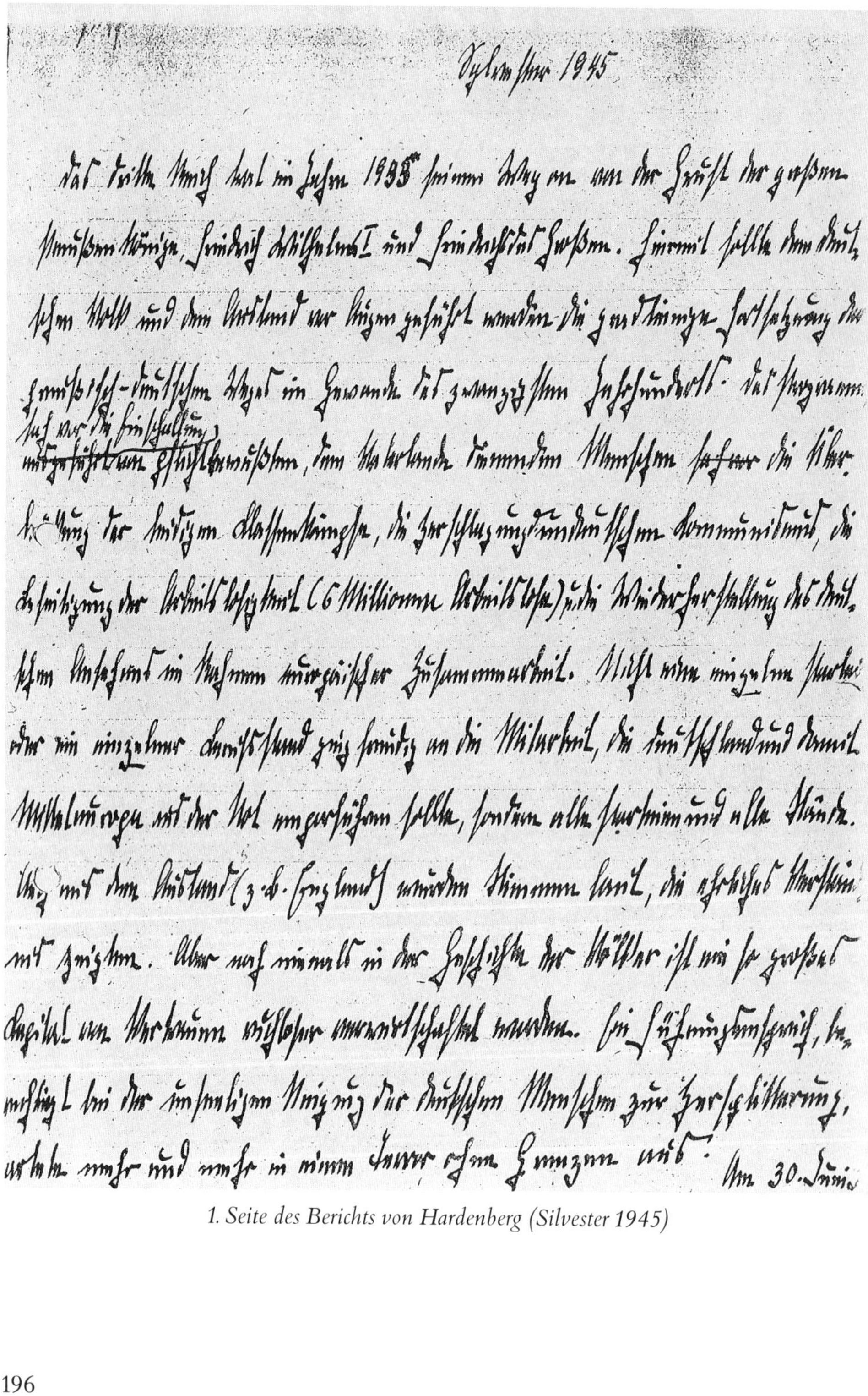

1. Seite des Berichts von Hardenberg (Silvester 1945)

Der Opfer gedenken – Verpflichtung der Überlebenden

Schon seinen Bericht zu Silvester 1945 hatte Hardenberg mit dem Aufruf geschlossen:

VERGISS DIE TOTEN DES 20. JULI 1944 NICHT.
SIE STARBEN, DAMIT DU LEBEN SOLLTEST!

Hardenberg war wohl bewußt: Die Mißachtung der Widerstandskämpfer und die schändliche Behandlung ihrer überlebenden Angehörigen hatten ihren eigentlichen Grund in der fortwirkenden Goebbels-Propaganda. Mit Beschimpfungen der »eidbrüchigen Vaterlandsverräter, die mit dem Feind gegen den deutschen Soldaten gekämpft« hätten, wurde versucht, eine neue »Dolchstoßlegende« zu zimmern. Deswegen bemühte sich Hardenberg darum, Historiker zu gewinnen für eine Darstellung des Widerstandes gegen das nationalsozialistische System und über die Widerstandskämpfer des 20. Juli 1944. Reusch unterrichtete Tilo Freiherrn von Wilmowsky in einem Brief[70] vom 6. Mai 1947, daß Hardenberg ihm »von seinen Bemühungen in Sachen des 20. Juli« berichtet hatte. Und Wilmowsky schrieb Reusch am 20. Oktober 1947[71], Zastrow habe ihm geschrieben, »daß die Historie des 20. Juli jetzt endlich energische Fortschritte macht. In der Westzone sammelt Professor Ritter das Material, in der Ostzone ein Privatdozent von zur Mühlen. Hardenberg leitet die ganze Sache.« Über erste Ergebnisse der Forschungsarbeit schrieb Hardenberg an Spranger am 18. Dezember 1947[72]: »Ob die Arbeit des Professsors Ritter, der er sich freundlicherweise unterziehen will, Erfolg haben wird, ist mir noch nicht ganz klar.... In der Ostzone ist für die Sammlung des Materials ein Herr von zur Mühlen gewonnen, der mir bisher unbekannt war, aber einen besonders guten Eindruck gemacht hat.«
Beide, sowohl Gerhard Ritter als auch Heinrich von zur Mühlen, haben in den folgenden Jahren einen gewichtigen Beitrag zur geschichtswissenschaftlichen wie zur publizistisch wirksamen Darstellung der Ereignisse des Staatsstreiches vom 20. Juli 1944 geleistet. Hardenberg hat diese Arbeit in der Frühzeit mit zahlreichen Informationen unterstützt, insbesondere bei der Wertung des Anteils der einzelnen Persönlichkeiten im Vorfeld und am Tag des Attentats sowie ihres Verhaltens nach dem Staatsstreich. Seine Funktion in der Stiftung »Hilfswerk 20. Juli 1944« war dabei besonders hilfreich.
Im Jahre 1951 wurde Hardenberg auf Wunsch seiner ehemaligen Leidensgefährten Mitglied des »Arbeitskreises alter Sachsenhausener«. Dieser sollte dafür sorgen, »daß kein anständiger alter Sachsenhausener in Vergessenheit gerät, aber auch all der infamen Geschichtsklitterung begegnen..., deren sich die Stalinisten fortgesetzt schuldig machen«.[73]

Monarchistische Bewegung

Die Durchsetzung der monarchistischen Idee in Deutschland hing eng mit dem Ausgang der Präsidentschaftswahlen in den USA zusammen. Hardenberg, der am 25. August 1948 ein Treffen mit dem gerade erst aus der nordamerikanischen Emigration heimgekehrten früheren Reichsverkehrsminister Gottfried Reinhold Treviranus in Schlabrendorffs Wiesbadener Wohnung hatte, notierte, daß Treviranus »einen Sieg« der Republikaner in den USA »für absolut sicher« hielte. Er habe ihm »zugesagt, daß er mich im nächsten Frühjahr mit dem führenden amerikanischen Vertreter für Deutschland zusammenbringen wollte«.[74] Die Verbindungen von den Alliierten zu den konservativen Kräften um Sontag hielt Treviranus aufrecht.
Die Bemühungen um die Gründung einer Konservativen Partei hatten zunächst Erfolg. 1948 wurde ein Zonenrat der Konservativen Partei aktiv, an dessen Sitzung Sontag am 16. Juni teilnahm. Sontag bemühte sich immer wieder um Kontakte zu anderen Parteien, insbesondere zur SPD. So schrieb er Mitte November 1948 an Hardenberg: Es »wird Sie folgender Vorgang interessieren, der immerhin von einer gewissen symptomatischen Bedeutung ist. Erzählte mir da kürzlich auf der Straße ein guter Bekannter in höherer Beamtenstellung, daß er sich jüngst mit einem überzeugten SPDer in ebenfalls höherer Beamtenstellung über unsere trost- und ausweglosen inneren Verhältnisse unterhalten, und dabei seinerseits als einzige Lösungsmöglichkeit die Wiederherstellung der Monarchie in Vorschlag gebracht habe. Zu seiner Überraschung habe ihm der SPDer daraufhin erklärt: ›Ja warum nicht? Gegen eine vernünftige Monarchie wäre sicherlich nichts zu sagen, wenn man den richtigen Mann dafür hätte!‹ Übrigens empfehle ich im gleichen Zusammenhang die Lektüre von Schachts soeben erschienener Veröffentlichung: ›Mein Kampf gegen Hitler‹. Auch Schacht scheint diesem Gedanken sehr nahe zu stehen.«[75]
Im Mai 1949 kam es in Bayern zu Bestrebungen nach Wiederherstellung der Wittelsbachischen Monarchie. Wulle, der in der nationalsozialistischen Diktatur 4 Jahre in Gefängnis und Konzentrationslager gequält worden war, berichtete Hardenberg davon, und daß er darüber »geradezu entsetzt sei«.[76] Wulle war der Meinung, daß diese separatistisch-monarchischen Bestrebungen nur dadurch pariert werden könnten, »indem wir dagegen die Forderung nach einer *deutschen* Monarchie stellen, die über alle diese dynastischen und sonstigen Quertreibereien hinwegschreitet«.[77] Hardenberg und sein Freundeskreis, vor allem aber Wulle, wandten sich gegen Leute, die »Deutschland in alle möglichen Monarchien aufteilen wollten. Wenn wir den Gedanken der Monarchie endgültig begraben wollen, dann müssen wir das machen. Es wird wirklich an der Zeit, daß der monarchische Gedanke einmal klar formuliert wird als die Stufe der geschichtlichen Weiterentwicklung unseres Volkes. Ich habe gerade in letzter Zeit aus Briefen gesehen, daß bereits junge Leute erkannt haben, daß eine solche monarchische Idee über alle Parteien hinweg eine große zündende Kraft haben würde.«[78]

Es ist nur zu verständlich, daß es Hardenberg als Angehörigem eines berühmten und populären Adelsgeschlechts um die Neuschaffung von Hierarchie und Ordnungsdenken ging, wenn auch entsprechend den veränderten gesellschaftlichen Verhältnissen. Er war jedoch Realist genug, anfängliche Ambitionen abrupt zu begraben. Eine Monarchie, deren Einsetzung von außerdeutschen, europäischen oder amerikanischen Wahlergebnissen oder anderen Bedingungen abhing, konnte nicht erfolgreich sein. Entscheidend waren wohl die Zurückhaltung des Königlichen Hauses sowie Differenzen über eine programmatische Schrift Sontags, in der dieser Grundfragen der monarchistischen Staatsform erörterte, »die ja im Programm der Partei als eines ihrer anzustrebenden Ziele niedergelegt ist«.[79]

Anfang August 1949 beklagt sich Sontag, daß es mit Hardenberg keine Kontakte mehr gegeben hätte.[80] Resigniert schreibt Sontag am 26. August 1952 an Hardenberg: »Da sich der Berg seit etwa 1 ½ Jahren nicht mehr zum Propheten bemüht hat, muß also der Prophet zum Harden-Berge kommen. Natürlich habe ich es sehr bedauert, daß der persönliche Konnex zwischen uns verlorengegangen ist...«[81]

Hardenberg vertrat die christliche Traditionslinie des Konservatismus, die in den folgenden Jahrzehnten in Deutschland in einem Flügel der CDU ihre politische Heimat fand.

Sehnsucht nach dem geeinten Vaterland

Hardenberg war trotz großem Arbeitsaufwand bemüht, die Verbindungen zu seinen ehemaligen Leidensgefährten aus dem Konzentrationslager aufrechtzuhalten. Am 5. Juli 1947 schrieb er Fritz Perlitz: »Hoffentlich wird die Zoneneinteilung in nicht allzu ferner Zeit aufgehoben, denn eine Gesundung Deutschlands kann bei der Aufteilung in verschiedene Zonen niemals erreicht werden.«[82]

Besorgt äußerte sich Hardenberg in einem Brief vom 18. Dezember 1947 an Spranger, »daß der Abbruch der Verhandlungen in London zur Folge haben wird, daß die Westmächte sich in den nächsten Monaten aus Berlin zurückziehen werden. Dies würde natürlich bedeuten, daß der eiserne Vorhang zum Osten für lange Zeit heruntergeht.«[83]

Unerschütterlichen Optimismus zeigt Hardenberg hinsichtlich der Wiedervereinigung Deutschlands. Zum Jahreswechsel 1949/50 schreibt er an Spranger, daß das Jahr 1950 »vor allem unser Vaterland weiter aufwärts führen und uns der Wiedervereinigung des auseinandergerissenen Westens und Ostens näherbringen« möge.[84]

Ein Jahr darauf schreibt Hardenberg wiederum an Spranger und bringt sein Sehnen nach deutscher Einheit zum Ausdruck: »Auch ich bin nicht pessimistisch, sondern sehe mit Gottvertrauen in die Zukunft, auch wenn es nicht alles so geht, wie unser Sehnen erhofft hat. Gefühlsmäßig habe ich immer noch das feste Gefühl, daß uns der deutsche Osten eines Tages zurückgegeben wird, wenn ich auch zugeben muß, daß verstandesgemäß alles dagegen spricht.«[85]

Zum Jahreswechsel 1955/56 wünschte sich Hardenberg erneut, daß das Jahr 1956 »uns allen die Wiedervereinigung unseres Vaterlandes (bringen möge). Eine schwache Hoffnung zeigt sich am politischen Himmel, daß sich Ost und West zusammenfindet. Hoffentlich wird es nicht nur auf unsere Kosten erreicht.«[86]

Vermögensverwalter des Hauses Brandenburg-Preußen

Seit Oktober 1946 war Hardenberg Vermögensverwalter des Hauses Brandenburg-Preußen unter Kronprinz Wilhelm, nach dessen Tode am 20. Juli 1951 unter Prinz Louis Ferdinand. Damit hatte er die Nachfolge seines Freundes Plettenberg angetreten, der sich am 10. März 1945 vor den ihm angekündigten Folterungen der Gestapo in den Tod rettete, um nicht in die Gefahr zu geraten, unter der Folter Freunde preiszugeben.[87]

1945 hatte der Kronprinz 98 Prozent seines Vermögens verloren. »Der Rest ist, wie bei allen anderen Menschen, durch die Mühle der Währungsreform gegangen.« Von der Generalverwaltung seien außer ihm nur drei Mitarbeiter übriggeblieben, schrieb Hardenberg im August 1950 an Professor Wolfgang Foerster. »Dafür tragen wir die Last von über 150 Pensionären ... Ich weiß, es geht ungezählten anderen Leuten des deutschen Ostens noch sehr viel schlechter.«[88] Trotz aller Probleme war Hardenberg mit seiner Tätigkeit offensichtlich zufrieden. »Ich bin einfach gezwungen, ein so gehetztes Leben zu führen ... Hiermit will ich aber keinesfalls klagen, da ich besonders dankbar empfinde, in einer sehr interessanten Tätigkeit voll eingespannt zu sein.«[89]

Politisch hatte sich Hardenberg offensichtlich relevantere Ziele gesetzt gehabt, aber die Verwundungen aus dem ersten Weltkrieg und von seinen Selbstmordversuchen nach dem Mißlingen des Attentats vom 20. Juli 1944 hatten seine Gesundheit schließlich erlahmen lassen. So schrieb seine Frau im Juni 1956 an Professor Spranger: »Im Herbst geht mein Mann ... in Pension und wir suchen wieder eine Wohnung, denn dies hier ist eine Dienstwohnung. – Ich freue mich herzlich, daß mein Mann dann die große Last abwälzen kann, die ihn doch letzten Endes verzehrt.«[90]

Doch seine Tätigkeit als Chef der Vermögensverwaltung des Hauses Brandenburg-Preußen beendete Hardenberg erst am 1. Juli 1957. Zu diesem Zeitpunkt sind allerdings Worte der Unzufriedenheit zu vernehmen. »Ich kann nicht behaupten, daß mich der Rückblick auf das vergangene Jahrzehnt zufriedenstellt. Ich habe das meiste nicht erreicht, was meine Pflicht gewesen wäre. Vielleicht hätte man vieles anders anfassen sollen.«[91]

Hardenbergs Tod und Ehrung

Im Sommer des Jahres 1957 war es zu einem »schweren Zusammenbruch« gekommen, von dem er sich »nicht erholen« konnte.[92]
Schließlich erblindete Hardenberg. Sein Sterben währte lange. Sein treuer Freund Bodo von der Marwitz besuchte ihn noch einmal am 2. Februar 1958 und berichtete danach Hardenbergs altem Regimentskommandeur aus dem 1. Weltkrieg Graf zu Eulenburg-Wicken[93]:

»Als ich nach der Beisetzung des Prinzen Oskar noch einmal Hardenberg am 2. 2. besuchte und er mich noch für Sekunden erkannte und so liebevoll meine Hand drückte, war mir sehr weh ums Herz. Ich mußte denken an Ihren Ausspruch, daß Sie ihn gleichachteten einem eignen Sohn und so sein Leiden Sie mehr bedrückte als all das, was an Schwerem Sie haben tragen müssen in einem langen Leben. Und ich bin stolz, mich zu seinen Freunden habe zählen zu dürfen und halt ihm unvergessen, was er mir bedeutet hat in Beispiel und in seiner Treue und wahren Herzlichkeit. Es ist, als wenn in seinen Träumen noch einmal sein ganzes Leben an ihm vorüberzieht, aber dann auch quälen ihn rückkommende Vorstellungen grausiger Augenblicke, so wenn er hoffnungslos im Kerker saß. Großartig Renate und die Kinder, wie sie ihm liebevoll immer wieder dann helfen zu freundlicheren Bildern, vor allem zu Erinnerungen an die Heimat. Es übertrifft ihn keiner in der Liebe zu seiner Heimat. Man wird ihn allezeit rühmen müssen als der Heimattreueste, für die er lebte und wirkte mit ganzem Herzen, immer hilfsbereit, selbstentsagend bis zur erwiesenen Opferbereitschaft. Dazu sein ganzer Einsatz für die Krone, dabei unerbittlich nach der Richtschnur altpreußischer Pflichtauffassung: ›Semper talis‹!«[94]

Am 24. Oktober des Jahres 1958 starb Hardenberg im Krankenhaus in Frankfurt/Main.
Die Trauerfeier fand am 28. Oktober in der Johanniskirche zu Kronberg statt. Seine Königliche Hoheit Wilhelm Karl Prinz von Preußen, Herrenmeister des Johanniter-Ordens, hielt die Traueransprache.[95] »Sein Leben ist ein ritterliches gewesen«, betonte er. »Dieses Wort umfaßt alles, was ihn in so besonderem Maße auszeichnete: freudig bekanntes, ja fröhliches Christentum; echte Hilfsbereitschaft und Nächstenliebe aus dem Bewußtsein des Dienenmüssens und aus wirklichem Mitleiden; den Willen zur mutigen Tat für das Recht und gegen das Unrecht; für den Glauben und gegen den Unglauben, für die Notleidenden und die Unterdrückten und gegen die satten und überheblichen Inhaber angemaßter Rechte; und schließlich das Letzte: die Bereitschaft, im Kampf für die einmal erkannte Wahrheit auch das eigene Leben zum Opfer zu bringen. Er ist durch viele Höhen und Tiefen gegangen in einer Zeit, die von den im tiefsten Sinne Verantwortungsbewußten wohl mehr fordert als andere Epochen. Er hat dabei niemals auf sich selber Rücksicht genommen, er hat nie verzagt und er hat auch in den dunkelsten Stunden gewußt, daß der Herr aller Herren, dessen Die-

ner er war, ihn nicht verlassen würde. So ist er selbst ein großer Herr geworden...«

Ergänzend hierzu seien die Worte des Pfarrers der Johanniterkirche zu Kronberg angeführt:[96] Es entspricht »dem Wesen dieses Mannes, daß wir in dieser Abschiedsstunde ein Zeugnis ablegen von seiner ›Zuversicht‹ und seiner Burg und seinem Gott, auf den er in schweren Stunden seines Lebens nicht vergeblich gehofft hat. So leuchtet sein Lebensbild gerade dort am hellsten, wo es dunkel um ihn war: ›Unter Leiden prägt der Meister in die Herzen, in die Geister sein allgeltend Bildnis ein. ...‹ Die ewig gültigen Worte leuchten dann, wo viele wanken und wichen. Denn ›wer in schwankenden Zeiten gesinnt ist, vermehrt das Unheil‹. Deshalb sein Wahlspruch, dem er auch in schweren Zeiten treu blieb: semper talis!

So wurde er zum Mann des Widerstandes aus der Bindung an die ewigen Werte, aus der Bindung an die Wahrheit, aus der Bindung an Gott. So war ihm Tradition nicht leerer Begriff, sondern lebendige Geschichte in der Bewährung ewiger Werte. Hier stand er in den Fußstapfen des Mannes, der in Worms sein Bekenntnis ›ich kann nicht anders‹ einer ganzen Welt gegenüber sprach. Es ist nicht Eigensinnigkeit, sondern das enge, an Gott gebundene Gewissen, das uns zu Kämpfern für die Wahrheit macht. Aber so wie Wahrheit und Liebe zueinander gehören, so auch das enge Gewissen und das weite Herz. So hatte auch er ein weites Herz für seine Gegner. Und wie jeder echte Mann, so hatte auch er seine Freunde und seine Feinde, weil er nicht ein Mann der Bequemlichkeit war. Und wenn wir von der Liebe reden, so denken wir an das schönste Kennzeichen der Liebe bei ihm: seine große starke Heimatliebe, seine Freundschaft und seine Treue. Das Bild der verlassenen Heimat ist mit ihm gegangen bis in seine letzten Stunden. Gott schenke es, daß er einmal ruhen möge in der Heimaterde des wiedervereinigten Vaterlandes...«

Etwas über ein Jahr später folgte ihm seine Frau Renate Gräfin Hardenberg in die Ewigkeit nach.

Schließen wir in Hardenbergs Vermächtnis

»Vergiß die Toten des 20. Juli 1944 nicht.
Sie starben, damit Du leben solltest!«

ihn selbst mit ein, denn er gehörte zu jener Handvoll tapferer und kluger Männer, die man den »Stauffenberg-Kreis« nennt!

Hardenbergs Vermächtnis lebt weiter. Einer seiner Freunde, Fabian von Schlabrendorff, schrieb über ihn resümierend: »Sein ganzes Leben gereicht ihm zur Ehre.«[97]

Anläßlich seines 100. Geburtstages am 22. Oktober 1991 wurden seine Urne und die von Gräfin Hardenberg nach Neuhardenberg überführt. Dies war der letzte Wunsch des Sterbenden gewesen, nunmehr nach 33 Jahren endlich in Erfüllung gegangen.

Carl-Hans Graf von Hardenberg

Hardenbergs Haus und Wohnung in Kronberg/Taunus, Jasminstraße 8

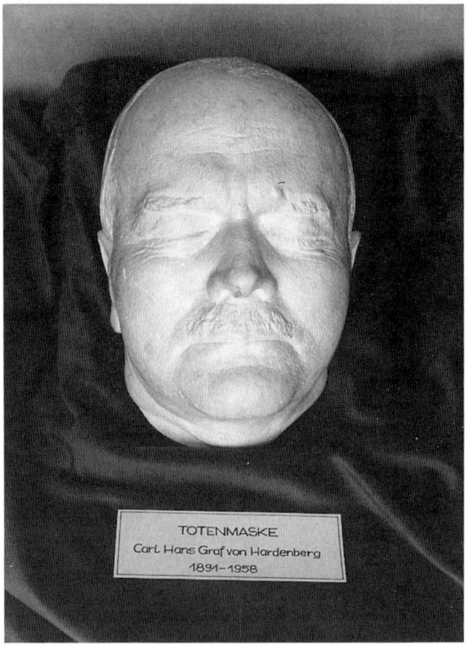

Totenmaske Hardenbergs (Schloß Neuhardenberg)

Mausoleum an der Schinkelkirche in Neuhardenberg mit der Grabstätte von Carl-Hans Graf von Hardenberg

Nach Gottes heiligem Willen entschlief heute nach kurzer Krankheit, unserem Vater folgend, unsere geliebte Mutter

Renate Gräfin v. Hardenberg-Neuhardenberg
geb. Gräfin v. der Schulenburg
a. d. H. Lieberose

In tiefer Trauer

Gisela Gräfin v. Arnim
geb. Gräfin v. Hardenberg

Renate Gräfin v. Westphalen zu Fürstenberg
geb. Gäfin v. Hardenberg

Reinhild Gäfin v. Hardenberg

Friedrich-Carl Graf v. Hardenberg

Astrid Gräfin v. Hardenberg

Wolf-Werner Graf v. Arnim

Franz-Joseph Graf v. Westphalen zu Fürstenberg

und fünf Enkelkinder

Kronberg im Taunus, Jaminstraße 4, den 21. Dezember 1959

Die Trauerfeier findet am Donnerstag, dem 24. Dezember 1959, um 11 Uhr, in der Friedhofskapelle Königstein im Taunus statt.

Freunde Hardenbergs im Jahre 1957

Ludwig Freiherr von Hammerstein (Intendant des RIAS),
Dr. Hans Karl Fritzsche (Ministerialrat und persönlicher Referent Gerstenmaiers),
Dr. Eugen Gerstenmaier (Bundestagspräsident),
Carl-Hans Graf von Hardenberg
(Generalbevollmächtigter der Vermögensverwaltung des Hauses Brandenburg-Preußen),
Ewald-Heinrich von Kleist (Verleger)

Genealogische Tafeln

XVI

Christian Ludwig (der Ältere) Er baut von 1702-1709 den jetzigen „Hard

* Celle 18.9.1663
† Hardenberg 6.12.1
□ Bühle
∞ 4.1.1694 m. Kathar
Sybille von Dörenbe
(verwitwete v. Han
* 4.5.1669 a.d. Herz
† Hannover 18.6.1
□ in Bühle

XVII

Hildebrand Ludwig
* Hardenberg 10.12.1694
† Hardenberg 9.2.1696
□ Bühle

Friedrich Karl
* Hardenberg 6.1.1696
† London 24.5.1763
Kurhannov. Geh. Rat und Kriegspräsident
□ Bühle

Anna Magdalene
* Hardenberg 16.2.1697
† Hardenberg 13.1.1701
□ Bühle

Elisabeth Eleonore
* Hardenberg 9.4.1699
† 14.5.1699
□ Bühle

Christian Ludw
* Nörten 3.11.1700
† Hannover 26.11.178
□ Bühle
Feldmarschall
∞ 20.8.1749 mit Anna S
Ehrengard v. Bülow-
* 18.1.1731
† Bayreuth 3.11.1809

Die vier ersten Kinder dieser Generation sind noch auf dem alten Schloß geboren, die sechs nächsten Kinder im Haus in Nörten, der letzte Sohn wahrscheinlich in dem 1709 bezogenen „Hardenberg"

XVIII

Karl August Fürst v. Hardenberg
* Essenrode 31.5.1750
† Genua 26.11.1822
□ Neu-Hardenberg
Kgl. Preuss. Staatskanzler
∞ 1. Sierhagen/Holst. 8.6.1774 Christiane Friederike Juliane Gräfin von Reventlow
* Kopenhagen 15.2.1759 gesch. 1788
† Regensburg 17.5.1793
∞ 2. Sophie v. Lenthe, gesch. 1801 geb. v. Hasberg, Hamburg 9.6.1788
* Nienburg/Weser 8.6.1757
† Palermo April 1835 □ Palermo
∞ 3. Charlotte Schönemann Memel 1807
* Berlin 1.4.1772
† Liegnitz 1854, Ehe getrennt Oktober 1821

Anna Sybille
* Essenrode 2.11.1751
† Berlin 7.1808
Oberhofmeisterin der Prinzessin von Oranien
∞ Adolf v. Münchhausen a. Remminghausen
† 1784

Hildebrand Ludwig
* Essenrode 1752
† Essenrode 1753

Friedrich Ludwig
Oberhauptmann zu Grohnde
* Einbeck 26.4.1756
† Berlin März 1818
∞ Melusine Sophie v. Steinberg-Bodenburg

Hans Wil
* Hannover
† Hannover

XIX

(1. Ehe)
Christian Heinrich August
Lehensgraf von Hardenberg-Reventlow
* Hannover 19.2.1775
† Hamburg 16.9.1840
Freier Standesherr der Herrschaft Neu-Hardenberg
verzichtet a.d. Fürstenwürde
Erbhr. der dän. Lehensgrafschaft Hardenberg-Reventlow auf Laaland
Kgl. dän. Hofjägermeister
Geh. Conferenzrat
∞ 1. Jeanette Caroline v. Reitzenstein 18.9.1795
* Bayreuth 14.11.1777
† 25.12.1819
∞ 2. 19.2.1822 Emma Lucie Friederike Georgine Gräfin v. Hardenberg (s. Tafel 7)
* 29.1.1796
† 4.6.1853
□ Gropenrode

(1. Ehe)
Lucie Anna Christiane Wilhelmine
* Hannover 9.4.1776
† Branitz 8.5.1854
∞ 1. 26.6.1796 Karl Theodor Friedrich Graf u. Herr zu Pappenheim (gesch. 1817)
∞ 2. 9.10.1817 Ludwig Heinrich Hermann Fürst zu Pückler-Muskau (gesch. 20.3.1826)

Karl August
* 8.12.1781
(jung gestorben)

Christiane Anna Sabine
* Hannover 1.1.1781
† 1877
∞ R. v. Pestel-Dreppenstedt

Wilhelmine
* 10.11.1792
† Crossen 8.11.18
∞ Karl Ludwig Graf v. Flemmin

XX

(1. Ehe)
Ida
* 13.4.1799
† 1.1.1867 i. Florenz
∞ 1.) 18.9.1815 Harald Graf v. Holck Kgl. dän. Kammerherr
* 1785
† 20.12.1839
∞ 2.) 1841 Christian Ludwig Graf v. Gersdorff (Gersdorff-Hardenberg-Reventlow)
† 1847
∞ 3.) Graf Almaforte

Tafel 1
2. Vorderhaus-Linie, später »Neu-Hardenberg«

gdalena Christine	Hans Christoph	Georg Wilhelm	Dorothee Sophie	Alexander	August Ulrich
;rten 5.12.1701 .9.1729 August Wilhelm Wangenheim .1697 11 1764	* Nörten 29.4.1703 ⚔ 2.7.1747 in der Schlacht bei Laffelt Ordensritter Kurhannov. Obrist	* Nörten 22.7.1705 † Harste 13.6.1774 □ Bühle Ordensritter General der Cavallerie	* Nörten 3.2.1707 † Nörten 15.3.1707	* Nörten 4.6.1708 † 17.3.1738 zu Nienburg als Hauptmann	Geh. Rat * Hardenberg 5.11.1709 † Hannover 13.9.1778 □ Hannover, Gartenkirche ∞ Wilhelmine Charlotte v. Wendt 1743

ıst Georg Ulrich	Christiane Maria Charlotte	Georg Adolf Gottlieb	Amalie Sophie
rode 31.10.1762 kfurt 24.9.1806 s. Oberst u. Kdr. eutschen Ritterordens lum	* Hannover 14.11.1764 † Bayreuth 26.1.1814 ∞ Braunberg 25.12.1782 J.H. Graf Flemming	(Graf von Hardenberg) (siehe Tafel 5A) fortführ. Linie Neu-Hardenberg	* Hardenberg 2.4.1767 † 24.9.1848 ∞ Christian Ludwig v. Wangenheim † 1794 ∞ 2. Adolf Franz Graf v. Seckendorff † 9.11.1818

Verleihungsurkunde für den Preuss. Staatskanzler Karl August Fürst v. Hardenberg durch Kg. Friedr. Wilh. III v. Preußen über die Herrschaft „Neu-Hardenberg" 11. Nov. 1814. (Die Herrschaft „Neu-Hardenberg" setzte sich zusammen aus den Gütern Quilitz, Rosenthal und der vormaligen Kommende Lietzen).

Tafel 2
Linie Neu-Hardenberg, seit 18. 3. 1816 Grafen von Hardenberg

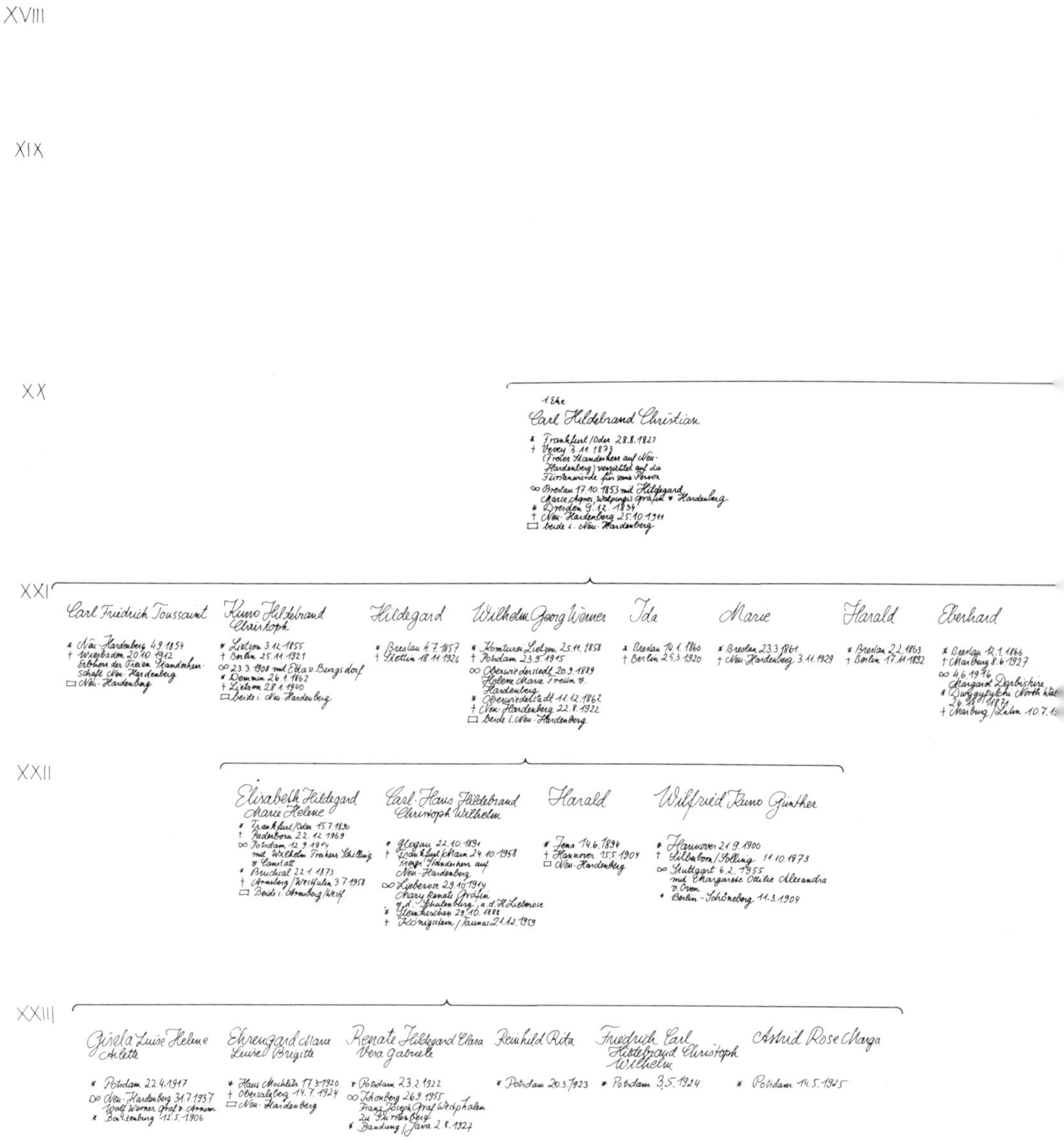

Georg Adolf Gottlieb
Graf von Hardenberg

(Bruder des Staatskanzlers)
* Hardenberg 24.7.1765
† Schwedt 15.4.1816
∞ Schloß Eremitage b. Bayreuth 31.10.1793 mit Caroline Marianne Luise Antoinette Freiin v. Bothmer
* Bayreuth 17.10.1772
† Merseburg 26.4.1848

Carl Adolf Christian

Freier Standesherr a. Neu-Hardenberg
* Bayreuth 7.8.1794
† Neu-Hardenberg 16.10.1866
∞ 8.9.1822
1. Luise Friederike Ida v. Hedemann
* Rendsburg 16.4.1802
† Frankfurt/Oder 24.1.1835
□ Tempelberg
∞ Deutsch-Nienhof 28.7.1837
2. Charlotte Davide Sophie v. Hedemann (Schwester d. 1. Frau)
* Rendsburg 24.6.1800
† Berlin 28.10.1871
□ Neu-Hardenberg

Dorothea Anette Sophie Friederike Georgine

* Bayreuth 11.1.1796
† Frankfurt/Oder 25.3.1872
∞ Haselberg 1.9.1816
Karl v. Wolff
* Berlin 16.2.1785
† Frankfurt/Oder 29.11.1873

Elise Eleonore Wilhelmine Luise

* Bayreuth 11.5.1797
† Berlin 25.1.1864
∞ 7.8.1818 Frhr. Helmuth v. Maltzahn, a. d. H. Cummerow u. Ivenack
* Wolfshagen 26.5.1792
† Berlin 28.5.1860

Auguste Caroline Wilhelmine Melusine

* Bayreuth 7.9.1798
† Frankfurt/Oder 9.7.1888
∞ Carl v. Münchhausen
* 8.4.1777
† 28.6.1859

Christian Friedrich Alexander

* Bayreuth 16.7.1800
† Bayreuth 19.10.1804

Ludwig Carl

* Bayreuth 13.4.1802
† Berlin 27.5.1832

Anna Luise (Annette) Wilhelmine Caroline Dorette

* Bayreuth 22.8.1803
† Frankfurt/Oder 8.4.1896

---

1. Ehe
Werner Georg

* Frankfurt 23.5.1829
† Neu-Hardenberg 28.9.1909
∞ Neu-Hardenberg 26.1.1868 mit Helene Therese, Antoinette Gräfin v. Hardenberg
* Breslau 16.8.1832
† Potsdam 14.4.1909
□ beide i. Neu-Hardenberg

1. Ehe
Günther Hermann

* Frankfurt/Oder 8.7.1830
† Berlin 10.4.1907
□ Neu-Hardenberg

1. Ehe
Bernhard Gottlieb

* Magdeburg 14.4.1832
† Berlin 23.1.1903
□ Derzow
∞ Tankow 3.12.1859 mit Cora v. Brandt
* Tankow 2.7.1839
† Tankow 16.9.1911
□ beide i. Derzow

1. Ehe
Ida

* Magdeburg 1834
† Bad Reichenhall 22.7.1855
□ Neu-Hardenberg

2. Ehe
Walter

* Frankfurt/Oder 4.3.1841
† Coburg 3.5.1887
∞ Thal b. Eisenach 2.5.9.1880 Laura Schleicher
† Thal 7.9.1920

2. Ehe
Helmuth Wilhelm

* Neu-Hardenberg 31.8.1842
† Berlin 26.8.1915
∞ Zernikow 20.5.1872 Olga v. Wedel
* Zernikow 12.11.1847
† Berlin 18.6.1935

…rich Günther

…Hardenberg 29.10.1868
…Hardenberg 21.11.1869

Albrecht Werner

* Berlin 5.12.1868
† Seidorf 10.9.1938
∞ Parsko 7.10.1908
Eva Freiin v. Gersdorff
* Parsko 11.12.1874
† Neuburg/Donau 2.7.1946

Paul Karl Wilhelm Werner

* Kiel 6.1.1873
† Bothkamp 14.7.1960
∞ Kiel 4.10.1913
Ilse v. Witzendorff
* Kiel 18.7.1880
† Kiel 16.3.1960

Fritz Werner Benediktus Carl Hildebrand Christoph

* Kiel 16.11.1914
⚔ Ostpreußen 2.1945
∞ Seidorf 10.5.1944 mit Gerda Maria v. Frankenberg-Lüttwitz
* Keetmanshop/SWAfrika 5.7.1917
∞ 1. gest. Köhler
⚔ 14.6.1940
∞ 3. Westensee Reinhardt Graf Hardenberg (ihren Schwager)

Barbara Dorothea [illegible] Christine Adeline Helene Alice

* Kiel 6.5.1916
∞ Kiel 22.2.1941
1. Lothar Tinke (gesch.)
∞ Hamburg 19.6.1954
2. Rolf Streitberger
* Konitz 26.2.1911
† 12.6.1972 Hamburg

Reinhardt Christoph Ernst Karl August

* Kiel 26.11.1921
∞ Westensee 11.2.1946
1. Gerda Maria Frankenberg-Lüttwitz (gesch.) 30.12.1955
∞ Kiel 9.1.1959
2. Annelise Mathilde Karbowsky
* 30.3.1932
Gelsenkirchen gesch.
∞ 20.3.1962
3. Gertrud Hamann
* Hamburg 21.9.1922
gesch.
∞ 26.9.1969 i. Schulenberg/Harz
4. Christa Lauschke
* Bunzlau 5.6.1939

---

1. Ehe
Gabriele Eva Maria Ilse

* Wolfenbüttel 19.8.1946

XVI

Georg Anton
Kgl. dän. Kammerjunker auf Lohra u. Wiederstedt
* Wolfenbüttel 3.7.1666
† Möckritz 29.5.1721
∞ 1694 mit Anna Dorothea
27.11.1694
† 22.6.1724
□ beide in Ober-Wiederst

XVII

Philipp Adam
* Magdeburg 19.9.1695
† 1766
∞ 1719 mit Dorothea Louise v. Steinberg
* 1695
† 25.7.1759

Anton Gottlieb Chr
* Ober-Wiederstedt 16.7.
† Ober-Wiederstedt 14.7.
∞ 1725 Katharina Sido v. Heynitz-Dröschkau
* 24.6.1710 Dröschkau
† 19.4.1781 Gera

XVIII

Georg Ludwig
Domdechant
* Halberstadt 8.1.1720
† 1786
∞ Maria Anna Elisabeth v. Cornberg
1 Tochter siehe unten rechts

Friederike Agnes
* 6.4.1721
† 4.11.1761
∞ 30.11.1743 Gebhard v. Edlvensleben
* Rostock 5.8.1719
† Hundisburg 30.3.1779

Amalie Ernestine
† 18.11.1782
∞ 1. v. Berlepsch † 1757
2. 1760 v. Bodenhausen

Philipp Adam
* 29.7.1726
† 26.8.1789
∞ v. Mordeisen

Georg Karl Friedrich
* 6.5.1727
† 7.5.1727

Gottlob Friedrich
* 4.6.1723
† Lucklum 4.3.1800
Landkommenthur d. Balley Sachsen

Amalie Elisabeth
* 2.8.1729
∞ Hans-Adolf v. Boeltzig
† 1756

XIX

alle Kinder aus der 2. Ehe

Sidonia Sophie Charlotte Caroline
* Ober-Wiederstedt 20.4.1771
† 14.4.1801
∞ 10.11.1799 mit Friedr. v. Rechenberg
† 1808

Georg Friedrich Philipp Novalis
* Ober-Wiederstedt 2.5.1772
† Weissenfels 25.3.1801
□ Weissenfels

Christoph Wilhelm Erasmus Anton
* 9.8.1774
† 14.4.1797
□ Weissenfels

Gottlob Albrecht Karl
* Weissenfels 13.3.1776
† Weissenfels 28.3.1813
□ Weissenfels
∞ 1. 1.1.1802 Caroline v. Uttenhofen
† 30.3.1811
∞ 2. Henriette Gräfin v. Stolberg-Stolberg, 5.2.1812
† 11.11.1868, Dresden

Auguste Sidonie
* Weissenfels 16.5.1779
† Weissenfels 17.11.1801
□ Weissenfels

XX

alle 1. Ehe

Sophie Caroline Marie
* 31.12.1804
† 8.10.1846
□ Karlsruhe

Marie Amalie
* 1.2.1806
† 1.2.1806
□ Weissenfels

Johannes Friedrich Erasmus
* 4.6.1807
† 27.2.1841
□ Meiningen
∞ 14.8.1828 Augusta Freiin v. Gemmingen-Guttenberg

Carl Anton
* 1.2.1809
† 3.2.1811

Marie Sophie Auge
* 7.6.1809
† Berlin 11.3.1870
□ Ober-Wiederstedt

XXI

Karl August Johannes
* Meiningen 3.8.1829
† Karlsruhe 18.11.1913
∞ Karlsruhe 10.10.1858 Sophie Rüdt v. Collenberg
* 28.12.1839
† 12.4.1891
gesch. 1864

Fanny Emilie Augusta
* Meiningen 22.3.1832
† Karlsruhe 25.4.1908
∞ Karlsruhe 25.5.1851 Hans Frhr. v. Türkheim a. Mahlberg 1814–1892

Marie Adelheid Luise Sophie
* 5.8.1835
† Karlsruhe 1.11.1907
∞ 7.5.1855 Edmund Frhr. v. Degenfeld
* 3.1.1817
† 13.12.1870

Emma Minna Tekla
* Meiningen 12.9.1837
† Karlsruhe 13.12.1912
∞ 3.6.1858 Udo Freiherr v. La v. Wieblingen
* 18.11.1818
† 8.3.1893

XXII

Luise
* 17.7.1859
† 30.11.1859

Sophie Karoline Auguste Marie Ida
* 19.10.1860
† Weimar 9.9.1946
∞ 24.9.1890 Alfred v. Rüdiger i. Mahlberg / Baden

Tafel 3
(Wiederstedt – seit 1621 im Besitz der Familie)

lotte Amalie
1698
719 mit Wilhelm Johann
en auf Hastenbeck

Friedrich August
* 30.10.1700
† Hannover 21.9.1768
∞ Katharina Elisabeth
v. Gemmingen-Guttenburg
† 20.5.1767

Sophie Dorothee
* 18.10.1705
∞ Georg-Ernst v. Heynitz auf Militz

Louise Christiane
* 9.9.1707
† 14.9.1707

---

g Gottlieb
recht
pol. Geh. Rat
1752
1822
3 Christiane Charlotte
hardine verw. v. Bachofen
Echt geb. v. Dittfurth

Karl August
* Wiederstedt 11.1.1734
† Möckritz 10.9.1751

Johanna Sidonie
Dorothee
* 1.7.1736
∞ Christian Gottlieb v. Dieskau-Schönfels

Heinrich Ulbrich
Erasmus
* 9.1.1738
† 3.4.1814
□ Weissenfels
∞ 1. 1764 v. Oldershausen a.d.H. Förste
† u. □ 1769 Weissenfels
∞ 2. 1770 Bernhardine v. Boeltzig
* Leipzig 6.10.1749
† Weissenfels 6.3.1818, □ Ober-Wiederstedt

Christiane Philippine
Meriane
* 1740
† 1760

Bernhardine Auguste
* 6.10.1749
□ Ober-Wiederstedt

---

g Anton
rat
1781 i. Schlöben
1825 Oberwiederstedt
- Wiederstedt
1808 Anna Magdalene
tzleben in Kassel
3.1783 Dillenburg
1857 i. Potsdam
- Wiederstedt

Benigna Elisabeth
Auguste
* 1.4.1783
† 2.5.1804
□ Weissenfels

August Wilhelm
Bernhard
* 5.2.1787
† 28.10.1800 ertrunken i.d. Saale

Hans Peter Wilhelm
* 26.10.1791
† 3.1.1814
□ Weissenfels

Amalie Auguste
* 19.8.1793
† 4.2.1814
∞ 11.6.1811 Ernst v. Kerssenbrock
† 26.9.1812

Hans Christoph
* 19.12.1794
† Ober-Wiederstedt 6.1.1816
□ Ober-Wiederstedt

Karl Friedrich Erasmus
30.7.1810
14.10.1810
Ober-Wiederstedt

Bernhard Joseph
Anton
* 30.7.1810
† 14.10.1870
□ Ober-Wiederstedt

Maria Anne Karoline
Elisabeth
* 13.2.1816
† 23.1.1840

Maria Anna
Sidonia
* 14.9.1818
† 22.6.1849

Maria Sophia
Bernardine
* 16.4.1821
† Berlin 12.5.1898
□ Ober-Wiederstedt

Maria Karoline
* 9.2.1823
† Berlin 5.3.1900
□ Ober-Wiederstedt

Hans Christoph
Hildebrand Aloysius
* Ober-Wiederstedt 27.10.1824
† 25.2.1887
∞ Berlin 24.10.1846
siehe Tafel 6A

XIX Maria Anna Luise Helene
* 18.1.1748
† Rinteln 24.1.1832
∞ August Ludwig v. Cornberg
* Augsburg 25.3.1744
† Bodungen 3.6.1819
sächs. weimar. Kammerherr

siehe XVIII, Georg Ludwig

Anmerkungen

Motto

I von Weizsäcker, Richard, Der 20. Juli 1944 – Attentat aus Gewissen. Rede auf einer Veranstaltung der Evangelischen Akademie in Ostberlin im Jahre 1964. In: Ders., Die deutsche Geschichte geht weiter, Wolf Jobst Siedler Verlag GmbH, Berlin 1983, S. 34f. **II** Ebenda, S. 27, S. 36 **III** Ebenda, S. 23, S. 38 **IV** Ebenda, S. 25 f., 41 f.

Vorbemerkungen

1 Stiftung »Hilfswerk 20. Juli 1944«, Archiv **2** Aufzeichnung Karl August Fürst von Hardenbergs, ohne Datum, wahrscheinlich aus den Vorarbeiten zu den »Denkwürdigkeiten« 1807/1808. Zitiert in: Thielen, Peter G., Karl August von Hardenberg, Köln/Berlin 1967, S. 5 und nach S. 224

I

1 Fontane, Theodor, Wanderungen durch die Mark Brandenburg, Stuttgart und Berlin 1907, S. 144. Im Band »Oderland« wird im Abschnitt »Das Oderbruch und seine Umgebung« über Prittwitz im Kapitel »Quilitz oder Neu-Hardenberg« berichtet, über Lestwitz im Kapitel »Cunersdorf«, über Marwitz im Kapitel »Friedersdorf«.

2 Der ganze erste Teil nach dem Hardenbergschen Familienarchiv; der letzte Teil aus: Neuhardenberg, Berlin 1991, S. 3: mit freundlicher Genehmigung des »Freundeskreises Schlösser und Gärten der Mark« in der Deutschen Gesellschaft e.V.; in der Sammlung »Schlösser und Gärten in der Mark« sind bisher 16 im Buchhandel erhältliche Hefte erschienen **3** Mit freundlicher Genehmigung von Michalsky, Werner, Karl Friedrich Schinkel im Lebuser Land, Seelow 1992, ergänzt aus dem Hardenbergschen Familienarchiv **4** Siehe Neuhardenberg, a. a. O., S. 3 **5** Siehe Michalsky, a. a. O., S. 42

6 In stark gekürzter Form zitiert nach: Ohff, Heinz, Karl August von Hardenberg oder die Klugheit der Schlange, in Ohff, Heinz, Auch sie waren Preußen – 15 Lebensbilder, Berlin 1979 **7** Letzte zwei Absätze zum größten Teil zitiert nach Ohff, a. a. O. **8** Zum größten Teil zitiert nach Ohff, a. a. O. **9** Zitiert nach Brockhaus, 16. Auflage, 1957 **10** Zitiert größtenteils nach Ohff, a. a. O. **11** Zitiert nach Ohff, a. a. O. und aus dem Brockhaus, a. a. O. **12** Größtenteils zitiert nach Ohff, a. a. O. **13** a) Meusel, Friedrich, Friedrich August Ludwig von der Marwitz – Ein märkischer Edelmann im Zeitalter der Befreiungskriege, zweiter Band, erster und zweiter Teil, Berlin 1913. b) Stern, Alfred, Abhandlungen und Aktenstücke zur Geschichte der preußischen Reformzeit 1807–1815, Leipzig 1885; vor allem: VIII Die Entstehung des Ediktes vom 11. März 1812 betreffend die bürgerlichen Verhältnisse der Juden in dem preußischen Staate **14** Letzter Absatz größtenteils zitiert nach Ohff, a. a. O. **15** Zitiert nach Brockhaus, a. a. O. **16** Zitiert nach Ohff, a. a. O. **17** Größtenteils zitiert nach Brockhaus, a. a. O. **18** Größtenteils zitiert nach Ohff, a. a. O. **19** Hardenbergsches Familienarchiv **20** Neuhardenberg, a. a. O., S. 8 **21** Neuhardenberg, a. a. O., S. 8 **22** Schinkel schätzte Neubarths Arbeiten. Nach Fertigstellung des Kirchturms zu Letschin notierte er: Handschriftlicher Vermerk: »Zu den Akten mit der Bemerkung, daß der bis zur Spitze ganz massiv ausgeführte Thurm, äußerlich ganz in rohen Mauersteinen gehalten, sehr schön ausgefallen ist. Der Maurermeister Neubarth in Wriezen hat die Ausführung gehabt. Berlin, den 17. Febr. 1821. Schinkel«, zitiert in Michalsky, Werner, Schinkel im Lebuser Land, Seelow 1992, S. 35 **23** Schinkel-Museum Berlin, Katalog-Nr. 1633 **24** Neuhardenberg, a. a. O., S. 8 **25** Das Obergeschoß wurde ursprünglich nach den Plänen Schinkels durch eine umlaufende Brüstung mit Gitterfüllung und über dem Eingangsrisalit mit dem diesen bekrönenden Adler und flankierenden Vasen abgeschlossen. Hinter der Attika lag ein Grabendach, das mit Ziegeln gedeckt worden war und mit Zinkblech abschloß. Hier entstanden später große Probleme bei der Dachentwässerung, die 1852 einen Umbau nach sich zogen: Die Brüstung wurde beseitigt, ein flaches Walmdach errichtet. Den Abschluß des Hofrisalits bildet ein Dreieckgiebel. Neuhardenberg, a. a. O., S. 8 **26** Neuhardenberg, a. a. O., S. 8 + 14 **27** Hardenbergsches Familienarchiv **28** Ohff, a. a. O. **29** Größtenteils zitiert nach Ohff, a. a. O.

30 Neuhardenberg, a. a. O., S. 14 **31** Ebenda **31a** Thielen, Peter G., Karl August von Hardenberg, Grote'sche Verlagsbuchhandlung. Köln 1967, S. 368. Siehe S. 37 **32** StA Potsdam, Rep. 37, Neuhardenberg 200, sowie Hardenbergsches Familienarchiv **33** StA Potsdam, Rep. 37, Neuhardenberg 1894. Die rechtsradikale Deutsche Vaterlands-Partei wurde am 2. September 1917 gegründet zur Unterstützung der Siegfriedenslobby: Frieden erst nach einem Sieg mit großräumigen Annexionen. Mitgliedschaft von Gruppen und Einzelpersonen, vorwiegend den chauvinistischen Alldeutschen, Konservativen und National-Liberalen. Sie wurde zur bestimmenden Kraft im letzten Drittel des Ersten Weltkrieges. Aufgelöst am 10. Dezember 1918, wanderte der größte Teil ihrer Mitglieder in die am 22. November 1918 gegründete demokratiefeindliche Deutschnationale Volkspartei (DNVP), eine kleinere Gruppe stärkte den rechten Flügel der Deutschen Volkspartei (DVP), im Dezember 1918 von Rechts-Nationalliberalen gegründet. Später sah der größte Teil der Anhänger der Deutschen Vaterlands-Partei die Erfüllung ihrer Ziele in der NSDAP. **34** Hardenbergsches Familienarchiv; vergleiche die Stammtafeln, S. 210–215

II

1 Siehe Ahnentafel des Vaters, S. 210–213 **2** Siehe Ahnentafel der Mutter, S. 214/215 **3** Sie heiratete am 12. 9. 1914 den Offizier Wilhelm Freiherrn Schilling von Canstatt. Wilfried wurde Forstmeister. Er heiratete am 6. 2. 1955 Margarete von Oven. Sie war Sekretärin im Reichswehrministerium gewesen bei General von Hammerstein und General von Fritsch. Später hatte sie für Henning von Tresckow und Claus Graf von Stauffenberg gearbeitet. Unter anderem hatte sie auf ihrer Schreibmaschine den Aufruf für den geplanten Staatsstreich geschrieben **4** Brief Hardenberg an Marwitz, StA Potsdam, Rep. 37 Friedersdorf 366, Bl. 26 **5** StA Potsdam, Rep. 37 Neuhardenberg 1898 **6** Ebenda **7** Schlabrendorff, Fabian von, Begegnungen in fünf Jahrzehnten. Tübingen 1979, S. 241 **8** Alle Zitate aus StA Potsdam, Rep. 37 Lieberose 219; Briefe an Herrn Walther, den Rentmeister auf ihrem elterlichen Schloß in Lieberose **9** Siehe Seite 158/59 **10** StA Potsdam, Rep. 37 Lieberose 219 **11** StA Potsdam, Rep. 37 Neuhardenberg 1898 **12** StA Potsdam, Rep. 37 Lieberose 219 **13** StA Potsdam, Rep. 37 Neuhardenberg 1898

III

1 Graf Kuno aus der Althardenberger Linie wurde Vorsitzender; Graf Albrecht, Berlin, wurde Schriftführer; Graf Hans, Hannover, Schatzmeister **2** »Im Jahre 1921 übernahm ich die Verwaltung von Neuhardenberg, Provinz Brandenburg.« (Hardenberg, Lebenslauf). Kuno Graf von Hardenberg, gestorben am 25. November 1921 in Neuhardenberg. (StA Potsdam, Rep. 37 Neuhardenberg 1901, Bl. 56). Die Trauerfeier fand am 30. November 1921 statt (StA Potsdam, Rep. 37 Friedersdorf 366, Bl. 131) **3** Fideikommiß – unveräußerliches und unteilbares Vermögen einer Familie **4** Schlabrendorff, Fabian von, Begegnungen in fünf Jahrzehnten. Tübingen 1979, S. 242 **5** Siehe S. 27 **6** StA Potsdam, Rep. 37 Lieberose 219 **7** StA Potsdam, Rep. 37 Neuhardenberg 1901, Bl. 5 **8** StA Potsdam, Rep. 37 Neuhardenberg 1901, Bl. 59 **9** alle Zitate aus StA Potsdam, Rep. 37 Lieberose 219 **10** StA Potsdam, Rep. 37 Neuhardenberg 1899 **11** Ebenda **12** Ebenda **13** Ebenda **14** Ebenda **15** Ebenda **16** Ebenda **17** Ebenda **18** Ebenda

19 StA Potsdam, Rep. 37 Lieberose 219. In dieser Zeit war Renate Gräfin von Hardenberg im Dienste der Kirche tätig. Als Mitglied des »Kirchlichen Ausschusses« des Kreises Lebus lädt sie zur Evangelischen Landeskonferenz in Heinersdorf, Falkenberg und Sieversdorf ein, die vom 8.–10. Juni 1927 zum Thema »Der innere Aufbau unseres Volkes und unsere Anteilnahme darin« tagt. (StA Potsdam, Rep. 37 Friedersdorf 481, Bl. 67) Auch dafür dürfte Hardenberg finanzielle Zuwendungen geleistet haben. **20** StA Potsdam, Rep. 37 Friedersdorf 366, Bl. 35 **21** StA Potsdam, Rep. 37 Friedersdorf, 366, Bl. 39 **22** StA Potsdam, Rep. 37 Lieberose 178 **23** Ebenda **24** Ebenda **25** Ebenda, Bl. 8 **26** Ebenda **27** Ebenda **28** Volksfreund, 7. November 1932 **29** Siehe auch S. 46/47 **30** StA Potsdam, Rep. 37 Lieberose 219 **31** StA Potsdam, Rep. 37 Friedersdorf 477, Bl. 161

32 StA Potsdam, Rep. 37 Neuhardenberg 1896, Bl. 111 **33** Wissenschaftliche Zeitschrift der Pädagogischen Hochschule Potsdam, Mathematisch-Naturwissenschaftliche Reihe, Jg. 10, 1966, H. 3, S. 434 **34** Auch der vor kurzem noch lebende damalige Gölsdorfer Schweizer Fritz Tschanz bestritt Friedrich Carl Graf von Hardenberg, dem Sohne Hardenbergs, gegenüber, daß es einen solchen Streik tatsächlich gegeben habe. **35** Volksfreund, 9. 4. 1931 **36** Ebenda **37** StA Potsdam, Rep. 37 Neuhardenberg 1900 **38** Ebenda, Bl. 28 **39** Ebenda, siehe auch S. 44

40 Von 1686 bis 1694 und seit 1817 brandenburgisch **41** Vom Prager Frieden 1635 bis zum Wiener Kongreß 1815 **42** Zitiert nach Häbisch, Theodor, Deutsche Latifundien. Königsberg 1930 **43** Ebenda **44** Handbuch des Großgrundbesitzes 1910. Nach den Satzungen des Brandenburgischen Landbundes wurde der Besitz Hardenbergs in folgende Bezirke eingeteilt: Bezirk I: Neuhardenberg, Neufeld, Bärwinkel, Quappendorf. Bezirk II: Tempelberg, Gölsdorf. Bezirk VI: Lietzen, Altrosenthal. (StA Potsdam, Rep. 37 Neuhardenberg 1896) **45** Ebenda

46 StA Potsdam, Rep. 37 Friedersdorf 477 Bl. 336 **47** Ebenda, Bl. 417 **48** StA Potsdam, Rep. 37 Friedersdorf 366, Bl. 17 **49** Nach dem Eisernen Kreuz im Titelkopf »Kreuzzeitung« genannt. Berliner Tageszeitung; wurde 1848 als Organ streng konservativer Kreise gegründet; war die führende Berliner Tageszeitung der preußischen Konservativen und der Deutschkonservativen Partei; 1911 wurde der Titel in Neue Preußische (Kreuz-)Zeitung geändert; 1932 ging die Zeitung in den Besitz des »Stahlhelms« über; 1939 wurde das Erscheinen der Zeitung eingestellt. **50** StA Potsdam, Rep. 37 Friedersdorf 366, Bl. 18

51 StA Potsdam, Rep. 37 Friedersdorf 366, Bl. 22 **52** Ebenda **53** Ebenda **54** Ebenda, Bl. 26 **55** Hardenberg, Lebenslauf, Gedenkstätte Deutscher Widerstand, Berlin **56** StA Potsdam, Rep. 37 Friedersdorf 366, Bl. 26 **57** StA Potsdam, Rep. 37 Friedersdorf 366, Bl. 28 **58** Ebenda **59** StA Potsdam, Rep. 37 Friedersdorf 481, Bl. 23 **60** StA Potsdam, Rep. 37 Friedersdorf 481, Bl. 38 **61** Brief Friedrich-Carl von Burgsdorff-Markendorf an Marwitz vom 17. 11. 1929 **62** Brief Vorstand Brandenburgischer Landbund an Hardenberg vom 15. 4. 1930 **63** Brief Hardenbergs an Brandenburgischen Landbund vom 16. April 1930; Kopie beim Autor **64** StA Potsdam, Rep. 37 Friedersdorf 366, Bl. 47 **65** Schwester seines Vaters

66 StA Potsdam, Rep. 37 Neuhardenberg 1896, Bl. 113 ff. **67** Die programmatischen Ausführungen Schachts belegen, wie falsch es ist, wenn der Historiker Kurt Gossweiler behauptet, Schacht habe zu jenem Teil innerhalb der Kräftekonstellation der deutschen Monopolbourgeoisie gehört, der »unbedenklich amerikanische Kredite als Waffen im Kampf gegen seine deutschen Konkurrenten aufnahm und damit zum Schrittmacher der amerikanischen Dollar-Offensive, zu einem Stützpunkt der Expansion des amerikanischen Kapitals in Deutschland wurde«. (Gossweiler, Kurt, Aufsätze zum Faschismus. Berlin 1988, S. 98 f.)

68 StA Potsdam, Rep. 37 Friedersdorf 477, Bl. 9 **69** Ebenda, Bl. 174 **70** Ebenda, Bl. 176 **71** Volksfreund, 14. November 1929 **72** Volksfreund, 24. November 1929 **73** Flugblatt anläßlich der DDR-Wahlen am 23. Juni 1957 **74** StA Potsdam, Rep. 37 Friedersdorf 477, Bl. 197 **75** Ebenda, Bl. 205. Friedersdorf wurde hier nicht erwähnt **76** Ebenda, Bl. 208 **77** StA Potsdam, Rep. 37 Friedersdorf 362 **78** StA Potsdam, Rep. 37 Friedersdorf 366, Bl. 45 **79** StA Potsdam, Rep. 37 Friedersdorf 362 **80** StA Potsdam, Rep. 37 Friedersdorf 477, Bl. 210 **81** StA Potsdam, Rep. 37 Friedersdorf 362 **82** Ebenda **83** StA Potsdam, Rep. 37 Friedersdorf 367

84 Brief Hardenbergs an Lechler vom 11. 1. 1931, Kopie beim Autor **85** Oppen, Dietrich von, Lebensskizzen, Marburg/Lahn 1983/85, S. 447 **86** Ebenda, S. 194 **87** Ebenda, S. 455 **88** Putsch von Verbänden der Schwarzen Reichswehr unter Major Bruno Ernst Buchrucker am 1. Oktober 1923 in Küstrin. Ziel dieses Putsches war die Errichtung einer Militärdiktatur. Den Anlaß zum Putsch bildete der Abbruch des passiven Widerstandes durch die Stresemann-Regierung, was dem vorläufigen Verzicht Deutschlands auf bewaffnete Auseinandersetzung mit den Westmächten, vor allem mit Frankreich, gleichkam. Die Ende September von der Heeresleitung verfügte Auflösung der als Arbeitskommandos getarnten Schwarzen Reichswehr erfolgte, weil deren putschistische Absichten in dieser Situation nicht den Plänen der Reichswehrführung entsprachen. Der Küstriner Putsch wurde von der Reichswehr niedergeschlagen. **89** StA Potsdam, Rep. 37, Bd. 2170, Bl. 41 ff. **90** Volksfreund, 1. Oktober 1932, S. 3 **91** Bericht Reinhild Gräfin von Hardenberg an Autor, 1989 **92** Hardenberg, Bericht Silvester 1945 **93** Ebenda **94** Volksfreund,

15. November 1932 **94a** StA Potsdam, Rep. 37 Friedersdorf 366, Bl. 49 **94b** Schlabrendorff, Fabian von, Begegnungen in fünf Jahrzehnten, Tübingen 1979, S. 242 **94c** Undatierter, nach der Befreiung von Hardenberg handschriftlich verfaßter Lebenslauf aus dem Nachlaß
95 1756–1763; gehört zu den Schlesischen Kriegen, die Friedrich II. von Preußen in den Jahren 1740–1742, 1744/45 und schließlich 1756–1763 mit dem Ziel führte, die unter habsburgischer Herrschaft stehenden schlesischen Fürstentümer zu erobern und für den preußischen Staat zu sichern. Vorwand dafür war ein Erbfolgevertrag. Am 18. Oktober 1537 hatten Joachim II. Hektor, Kurfürst von Brandenburg, und Friedrich II., Herzog von Liegnitz, einen Erbverbrüderungsvertrag miteinander abgeschlossen und zur Bekräftigung jeweils einen Sohn und eine Tochter miteinander verheiratet. Aber Ferdinand I., deutscher König und König von Böhmen, also Oberlehensherr der Herzöge von Liegnitz, erklärte im Zusammenhang mit der Vorbereitung des Schmalkaldischen Krieges (1546) den Erbvertrag für nichtig und forderte die Herausgabe der Urkunden. Joachim II. Hektor weigerte sich und bestand auf künftigen brandenburgischen Ansprüchen. 1675 beim Tode von Georg Wilhelm, dem letzten piastischen Herzog von Liegnitz, hätten also Liegnitz, Brieg und Wohlau an den großen Kurfürsten fallen müssen, aber Österreich verweigerte die Anerkennung der Ansprüche, zog die Herzogtümer als erledigte Lehen der Krone Böhmens ein und vereinigte sie mit dem übrigen habsburgischen Besitz in Schlesien. Doch die Hohenzollern verzichteten nie. Als Maria Theresia Kaiserin wurde, bestand Friedrich II. erneut auf den nie aufgegebenen Ansprüchen, denn das salische Recht schloß Frauen von der Erbfolge aus. Am 29. August 1756 besetzte die preußische Armee das neutrale Sachsen und stieß nach Böhmen vor. Der preußische König wollte Sachsen als militärische Operationsbasis und wirtschaftliche Reserve gewinnen und das Land nach dem Krieg seinem Staat einverleiben. Preußen stand eine Koalition gegenüber, der Österreich, Rußland, Frankreich und Schweden angehörten. Wegen der Besetzung Sachsens wurde am 31. Januar 1757 Preußen der Reichskrieg erklärt. Vor der Übermacht der gegnerischen Koalition mußte Friedrich II. nach der Niederlage von Kolin, am 18. Juni 1757 Böhmen aufgeben und sich nach Sachsen und Schlesien zurückziehen. Der Versuch Friedrichs, den Vormarsch seiner Gegner auf Berlin zu stoppen, endete mit einer schweren Niederlage in der Schlacht bei Kunersdorf am 12. August 1759. Nachdem England und Frankreich am 3. November 1762 einen Frieden geschlossen und die preußischen Truppen Schlesien wieder erobert und Sachsen erneut besetzt hatten, kam es zu einer preußisch-österreichischen Waffenruhe und am 15. Februar 1763 zum Frieden von Hubertusburg zwischen Österreich, Preußen und Sachsen, der Preußen endgültig in den Besitz von Schlesien brachte. **96** Siehe S. 13 **97** Schulenburg, Rittmeister, Zeitfolge für die Reise des Herrn Reichspräsidenten zu den Herbstübungen der Heeresleitung vom 20. 9. – 22. 9. 1932. Berlin, den 7. September 1932. Kopie beim Autor **98** Volksfreund, 29. Oktober 1932
99 Bundesarchiv-Militärarchiv Freiburg, im folgenden BA-MA Freiburg, N 26/2. Nachlaß Frhr. v. Hammerstein **100** Ebenda **101** Ebenda **102** Ebenda **103** Ebenda **104** BA-MA Freiburg, N 26/3 **105** Ebenda **106** Hammerstein, Kunrat Frhr. von, Spähtrupp, Stuttgart 1963, S. 66 **107** Brief Hindenburgs an Hammerstein: »Der Reichspräsident. Berlin, den 23. Dezember 1933. Sehr verehrter Herr General! Euer Hochwohlgeboren habe ich durch Verfügung vom heutigen Tage mit dem 31. Januar 1934 den Abschied aus dem Heeresdienst unter Ernennung zum Generaloberst, unter Gewährung der gesetzlichen Versorgung und mit der Berechtigung zum Tragen der Uniform des Generalstabes mit den Abzeichen eines Generals bewilligt. Bei Ihrem Scheiden können Sie auf eine mehr als 34jährige, an Erfolgen reiche Laufbahn in der ruhmreichen, alten Armee und im Reichsheer zurückblicken. Die hohen Verdienste, die Sie sich – im Krieg und Frieden auf verantwortungsvolle Posten berufen – erworben haben, sichern Ihnen einen ehrenvollen Platz in der Geschichte der Armee. Ihr Wirken als Chef der Heeresleitung war getragen von dem Gedanken, die stetige Aufwärtsentwicklung des jungen Reichsheeres auf der von Ihren Vorgängern geschaffenen Grundlage zu sichern und auszubauen, das Heer in schweren innen- und außenpolitischen Zeiten als Machtmittel des Staates gesund und unbeeinflußt zu erhalten und es auf die großen vaterländischen Aufgaben einer späteren Zeit vorzubereiten. Nehmen sie hierfür den Dank des Vaterlandes und des Heeres entgegen. Im Gedenken Ihrer verdienstvollen Tätigkeit in den verschiedensten Chefstellungen will ich durch die Verleihung der Uniform des Generalstabes auch für die Zukunft Ihre Verbundenheit mit dem Heere und seinen hohen nationalen Aufgaben zum Aus-

druck bringen. Als äußeres Zeichen meiner Anerkennung werde ich Ihnen mein Bild mit Unterschrift zugehen lassen. Mit kameradschaftlichem Gruß Ihr von Hindenburg« (BA-MA Freiburg, N 26/3) **108** Finker, Kurt, Stauffenberg und der 20. Juli 1944, Berlin 1989, S. 40 **109** Vortrag von Axel von dem Bussche in Bückeburg am 28. April 1985: »Zur Erinnerung an Kurt Plettenberg«.

IV

1 Bundesarchiv Koblenz, im folgenden BA Koblenz, R 2/18872, Denkschrift »Darstellung der Lage der Landwirtschaft in Frieden und Krieg« vom 20.1. 1939 **2** ZStA Potsdam, Nr. 392, Bl. 12, Dok. NG-453. Denkschrift Darrés »Aufgaben der Produktion in der Landwirtschaft im Kriege« **3** Backe, Herbert, Um die Nahrungsfreiheit Europas, Leipzig 1942, S. 175 **4** Siehe Backe, Herbert, Technik und Landwirtschaft. In: »Odal«, H. 4/1941, S. 257 **5** Dieser Flugplatz gehörte zum Luftkreis II. MA Potsdam, WF-01-11180, Bl. 644. Der Leithorst war Fürstenwalde. WF-02/6686, Bl. 803. »Die Bevölkerung stand dem Bau des Flugplatzes zunächst positiv gegenüber, weil dadurch die Arbeitslosen die Möglichkeit erhielten, ihre Familien zu ernähren. Seit 1937/38 fungierte er als Versuchsflugplatz, auf dem schließlich ein Bombengeschwader für den Einsatz gegen Polen mit den Flugzeugen He 111, Ju 86, D 17-23-217 stationiert wurde«, berichtete der Neuhardenberger Fritz Wernicke dem Autor. (Wernicke, Fritz, Bericht an den Autor, 1988)

6 Siehe S. 78 f. **7** StA Potsdam, Rep. 37 Neuhardenberg 2000, Bl. 60 **8** StA Potsdam, Rep. 37 Neuhardenberg 2000

9 Renate Gräfin von Hardenberg und Albrecht Graf von der Schulenburg waren die Kinder von Otto Graf von der Schulenburg, der bei Erlaß des Zwangsauflösungsgesetzes für Familiengüter vom 19. November 1920 Besitzer des Familienfideikomißvermögens der gräflichen Familie von der Schulenburg-Lieberose war. 1927 kam ein Erbvertrag zustande. Der Vertrag bestimmte u. a., daß Graf Albrecht, dem jede freie Verfügung über den Besitz unterbunden war, ab 1930 die unmittelbare Verwaltung des Waldguts Lieberose übernahm, allerdings noch mit der Einschränkung, daß Hardenberg zum Kurator auf Lebenszeit des Grafen Otto bestellt wurde. So wurde Graf Albrecht 1935 aufgefordert, an seine Schwester, die Gräfin Hardenberg, 550 000 RM zu zahlen. Erst am 1. Februar 1939 kam er dieser Aufforderung mit der Zahlung von immerhin 235 000 RM teilweise nach. StA Potsdam, Rep. 37 Neuhardenberg 1900, Bl. 17 **10** StA Potsdam, Rep. 37 Friedersdorf 347, Bl. 85 **11** StA Potsdam, Rep. 37 Friedersdorf 347

12 Sechs Jahrzehnte nach Schmelzers Tod widmete ihm Bodo von der Marwitz eine »Laudatio … zum rühmenden Gedenken an diesen Mann, der ein Großer war in seinem Schaffen. Man muß ihn einreihen in die große Schar der Tüchtigsten in der Landwirtschaft, … die zu Schrittmachern wurden in der Entwicklung der deutschen Landwirtschaft.« (Von der Marwitz, Bodo, Laudatio auf den Amtsrat Adolph Schmelzer auf Sachsendorf/Oderbruch, 1833–1913, Stemmen 1972, S. 17; Kopie beim Autor). **13** Siehe auch S. 44, 46/47

14 Haniel-Archiv Nr. 400 101 290/43 **15** Verein zur Wahrung der gemeinsamen wirtschaftlichen Interessen in Rheinland und Westfalen **16** Vgl. von Wilmowsky, Frhr. T., Rückblickend möchte ich sagen … An der Schwelle des 150jährigen Krupp-Jubiläums (1961) S. 182 f., 227; O. Kopp, Das verschwiegene Gute im Kampf gegen das Hitler-Regime, in: Widerstand und Erneuerung. Neue Berichte und Dokumente vom inneren Kampf gegen das Hitler-Regime, hrsg. von O. Kopp (1966), S. 51 **17** Haniel-Archiv 40010124/4 **18** Maschke, Erich, Es entsteht ein Konzern, Paul Reusch und die GHH, Rainer Wunderlich Verlag, Oberhausen 1969, S. 49 **19** Melnikow, Daniil, 20. Juli 1944, Legende und Wirklichkeit, VEB Deutscher Verlag der Wissenschaften, Berlin 1967, S. 118 **20** War Dept. Alexandria, EAP I-a-28/3, zitiert nach Ritter, Gerhard, Carl Goerdeler und die deutsche Widerstandsbewegung, Stuttgart 1954, S. 545, Anm. 18 zu S. 413 **21** Ebenda **22** Spiegelbild einer Verschwörung: die Kaltenbrunner-Berichte an Bormann, Stuttgart 1961, S. 348 **23** Maschke, Erich, a. a. O., S. 49 **24** Haniel-Archiv 40010124/3 b **25** Ebenda **26** Haniel-Archiv 40010124/3 b **27** Ebenda **28** Haniel-Archiv 40010124/8 **29** Haniel-Archiv 40010124/9 **30** Haniel-Archiv 40010124/7 **31** Ebenda **32** Haniel-Archiv 40010124/9 **33** Ebenda **34** Haniel-Archiv 40010124/5 **35** Ebenda **36** Ebenda **37** Ebenda **38** Ebenda **39**

Haniel-Archiv 40010124/4 **40** Haniel-Archiv 400101290/155 **41** Ebenda **42** Goerdelers Verbindungen zum Reusch-Kreis konzentrierten sich auf Ende der Dreißiger Jahre. (Einen Vortrag in diesem Kreis hielt er im Oktober 1940 in seiner Wohnung in Leipzig in seiner Tätigkeit als Reichskommissar für Preisüberwachung.) **43** Haniel-Archiv 400101290/156

44 Über die spezifischen Auffassungen der genannten Mitglieder der Mittwochsgesellschaft geben die veröffentlichten Protokolle der Sitzungen Auskunft. Siehe dazu: Scholder, Klaus, Die Mittwochsgesellschaft, Severin und Siedler, Berlin 1982. Zu einem Vortrag von Beck aus dem Sommer 1942, vgl. auch S. 122 **45** Ebenda, S. 42

46 BA-MA Freiburg N 492/2 **47** Norden, Albert, Die Nation und wir, Bd. 1, Berlin 1964, S. 332 **47a** Die Casino-Gesellschaft in Berlin im Rahmen des Zeitgeschehens 1786–1970, S. 47 **48** Ebenda, S. 31 **49** Ebenda, S. 61

50 Hufe – altes deutsches Flächenmaß für einen Voll-Bauern (Hüfner); im Schnitt 30 Morgen Land – je nach Bodenbeschaffenheit 15 bis 60 Morgen **51** Neue Preußische Kreuzzeitung, 5. 11. 1871 **52** Ebenda; siehe auch S. 20/21

53 Siehe Handwörterbuch der Preußischen Verwaltung, 1928, S. 898 **54** Schlabrendorff, Fabian von, Begegnungen in fünf Jahrzehnten, Tübingen 1979, S. 242 **55** Leiter des Landesverbandes Mark Brandenburg des Johanniterordens. Abgeleitet von Kommende – Verwaltungsbezirk oder Ordenshaus der Johanniter **56** StA Potsdam, Rep. 202 A, Büro des Ministerpräsidenten, Nr. 392, Bl. 44 **57** Veröffentlicht im Ministerialblatt des Reichs- und Preußischen Ministeriums des Innern von 1938, Nr. 28, S. 1456 **58** Daß der Orden trotz solcher Pressionen seitens der NSDAP weiter tätig sein konnte, war das Verdienst von Prinz Oskar von Preußen, dem Herrenmeister des Ordens, mit dem Hardenberg befreundet war. Sie hatten gemeinsam ihre militärische Ausbildung absolviert, und Prinz Oskar war des öfteren in Neuhardenberg zu Gast. **59** Johanniter und der 20. Juli 1944, von Wilhelm Karl Prinz von Preußen und Bernd Baron Freytag von Loringhoven, Nieder-Weisel 1985, Schriftenreihe der Hessischen Genossenschaft des Johanniterordens, Heft 14, S. 2

60 Evangelisches Zentralarchiv Berlin, Schreiben vom 12. 10. 1937, 12. 11. 1937 und 5. 2. 1938 **61** Evangelisches Zentralarchiv in Berlin, Kopie beim Autor **62** Ebenda **63** Ebenda. Vorlage für Berufung der Pfarrer: »Kraft des ... zustehenden Rechts berufe ... den ... zum Pfarrer der ... Gemeinde ... Kirchenkreis ... erwarte(n) von ihm, daß er seinem Ordinationsgelübde entsprechend das Wort Gottes, wie es in der Heiligen Schrift enthalten und in den Bekenntnissen der evangelischen Kirche bezeugt ist, lauter und rein in unserem Volke verkündigt, die Sakramente recht verwaltet, der Gemeinde in treuer Seelsorge dient, die Ordnungen der Kirche wahrt und durch einen vorbildlichen Lebenswandel sich des ihm anvertrauten Amtes allezeit würdig erweist. ... erwarte(n) von ihm, daß er gemäß dem bei der Übertragung des geistlichen Amtes geleisteten Eide dem Führer des deutschen Volkes und Reiches treu und gehorsam sein und die Gesetze beachten wird. ... wünsche(n) ihm für sein Amt Gottes Gnade und Beistand, daß sein Dienst mithelfen möge, die Gemeinde zu erbauen, deren Haupt Jesus Christus ist.« **64** »Theologische Erklärung zur gegenwärtigen Lage der Evangelischen Kirche« seitens der Bekenntnissynode der Deutschen Evangelischen Kirche vom 31. Mai 1934 **65** Zitiert nach: Werkmeister, Frieda, Bericht, 18. August 1989. Bericht beim Autor **66** StA Potsdam, Rep. 37 Friedersdorf 388 **67** StA Potsdam, Rep. 37 Friedersdorf 362 **68** StA Potsdam, Rep. 37 Friedersdorf 366, Bl. 99

69 MA SF-01/4098, S. 12 **70** Stauffenberg an Sodenstern vom 13. März 1939. In: Aus der Arbeit der Archive. Beiträge zum Archivwesen, zur Quellenkunde und zur Geschichte. Festschrift für Hans Booms. Herausgegeben von Friedrich P. Kahlenberg. Boppard am Rhein, o. J., S. 562 **71** Gießler, Klaus-Volker, Briefwechsel zwischen Claus Graf Stauffenberg und Georg von Sodenstern von Februar/März 1939. Gedanken zum Wesen des Soldatentums. In: Ebenda, S. 558 **72** Sohn von Dietlof Graf von Arnim-Boitzenburg und Alexandra Gräfin von Arnim-Boitzenburg, geb. Gräfin zu Eulenburg **73** Paul, Wolfgang, Das Infanterie-Regiment 9, 1918–1945, Osnabrück, S. 41 **74** Gießler, Klaus-Volker, a. a. O. **75** Schlabrendorff, Fabian von, a.a.O., Tübingen 1979, S. 242

V

1 »Bei Beginn des Krieges 1939 wurde ich als Major d. R. Kommandeur eines Ersatztruppenteiles«, schrieb Hardenberg. Konvolut Carl-Hans Graf von Hardenberg, Gedenkstätte Deutscher Widerstand, Berlin. Lt. Regimentsgeschichte war der 26. August 1939 der Mobilmachungstag **2** StA Potsdam, Rep. 37 Neuhardenberg 1900, Bl. 13 **3** Paul, Wolfgang, Das Potsdamer Infanterie-Regiment 9, 1918–1945, Osnabrück 1963, S. 152 **4** Ebenda, S. 460 **5** StA Potsdam, Rep. 37 Friedersdorf 385 **6** Ebenda

7 Ebenda **8** Oppen, Dietrich von, Lebensskizzen, S. 161 **9** Ebenda, S. 163 f. **10** Siehe Hardenberg, Bericht Silvester 1945 **11** Oppen, Dietrich von, a. a. O., S. 180 **12** StA Potsdam, Rep. 37 Friedersdorf 435 **13** Ebenda

14 Bock kannte Hardenberg von früher, war auch schon in Neuhardenberg sein Gast gewesen, so etwa am 14. April 1938 **15** StA Potsdam, Nr. 18482, Film, Bild 274 **16** MA Potsdam, NF 1/4, Bl. 36 **17** MA Potsdam, NF 1/2, S. 6 **18** Ebenda **19** BA-MA Freiburg, NF 1/2 **20** MA Potsdam, NF 1/2 **21** MA Potsdam, NF 1/20, Bl. 1 **22** Ebenda **23** StA Potsdam, Nr. 18474, Film, Bl. 342 **24** BA-MA Freiburg, NF 1/16, Bl. 75 **24a** BA-MA Freiburg, N 492/2 **25** Hardenberg, Lebenslauf

26 Über diesen schrieb Renate Gräfin von Hardenberg nach dem Krieg: »Friedrichs ist nach Auffassung meines Mannes einer von den vielen, die nicht einfach damit abgetan werden können, daß man sie als *böse* bezeichnet. Er ist sicher zunächst aus ehrlicher Überzeugung zum Nationalsozialismus gekommen. Er ist dann aber nicht charakterstark genug gewesen, auszuscheiden, als er einsehen mußte, daß er seine Seele dem Teufel verschrieben hatte. Wie viele tausend andere steckte er den Kopf in den Sand und wollte nicht sehen, was geschah. Alle diese Leute kann man nicht überzeugen, wenn man sagt, Ihr wart von vornherein Schufte! Man kann sie aber fassen, wenn man die bona fide im Anfang nicht abspricht, dann aber den Vorwurf erhebt, daß sie sich einer klaren Stellungnahme später entzogen haben. Am unwürdigsten findet mein Mann, wenn diese Menschen dann nicht wenigstens Ihren Weg zu Ende gegangen sind und ihr Leben eingesetzt haben, was sie doch von allen anderen erwarteten.« (Hardenberg, Renate, Brief. Adressat und Datum o. A., wahrscheinlich 1946/47) **27** Hardenberg, Bericht Silvester 1945

28 BA-MA Freiburg, NF 1/2 **29** Paul, Wolfgang, a.a.O., S. 465 **30** BA-MA Freiburg NF 1/8 **31** MA NF 1/4, S. 8 **32** MA NF 1/8 **33** BA-MA Freiburg, N 492/2 **34** StA Potsdam, Rep. 37 Friedersdorf 366, Bl. 101

35 BA-MA Freiburg, NF 1/12, S. 88 **36** IfZ München, Archiv, Z5/A-29, Bd. 2

37 Obwohl Nebe zur Zusammenarbeit mit patriotisch gesinnten Offizieren der Heeresgruppe Mitte bereit war, beispielsweise mit Gersdorff, kann man ihn wohl trotzdem kaum als »entschiedenen Anti-Nazi« bezeichnen, wie Bodo Scheurig dies tut in seiner Biographie »Henning von Tresckow, ein Preuße gegen Hitler«, Ullstein, Frankfurt/M./Berlin 1990, S. 117

Über das Massaker von Borissow, einer Stadt unter deutscher Militärverwaltung, berichtet Paul Hilberg in seiner neuesten Arbeit »Täter, Opfer, Zuschauer«, Fischer Verlag, Frankfurt/Main 1992, S. 108:

Am 8. November 1941 habe der weißrussische Bürgermeister von Borissow ein Bankett gegeben für rund 200 deutsche und weißrussische Polizisten, die aus Borissow und Umgebung zusammengezogen gewesen seien. Anlaß sei die geplante Aktion gegen das Ghetto gewesen. Bei Speis und Trank hätten die Männer Reden von deutschen Wehrmachtsoffizieren, von Polizeivertretern und vom Bürgermeister gehört. Tags darauf hätten sie 8000 Juden erschossen. Der Bürgermeister habe die Kleidungsstücke der Toten vom Massengrab in die Stadt bringen lassen, wo sie der Weißrussischen Selbsthilfe übergeben worden seien – einem Wohlfahrtsverband unter seiner Leitung.

38 BA-MA NF 1/12, S. 94. Siehe auch S. 126/127 **39** BA-MA RH 22 **40** MA NF 1/12, Bl. 228 **41** BA-MA NF 1/12, S. 132

41a Wie diese Kriegszielplanung aussah, geht aus einer Eintragung im Tagebuch F-D. von der Schulenburgs hervor: »28. 8. (41:) Hardenberg besucht, mit ihm die Lage angepeilt. Wir werden bis Mitte Oktober Leningrad, Moskau und das Donezbecken nehmen. H(ardenberg) hat Bedenken, ob auch dieses noch glückt, doch ich glaube fest daran.« Heinemann, Ulrich, Ein konservativer

Rebell – Fritz-Dietlof Graf von der Schulenburg und der 20. Juli, Siedler Verlag, Berlin 1990 **42** ZStA Potsdam, Nr. 40594, Film, Bild 1065 **43** BA-MA RH 22/v. 203
44 Siehe Kardorff, Ursula von, Berliner Aufzeichnungen, München 1976, S. 61
45 Hammerstein, Kunrat Freiherr von, Spähtrupp, Stuttgart 1963, S. 242
46 Schlabrendorff, Fabian von, Begegnungen in fünf Jahrzehnten, Tübingen 1979, S. 243 **47** Ebenda **48** BA-MA Freiburg NF 1/12, Bl. 291 f. **49** Ebenda, Bl. 292 **50** BA-MA Freiburg NF 1/12 **51** Ebenda
52 BA-MA Freiburg, N 492/2 **53** Ebenda **54** Ebenda **55** Ebenda **56** Ebenda **57** Ebenda **58** Ebenda **59** BA-MA Freiburg, NF 1/16, Bl. 3/4 **60** BA-MA Freiburg, NF 1/16, Bl. 5 **61** BA-MA Freiburg, NF 1/16
62 Hardenberg, Lebenslauf, Gedenkstätte Deutscher Widerstand, Berlin **63** BA-MA Freiburg, N 492/2 **64** BA-MA Freiburg, NF 1/16 **65** Ebenda **66** StA Potsdam, Rep. 37 Friedersdorf 366, Bl. 114 **67** BA-MA Freiburg, N 492/2 **68** Ebenda **69** Paul, Wolfgang, a. a. O., S. 474 **70** BA-MA Freiburg, N 492/2 **71** BA-MA Freiburg, N 492/2 **72** Ebenda

VI

1 Steinbach, Peter, Widerstand. Ein Problem zwischen Theorie und Geschichte, Köln 1987, S. 25 **1a** Fritz Dietlof (Fritz/Fritzi) Graf von der Schulenburg, Peter Graf York von Wartenburg, Ulrich Wilhelm Graf Schwerin von Schwanenfeld **2** Schwerin, Detlef Graf von, »Dann sind's die besten Köpfe, die man henkt«, München 1991, S. 262 **3** Ebenda, S. 263 **4** Brief Renate Gräfin von Hardenberg, Adressat u. Datum unbekannt, wahrscheinlich 1946/47. Institut für Zeitgeschichte München, Archiv ZS/A-29, Bd. 2 **5** Hardenberg, Bericht Silvester 1945 **6** Perlitz, Fritz, zit. in: Wissenschaftliche Zeitschrift der Pädagogischen Hochschule Potsdam, Mathematisch-Naturwissenschaftliche Reihe. Jg. 10/1966, H. 3, S. 434 **7** Ebenda **8** Hardenberg, Bericht Silvester 1945 **9** Ebenda **10** Ebenda **11** Ebenda **12** Ebenda **13** Ebenda **14** Vgl. Ritter, Gerhard, Carl Goerdeler und die deutsche Widerstandsbewegung, 3. Buch, 2. Abschnitt, Kap. 13 u. 14, Deutsche Verlagsanstalt, München 1964 **15** Vgl. auch Messerschmidt, Manfred, Militärische Motive zur Durchführung des Umsturzes. In: Der Widerstand gegen den Nationalsozialismus. Herausgegeben von Schmädeke, Jürgen, und Steinbach, Peter, München 1986, S. 1021 ff. **15a** Nach: Hoffmann, Peter, Widerstand Staatsstreich Attentat. Der Kampf der Opposition gegen Hitler, Piper Verlag, München 1969, S. 378. Der Eid mitgeteilt von Zeller, auf den Hoffmann verweist, auch in der dazugehörenden Fußnote 39, S. 775: Zeller, Eberhard, Geist der Freiheit, Gotthold Müller Verlag, München 1952/5. Aufl. 1965, S. 489/490 ohne Angabe der Quelle; Bestätigung durch Prof. Fahrner bei Kramarz, Joachim Claus Graf Stauffenberg – 15. November 1907 – 20. Juli 1944 – Das Leben eines Offiziers, Frankfurt/M. 1965, S. 200–201, dem Sinne nach und teils sogar wörtlich findet sich der »Eid« auch in dem Gedicht »Vorabend: Berthold – Claus« in Alexander Schenk Graf von Stauffenberg, Denkmal, Düsseldorf-München 1964, S. 21–25.
Sicher muß noch genauer analysiert werden, was den einzelnen dazu brachte, sich zum Widerstand gegen das NS-Regime zu entschließen. Auch Michael Krüger-Charlé bemüht sich darum in seinem Beitrag »Carl Goerdelers Versuche der Durchsetzung einer alternativen Politik 1933 bis 1937« (in: Schmädecke, Jürgen, und Steinbach, Peter, Hsg., a. a. O., S. 383 f.) Völlig zu Recht lehnt er Interpretationen ab, die »die Verflechtung der verschiedenen Widerstandsgruppen und Einzelpersonen in die antagonistischen Machtstrukturen des Regimes in den Hintergrund treten« lassen. Deswegen ist unverständlich, daß er dem Reuschkreis keinerlei Beachtung schenkt, obwohl doch Goerdeler zu vielen von dessen Mitgliedern enge Beziehungen unterhielt. Darüber hinaus kritisierte er Gerhard Ritters »Carl Goerdeler und die deutsche Widerstandsbewegung«, Stuttgart 1954, bereits von der Interpretationsperspektive her. Damit wird er den selbstauferlegten Interpretationsparadigmen nicht gerecht. Das zeigt sich in seiner Kritik der »kooperativen Elemente, die aus der zumindest partiellen Interessenparallelität zwischen traditionellen Führungseliten und Nationalsozialisten herrührten« (S. 384).
In der seinerzeit gegebenen Situation waren doch »Goerdelers Bemühungen, den politischen Entscheidungsprozeß mit den Mitteln traditionellen Verwaltungshandelns (Denkschriften, Eingaben,

Gesetzentwürfen) zu beeinflussen«, äußerst verdienstreich und nicht kritikwürdig. Diese Aktivitäten zu Beginn der nationalsozialistischen Herrschaft »nicht so sehr als erste Artikulation einer sich verdichtenden Widerstandshaltung« zu bezeichnen, verkennt die Keimformen der Oppositionshaltung und -handlungen. Schon damals gefährdete jede oppositionelle Handlung oder Haltung mehr oder weniger nicht nur die eigene Existenz. Das veranschaulichen die Ängste vor allem um Familie und Freundeskreis. Der oft selbstgewählte Opfertod zahlreicher Verschwörer ist dafür nur ein, wenn auch das letzte mögliche Zeugnis. Auch Krüger – Charlé stellt fest, Goerdelers Nichtbeitritt zur NSDAP sei »nicht von vordergründigen Opportunitätserwägungen« bestimmt gewesen. Goerdelers Verknüpfungen in das neue Gesellschaftssystem sind erklärlich, da er so seine Effizienz erhöhen konnte. Die Unabhängigkeit von der gesellschaftspolitischen Umwelt zu postulieren, ist ahistorisch, ein unwissenschaftliches Erklärungsmuster, das das positive Wesen der Widerstandsaktivitäten Goerdelers und seines Freundeskreises, zu dem auch Hardenberg gehörte, entwertet.
Wie wichtig Widerstand gegen nationalsozialistische oder ähnliche terroristische Aktivitäten ist, bestätigen höchst dramatisch der Terror gegen Ausländer, die Morde und Mordversuche seit 1991. Eine Abwertung des Widerstands verantwortungsbewußter Persönlichkeiten gegen nationalsozialistisches Unrecht fördert die Hinnahme ungerechtfertigter Gewalt und damit einen neuen Nationalsozialismus.

16 Hardenberg, Bericht Silvester 1945 **17** Ebenda **18** BA-MA Freiburg, N 121/3. Privatkorrespondenz Wolfgang Förster. Hardenberg war selbst von Juni 1940 an »Ordonnanzoffizier zur besonderen Verwendung für Ia« gewesen. StA Potsdam 18474, Film, Bl 342 **19** Später Frau von Hardenbergs Bruder Wilfried **20** Schramm, Wilhelm Ritter von, Ich muß mich vor die Armee stellen, Generaloberst Beck und der 20. Juli 1944. BA-MA Freiburg, Nr. 100/64, S. 15 **21** Ebenda **22** Oppositioneller Kreis bekannter Persönlichkeiten, der sich regelmäßig zu Diskussionsveranstaltungen über wichtige wissenschaftliche, wirtschaftliche, politische und kulturelle Probleme traf. Einige Mitglieder der Mittwochsgesellschaft wurden nach dem 20. Juli 1944 verfolgt bzw. hingerichtet, siehe Seite 83/84 **23** Schramm, Wilhelm Ritter von, a. a. O., S. 18/19 **24** Hardenberg, Bericht Silvester 1945 **25** Ebenda **26** Siehe auch: Gerbet, Klaus, Aus eigener Kraft vom Nationalsozialismus reinigen. Generaloberst Beck – vom Generalstabschef zur Schlüsselfigur des deutschen Widerstandes. In: Die Union, Dresden, vom 20./21. Juli 1991 **27** Hardenberg, Bericht Silvester 1945 **28** Fernsehdokumentation: »Auch er wollte Hitler stürzen«, Juli 1990, DFF **29** Hardenberg, Bericht Silvester 1945 **30** Ebenda
31 Strauch, Waldtraud, Bericht an den Autor, 16. 8. 1989
32 Stark gekürzt zitiert nach Venohr, Wolfgang: Henning von Tresckow, S. 217–241 in: Haffner, Sebastian/Venohr, Wolfgang, Preußische Profile, Athenäum Verlag Königstein/Ts. 1980 **33** Siehe auch S. 105 **34** Später Schwägerin Hardenbergs, Frau seines Bruders Wilfried
35 Hardenberg war zu diesem Zeitpunkt Oberstleutnant; die Schreibweise seines Vornamens ist Carl-Hans; die exakte Bezeichnung der Haftmine ist Clan-Haftmine; Thun-Hohenstein, Romedio Galeazzo Graf von, Der Verschwörer. General Oster und die Militäropposition, Berlin 1982, S. 234 **36** Paar, Hans, Dilettanten gegen Hitler, Preußisch-Oldendorf, S. 183 – ein infamer Titel.
37 Hoffmann, Peter, a. a. O., S. 764 f.
38 Neue Zürcher Zeitung, 28. April 1943. Vgl. auch S. 69–72, 107
39 Venohr, Wolfgang, Stauffenberg – Symbol der deutschen Einheit, Berlin 1986, S. 281 **40** Kardorff, Ursula von, Berliner Aufzeichnungen, München 1976, S. 11 **41** Ebenda, S. 54 **42** Ebenda, S. 55 **43** Ebenda, S. 119 **44** Jacobsen, Hans Adolf, Spiegelbild einer Verschwörung. Die Opposition gegen Hitler und der Staatsstreich vom 20. Juli 1944 in der SD-Berichterstattung. Geheime Dokumente aus dem ehemaligen Reichssicherheitshauptamt, Stuttgart 1984, S. 417 **45** Ebenda **46** Hammerstein, Kunrat Freiherr von, Flucht, Walter Verlag, Olten 1966, S. 34 **47** Zeller, Eberhard., a. a. O., S. 274 **48** Oppen, Dietrich von, Lebensskizzen, Freiburg i. B. 1985, S. 224 **49** Jacobsen, Hans Adolf, a. a. O., S. 417
50 Kardorff, Ursula von, a. a. O., S. 75 **51** Ebenda, S. 75 f. Offensichtlich hatte Schulenburg der Kardorff nichts von seinem Empfang durch Hitler am 28. April 1941 mitgeteilt.
52 Die Vereinigten vaterländischen Verbände Deutschlands (VvVD) entstanden Ende 1922 in Berlin nach dem gescheiterten Kapp-Putsch als kartellartiger Dachverband von 130 bis 140 deutschna-

tionalen, also antidemokratischen, republikfeindlichen, chauvinistischen und antisemitischen Organisationen, darunter die Alldeutschen, die Christlich-völkische Arbeitsgemeinschaft, die Deutsche Adelsgenossenschaft, der Deutsche Offiziersverein, die Fichte-Gesellschaft, der Reichsverband der Baltikumkämpfer und der Verein Deutscher Studenten (VDSt).
Seit 1923 im Präsidium der VvVD, wurde R. von der Goltz, der ehemalige Führer der Freikorps im Baltikum, 1925 auf direkte Intervention des Nationalverbandes Deutscher Offiziere hin zum Vorsitzenden bestimmt.
Als Ziele wurden u. a. propagiert: »erneute Wehrhaftmachung Deutschlands; Befreiung vom Versailler Diktat; Wiederherstellung der früheren Reichs- und Wirtschaftsgrenzen einschließlich der Kolonialgebiete; Vereinigung der angrenzenden deutschen Sprachgebiete mit dem Deutschen Reich; Entfernung der jüdischen und sonstigen fremdstämmigen Elemente aus allen Stellungen des öffentlich-rechtlichen Lebens; Erziehung der Jugend zu deutscher Art, Mannhaftigkeit und christlicher Sitte; Beseitigung aller die deutsche Volksseele vergiftender undeutscher Einflüsse in Wissenschaft, Kunst und Presse, insbesondere alles jüdischen Geistes auf diesen Gebieten; Schaffung eines dem deutschen Empfinden angepaßten Rechtes; Befreiung vom marxistischen Geist und Förderung des Gedankens der Wirtschaftsgemeinschaft zwischen Unternehmern und Arbeitnehmern im Wege der Werks- bzw. Berufsgemeinschaften.«
Der Einfluß der VvVD-Mitglieder auf die öffentliche Meinung in Deutschland über Presse, Film, Hochschulen und Lehrer war kaum zu überbieten. Die VvVD beteiligten sich an der Harzburger Front, bekämpften Brüning und sprachen sich im Frühjahr 1932 gegen die Wiederwahl Hindenburgs aus, dem sie Hitler vorzogen. 1933/34 wurden die Verbände im Rahmen der Gleichschaltung aufgelöst oder in die Parteiorganisationen eingegliedert.
(Goßweiler, Kurt, Kapital, Reichswehr und NSDAP 1919–1924, Berlin 1982; Finker, Kurt, Die militaristischen Wehrverbände in der Weimarer Republik und ihre Rolle bei der Unterdrückung der Arbeiterklasse und bei der Vorbereitung eines neuen imperialistischen Krieges (1924–1929), Habilitationsschrift, Potsdam 1964.)
53 Goltz, Rüdiger Graf von der, IfZ München, ZS 49 **54** Ebenda **55** Ebenda **56** Ebenda **57** Ebenda **58** Ebenda **59** Ebenda **60** Ebenda **61** Ebenda **62** Ebenda **63** Ebenda **64** Ebenda **65** Ebenda **66** Ebenda
67 Nebgen, Elfriede, Jakob Kaiser, Stuttgart – Berlin – Köln – Mainz 1967, S. 155 **68** Ebenda, S. 151 **69** Kardorff, Ursula von, a. a. O., S. 31 **70** Ebenda, S. 47 **71** Ebenda, S. 68 **72** Ebenda, S. 61 **73** Ebenda, S. 145 **74** Ebenda, S. 73
75 Ebenda, S. 62 **76** Steinbach, Peter, Beppo Römer in der Geschichte des Widerstands gegen den Nationalsozialismus. In: Bindrich, Oswald/Römer, Susanne, Beppo Römer, Ein Leben zwischen Revolution und Nation, Berlin 1991, S. 19 **77** Groeben, Klaus von der, Nikolaus Christoph Graf von Halem im Widerstand gegen das Dritte Reich, Wien/Köln 1990, S. 18 f.; IfGA ZPA NJ 1323/1 **78** Steinbach, Peter, a. a. O., S. 20
Hans Graf von Lehndorff hat berichtet, wie er Ende Juni 1944 dringend nach Berlin gerufen worden sei. »Ein Bekannter aus früherer Zeit, Nikolaus von Halem, der sich seit zwei Jahren als politischer Gefangener in qualvoller Haft befand, war vom Volksgerichtshof zum Tode verurteilt worden… Das einzige, was ich von ihm wußte, war, daß er zu den wenigen gehörte, die sich vom Beginn des Hitlerreiches an dem aktiven Widerstand verschworen hatten. Seit ich ihn kannte, war er darauf ausgewesen, Menschen die Augen zu öffnen über das Wesen und die wirklichen Ziele des Nationalsozialismus, sie zu sammeln und für den Augenblick des Umsturzes bereit zu machen. Auch seine berufliche Tätigkeit bei einem wichtigen Berliner Amt hatte er von vornherein den Erfordernissen seiner geheimen Pläne angepaßt. Schließlich war er von einem der Menschen, die er ins Vertrauen gezogen hatte, verraten worden. Vor zwei Jahren war das geschehen, aber jetzt erst hatte man ihm zum Tode verurteilt… Ich begleitete Halems Schwester zum Moabiter Gefängnis, wo sie ein Wäschepaket für ihn abgab. Das Hauptgebäude war bereits stark durch Bomben zerstört. Dem Vorderhaus fehlte das gesamte Dach sowie die Zwischendecken, so daß man durch die eiserne Eingangstür in einen nach oben offenen Raum eintrat. Die Atmosphäre, die darin herrschte, war eher die eines Krankenhauses als die eines Gestapo-Gefängnisses. Denn man sah nicht die erwarteten SS-Leute, sondern nur die in jedem Gefängnis üblichen älteren Wärter, mit denen man ganz

normal verhandeln konnte. Die Vorstellung, daß hinter wenigen, offensichtlich schon recht angeschlagenen Wänden keine Kranken lagen, sondern gesunde junge Menschen, die auf ihren gewaltsamen Tod warteten, war einfach grotesk. Da die zum Tode Verurteilten nur einmal in der Woche und nur von ihren nächsten Angehörigen besucht werden durften, konnte ich Halem nicht sehen. Ich hatte aber die Gelegenheit, mich eine halbe Stunde lang mit dem alten Gefängnisgeistlichen zu unterhalten, der ihn täglich besuchte. Er schilderte mir Halems Zustand in Ketten, seine innere Festigkeit und den ihm trotz aller Drangsal erhalten gebliebenen sprühenden Humor so lebhaft, daß ich ihn ganz nah vor mir zu haben glaubte.

Am Nachmittag kam Halems Bruder mit einem befreundeten jungen Arzt dazu, und dann saßen wir zu viert... Wir erwogen die Möglichkeit, den nächsten Bombenangriff abzuwarten und dann mit Sprengkörpern bewaffnet in das so schwach bewachte und schon sehr wackelige Moabiter Gefängnis einzubrechen. Die Wachmannschaft würde uns wahrscheinlich kaum Widerstand entgegensetzen, wenn nicht gar beistehen.

Am folgenden Tage machte ich einige orientierende Besuche, die mir aufschlußreiche Einblicke in das, was zur Zeit gespielt wurde, einbrachten. Im Amt des Obersten Graf Stauffenberg in der Bendlerstraße sprach ich mit einem Bekannten aus früheren Tagen und trug ihm unsere Erwägungen zu einer möglichen Befreiung Halems vor. Er aber sprach geradezu beschwörend auf mich ein und sagte etwa folgendes: ›Es darf jetzt unter keinen Umständen irgend etwas Auffallendes dieser Art geschehen, denn dadurch würden andere, sehr viel weiterreichende Pläne schwer gefährdet werden. Solange Halem in Moabit ist, wird ihm nichts geschehen. Denn Hinrichtungen werden zur Zeit nur in Brandenburg an der Havel durchgeführt. Wenn aber das andere Vorhaben erwartungsgemäß abläuft, wird Halem automatisch frei werden.‹ Seinem Rat folgend sprach ich dann noch mit einigen Männern, die in enger Beziehung zu den ›Plänen‹ standen, die er angedeutet hatte... Sie sprachen mit mir weniger über ihre konkreten Pläne – die lagen wohl bereits so fest, daß es nicht notwendig war, noch andere damit zu belasten – als über Fragen des Lebens und des Glaubens, und das in einer leichten, fast heiteren Art, die mich erstaunte und mir nachträglich bewußt machte, wie weit diese Menschen sich bereits aus irdischen Bindungen und den damit verbundenen Ängsten gelöst hatten...

Auch Dr. Kreyßig besuchte ich auf seinem Hof bei Brandenburg und bat ihn, mit Halem Fühlung aufzunehmen, falls dieser eines Tages doch in das Brandenburger Gefängnis gebracht werden sollte. Er versprach es mir und so ist es auch geschehen, als Halem nach dem Scheitern des Attentats vom 20. Juli zur Hinrichtung nach Brandenburg überführt wurde.«

Lehndorff, Hans Graf von, Die Insterburger Jahre, München 1991, S. 79–83

79 Paul, Wolfgang, a. a. O., S. 72

80 Kardorff, Ursula von, a. a. O., S. 70 **81** Ebenda, S. 61 **82** Ebenda, S. 68, 70 **83** BA-MA Freiburg N 492/2 **84** Hardenberg, Bericht Silvester 1945

85 Hassell, Ulrich von. Die Hassell-Tagebücher 1938-1944. Aufzeichnungen vom Andern Deutschland. Berlin 1988, S. 388 **86** Hassell, Ulrich von, a. a. O., S. 414

87 Kardorff, Ursula von, a. a. O., S. 69 f. **88** Ebenda, S. 82

89 Oppen, Dietrich von, a. a. O., S. 224. Oppen verschweigt in seinem Bericht, daß Schulenburg ihm das Amt des Landrats für Ober-Barnim angeboten hatte. Siehe: Schwerin, Detlef Graf von, a.a.O., S. 343 **90** Kardorff, Ursula von, a. a. O., S. 131 **91** Ebenda, S. 67, 72 **91a** Johanniter und der 20. Juli 1944, von Wilhelm Karl Prinz von Preußen und Bernd Baron Freytag von Loringhoven. Nieder-Weisel 1985, Schriftenreihe der Hessischen Genossenschaft des Johanniterordens, Heft 14, S. 26

92 Hammerstein, Ludwig Frhr. von, Bericht an Autor **93** Lebenserinnerungen von Richard Stephan aus Klessin. In: Forum, Nr. 4/1986, Beilage **94** Kardorff, Ursula von, S. 126 **95** Schlabrendorff, Fabian von, Begegnungen in fünf Jahrzehnten, Reiner Wunderlich Verlag Hermann Leins, Tübingen 1977, S. 245

96 Hammerstein, Ludwig, Bericht an Autor **97** Oppen, Dietrich von, a. a. O., S. 185

98 Hardenberg Bericht, Silvester 1945 **99** Jacobsen, Hans Adolf, a. a. O., S. 418 **100** Paul, Wolfgang, a. a. O., S. 548

101 Hardenberg, Bericht Silvester 1945 **102** Kardorff, Ursula von, a. a. O., S. 160 **103** Harden-

berg, Bericht Silvester 1945 **104** Paul, Wolfgang, a. a. O., S. 548 **105** Holmsten, Georg, Deutschland Juli 1944, Soldaten, Zivilisten, Widerstandskämpfer, Düsseldorf 1982, S. 120 **106** Hardenberg, Bericht Silvester 1945
107 ZStA Potsdam Nr. 5045, Film Bild 405808
108 Hardenberg, Bericht Silvester 1945
109 Holmsten, Georg, a. a. O., S. 120 **110** Jacobsen, Hans Adolf, a. a. O., S. 418 **111** Siehe Balzer, Karl, Der 20. Juli und der Landesverrat. Eine Dokumentation über Verhandlungen im deutschen Widerstand, Göttingen 1967, S. 59 **111a** Brigadegeneral Hasso Freiherr von Uslar-Gleichen, der erste Bundeswehr-Standortkommandant von Berlin, zeichnete am 1. 11. 1991 ein Bild seines Vorgängers, als er anläßlich der Anbringung einer Gedenktafel an dessen Charlottenburger Wohnhaus und der Eröffnung einer Ausstellung im Heimatmuseum Charlottenburg die Hoffnung äußerte, daß einmal eine der Berliner Bundeswehrkasernen dessen Namen tragen werde, denn Paul von Hase sei ein Vorbild, an dem sich auch heute noch die Soldaten der Bundeswehr auszurichten vermöchten.
1907 als Leutnant in das 1. Gardegrenadierregiment gekommen, absolvierte Hase die Generalstabsausbildung an der Kriegsakademie. Im 1. Weltkrieg diente er, mehrfach verwundet, mit Auszeichnung als Kompaniechef und Generalstabsoffizier. Seit 1933 war er Bataillonskommandeur in Neuruppin. Während des sogenannten Röhmputsches am 30. Juni 1934 war Hase mit der Führung des Regiments beauftragt und dabei, von Döberitz auf Berlin vorzurücken, um dort auf Befehl des Oberbefehlshabers des Heeres, des Generalobersten von Fritsch, einzugreifen. Auf der Straße zwischen Spandau und Berlin wurde das Regiment jedoch von dem im Kraftwagen hingeeilten Reichskriegsminister von Blomberg abgefangen und zurückgeschickt. Damit war die erste Chance verpaßt, Hitler nach einem offensichtlichen Rechtsbruch zu beseitigen.
1935 hatte Paul von Hase, inzwischen Oberst, das Infanterieregiment 50 in Landsberg an der Warthe aufzustellen. Während der Sudetenkrise im Herbst 1938 stellte er sich mit seinem Regiment den Verschwörern zur Verfügung, die unter Führung von General Halder, dem Chef des Generalstabs, und General von Witzleben, dem Kommandierenden General des Wehrkreises III, planten, Hitler festzunehmen und vor Gericht zu stellen, sowie dieser den Angriff auf die Tschechoslowakei auslösen würde. Vergeblich hatte die deutsche Opposition in drei Anläufen versucht, die britische Regierung dazu zu bringen, Hitlers Forderungen nicht nachzugeben, und ihr gegenüber schließlich sogar ihre Absicht aufgedeckt, Hitler mit Hilfe der Armee abzusetzen, sobald dieser seine Kriegspläne verwirklichen würde. Die Vorbereitungen zum Staatsstreich waren unter Beteiligung des Berliner Polizeipräsidenten Graf Helldorf angelaufen, Die Truppe, zwei Divisionen und von Hases Regiment, standen bereit, als Hitler den für den 1. Oktober 1938 gegebenen Angriffsbefehl zunächst um einen Tag verschob und dann aufhob, denn wenige Stunden vor Angriffsbeginn hatten Großbritannien und Frankreich auf der Münchener Konferenz vor Hitlers Forderungen praktisch kapituliert, die Tschechoslowakei preisgegeben und damit der Opposition die Begründung für ihr geplantes Eingreifen entzogen, den Staatsstreich zum Scheitern gebracht. Die Resignation der Opposition darüber hatte Witzleben formuliert: »Sehen Sie, meine Herren, für dieses arme, törichte Volk ist er (Hitler) nun doch wieder unser großer heißgeliebter Führer, der Einmalige, der Gottgesandte, und wir, wir sind ein Häuflein von reaktionären und mißvergnügten Offizieren und Politikern, die es gewagt haben, dem größten Staatsmann aller Zeiten im Augenblick seines höchsten Triumphes Kieselsteine in den Weg zu legen.«
Auch in anscheinend kleinen Dingen bewies Paul von Hase sein Eintreten für das, was er für rechtens und menschlich hielt: In Neuruppin ließ er beispielsweise von seiner Truppe die Grabsteine auf dem verwüsteten jüdischen Friedhof wieder aufrichten. Am 30. Juni 1934 hatte er dem Leutnant de Maizière, dem späteren Generalinspekteur der Bundeswehr, befohlen, mit seinem Zug Wachen zur Sicherung der Bevölkerung vor Übergriffen der SS zu stellen. Unter anderem setzte er sich dafür ein, Juden ihre Kriegsauszeichnungen zu belassen, was ihm den Zorn Hitlers und einen schriftlichen Verweis eintrug. Er ermöglichte Besuche bei französischen und russischen Kriegsgefangenen. Einen wegen Wehrkraftzersetzung vor dem Kommandanturgericht angeklagten schwerverwundeten Offizier begrüßte er mit Handschlag während er den Denunzianten, ebenfalls Offizier, keines Blickes würdigte. Noch am 30. Juni 1944 besuchte er seinen Neffen, Pfarrer Dietrich

Bonhoeffer, im Gefängnis Tegel und verschaffte ihm einige Erleichterungen der Haftbedingungen. Nach Teilnahme am Polen- und Frankreichfeldzug als Divisionskommandeur war Hase Ende 1940 zum Kommandanten von Groß-Berlin berufen worden. In dieser Dienststellung hatte Hase die Verfügung über ihm direkt unterstellte Truppenteile, wie sonst unter den Verschwörern außer ihm nur noch der Militärbefehlshaber Frankreich. Als Stauffenberg am 20. Juli 1944 um 16 Uhr in Rangsdorf gelandet war, den Tod Hitlers bestätigt und die beschleunigte Durchführung von »Walküre« verlangt hatte, hatte Hase um 16.10 Uhr die ihm unterstellten Truppen: das Wachregiment unter Major Remer, die Heeresfeuerwerkerschule Lichterfelde, die Heereswaffenmeisterschule Treptow und zwei Landesschützenregimenter alarmiert und ließ das Regierungsviertel abriegeln. Um 18.30 Uhr war das geschehen. Da begann sich das Schicksal der Verschwörer zu wenden. Nach einem Gespräch mit Goebbels und einem Telefonat mit Hitler begann Major Remer, den Aufstand niederzuschlagen.
General von Hase wurde noch in der Nacht gefangengesetzt. Seiner Frau hatte er gesagt, daß er dem Aufstand nur geringe Erfolgschancen einräume. Dessen ungeachtet hatte er ihn mit ganzer Kraft unterstützt und betrieben. Am 7. und 8. August 1944 stand er vor Freislers Volksgerichtshof. Seine Aussagen retteten eine Reihe von Mitverschwörern. Gemeinsam mit Generalfeldmarschall von Witzleben, mit dem er schon 1938 dem Unheil hatte in den Arm fallen wollen, ging er am 8. August 1944 zur Hinrichtung in Plötzensee.
Paul von Hase war aus sittlicher Überzeugung bereit, Hitler auch unter Einsatz militärischer Mittel zu beseitigen, und das bereits zu einem Zeitpunkt, als »der Führer« noch von Erfolg zu Erfolg eilte und das Verhängnisvolle seines Regimes von der Bevölkerung noch nicht erkannt worden war. Wenn man an Paul von Hase denkt, erinnert man sich an das Wort des Generals Henning von Tresckow: »Der sittliche Wert eines Menschen beginnt dort, wo er bereit ist, für seine Überzeugung das Leben einzusetzen.«
112 Hardenberg am 2.7. 1947: »Von Helldorf weiß ich aus eigener Erfahrung, daß er 100%ig auf unserer Seite bei den Vorbereitungen zum 20. Juli mitgemacht hat. Er war aus einem Saulus ein Paulus geworden, wenn auch etwas spät, und hat seinen Kopf anständig hingehalten. Jedenfalls hatte ich damals keineswegs den Eindruck, daß er es nur aus Berechnung oder Konjunktur tat...« (BA NL 182/185) Diese Einschätzung muß insofern angezweifelt werden, weil Hardenberg nach anderer Darstellung in dem Moment, als er Helldorff sah, »ganz verblüfft (war), weil er nicht Bescheid wußte, inwieweit der Polizeipräsident mit im Spiel war.« (Gisevius, Hans Bernd, Bis zum bitteren Ende. München/Zürich 1982, S. 353 f.)
113 Gerstenmaier, Eugen, Streit und Friede hat seine Zeit, Berlin 1981, S. 194

VII

1 Hammerstein, Kunrat Freiherr von, Flucht, Olten 1966, S. 9
2 Dönhoff, Marion Gräfin, Erinnerungen an Kurt Freiherr von Plettenberg, März 1985, Ms.
3 Bussche, Axel von dem, Zur Erinnerung an Kurt Plettenberg, Bückeburg, 28. April 1985, Ms.
4 Hardenberg spricht von Siegfried Graf zu Eulenburg-Wicken, dem letzten Kommandeur des Ersten Garde-Regiments zu Fuß. Diesen schildert liebevoll Marion Gräfin Dönhoff in ihren Jugenderinnerungen: »Ein Gast, der selten kam, den ich aber sehr liebte, war Onkel Siegfried Eulenburg. Auch als Kind spürte man, daß dies jemand Ungewöhnliches war. Mich hatte er aus irgendwelchen Gründen in sein Herz geschlossen. Immer begrüßte er mich, indem er mir beide Hände entgegenstreckte – eine Geste, die ich nie erlebt oder bei anderen gesehen hatte und deren Herzlichkeit mich ganz und gar in Bann schlug. Onkel Siegfried war der letzte Kommandeur des 1. Garderegiments zu Fuß gewesen – der Stolz aller Preußen seit Friedrich Wilhelm I. Es war übrigens das Traditionsregiment für das spätere IR 9, das Regiment, das die meisten Offiziere im Widerstand gegen Hitler verloren hat. Siegfried Eulenburg wurde im Ersten Weltkrieg mit dem *Pour le mérite* mit Eichenlaub ausgezeichnet – eine damals ganz seltene Auszeichnung. Ein Freund von uns, Kurt Plettenberg, der im Ersten Weltkrieg zu Onkel Siegfrieds Regiment gehört hatte, erzählte eine Begebenheit, die mich sehr beeindruckte. Die beiden saßen irgendwo in Rußland in einem Bauernhaus und spielten Schach, weil es ein ruhiger Abend war, ohne feindliches Feuer; plötzlich

stand Eulenburg auf, das Schachbrett mit den Figuren vorsichtig balancierend, und sagte zu dem verblüfften Plettenberg: ›Komm, gehen wir lieber auf die andere Seite des Hauses.‹ Eine halbe Stunde später schlug eine Granate ein und brachte den Teil des Hauses zum Einsturz, in dem sie zuvor gesessen hatten.
Als im Januar 1945 die Russen kamen und wir uns alle auf die Flucht begaben, bestieg Onkel Siegfried seinen ›Landauer‹, setzte einen jungen Burschen neben sich auf den Bock und seine Frau – eine gestrenge Schweizerin – in den Fond des Wagens, dann kutschierte er gen Westen. Er fuhr annähernd zweitausend Kilometer bis zum Bodensee, wo die Eltern seiner Schwiegertochter, der Staatssekretär Ernst von Weizsäcker und dessen Frau, ein Haus hatten.
Als seine Frau starb und er sehr sorgfältig den Grabstein ausgesucht hatte, ließ er neben dem ihren auch gleich seinen eigenen Namen mitsamt dem Geburtsdatum einmeißeln, so daß später nur noch Tag und Jahr seines Todes hinzugefügt werden mußten. Er wollte nicht, daß anderen Leuten später mehr Kosten entstünden, als unbedingt nötig. Sein Geburtsdatum: 10.10.1870 – er war also fünfundsiebzig als er die Heimat verlassen mußte.« Dönhoff, Marion Gräfin, Kindheit in Ostpreußen, Berlin 1988, S. 67 f.
5 Hardenberg, Bericht Silvester 1945 **6** Ebenda **7** Ebenda **8** Siehe ebenda **9** Hardenberg, Renate Gräfin von, geborene Gräfin von der Schulenburg-Lieberose, Bericht, Sommer 1946. Zit. in: Hammerstein, Kunrat Freiherr von, Flucht, Olten 1966, S. 29 **10** Meding, Dorothee von, Mit dem Mut des Herzens. Die Frauen des 20. Juli. Siedler Verlag, Berlin 1992, S. 110 **11** Hammerstein, Kunrat Freiherr von, a.a. O., S. 29 **12** Hardenberg, Bericht Silvester 1945. (Aber: Plettenberg war in Bückeburg zu Hause.) **13** Hammerstein, Kunrat Freiherr von, a. a. O., S. 30 **14** Nach der Kapitulation war Zubke an den Sprengungen der Bäckereien und Fleischereien sowie des Sägewerkes, der Stellmacherei und der Schmiede des Ortes mitbeteiligt.
15 Im Folgenden sind vorwiegend Zitate vermischt aus Hardenbergs Bericht von Silvester 1945 mit dem Bericht seiner Frau von Sommer 1946, abgedruckt in Kunrat von Hammersteins Buch Flucht. **16** Hammerstein, Kunrat Freiherr von, a. a. O., S. 34 f. **17** Ebenda, S. 40 **18** Ebenda
19 1386 kam es zur Union zwischen dem Großfürstentum Litauen unter Großfürst Jagiello und dem Königreich Polen. Litauen wurde christlich. Damit hatte der Deutschordenstaat seine missionarische raison d'être verloren und war gleichzeitig in eine Umklammerung geraten. Der Niederlage von 1410 bei Tannenberg folgte 1411 der Erste Frieden von Thorn, der den Orden nicht allzu sehr schwächte. Doch die selbstbewußten Städte und Ritter waren nicht mehr bereit, dem harten Regime des Ordens zu gehorchen. 1454 boten Preußischer Bund und die Eidechsenritter König Kasimir IV. förmlich die Oberherrschaft über Preußen an. Der Krieg, von Söldnerhaufen geführt, verheerte das Land, und der Hochmeister flüchtete aus der Marienburg nach Königsberg, von wo aus seit 1457 der Ordensstaat regiert wurde. 1466 kam es im Zweiten Thorner Frieden zur Teilung Preußens. Der Orden mußte auf Pommerellen, das Marienburger Land, das kleine Land Michelau, auf das Bistum Kulm und das Ermland verzichten samt Elbing Marienburg, Stuhm und Christburg, die teils sofort, teils wenig später in Polen inkorporiert wurden. Ausschlaggebend war die Rolle Danzigs gewesen. Für den restlichen Ordensstaat mußte der Hochmeister die Lehnshoheit des Königs von Polen anerkennen. Um bei den deutschen Fürsten Rückhalt zu gewinnen, empfahl Hochmeister Johann von Tiefen künftig deutsche Fürsten zu Hochmeistern zu wählen. Sein Nachfolger wurde 1498 Herzog Friedrich von Sachsen, der die von seinem Vorgänger begonnene Umwandlung des Ordensstaates in einen Territorialstaat fortsetzte. Bei seinem Tode 1510 wurde 1511 ein Neffe des polnischen Königs zum Hochmeister gewählt: Markgraf Albrecht von Bayreuth, ein Hohenzoller. Auf den Rat Luthers hin führte er im Ordensstaat die lutherische Reformation ein. Vom polnischen König wurde er 1525 in Krakau mit dem Rest-Ordensstaat als erblichem Herzogtum für sich und seine Nachkommen belehnt. Heiratspolitik und ein Erbfolgevertrag führten bereits 1569 zur Mitbelehnung von Kurfürst Joachim II. von Brandenburg samt dessen Nachkommen. So fiel Preußen herzoglichen Anteils 1618 beim Tode des zweiten Herzogs Albrecht Friedrich an Kurfürst Johann Sigismund, der dafür dem polnischen König lehnspflichtig wurde und den selbstbewußten preußischen Städten und Ständen ihre Privilegien bestätigen mußte.
Der Dreißigjährige Krieg (1618–1648) hatte Brandenburg, eine unbedeutende Mittelmacht, empfindlich geschwächt. 1640 kam Friedrich Wilhelm an die Regierung, der Große Kurfürst. Er ver-

suchte den Staat zu reformieren und unabhängig zu machen. Dafür, daß er dem polnischen König mit mehr Truppen als seinen Lehnsverpflichtungen entsprach, zu Hilfe eilte, entließ ihn dieser in den Verträgen von Labiau und Wehlau 1556/1557 aus der polnischen Oberhoheit; im Vertrag von Oliva 1660 wurde diese Souveränität von Schweden und dem Reich anerkannt.
In Polen, einer Adelsrepublik, wählte der Adel den König. Im Reich dagegen hatte sich der Adel weitgehend der barocken fürstlichen Landesherrschaft unterworfen. Als Kurfürst Friedrich Wilhelm ein ähnlich absolutes Regime im Herzogtum Preußen durchsetzen wollte, verweigerten 1660 die Städte, unter dem Schöppenmeister Hieronymus Roth, und die Stände, unter dem Generalleutnant Albrecht von Kalckstein auf Knauten, die Huldigung, bevor ihre alten Privilegien nicht bestätigt worden seien. Erst 1662 setzte sich Friedrich Wilhelm mit Waffengewalt in Königsberg durch. Die Kalcksteins, alter ermländischer Adel, wandten sich an den König von Polen um Hilfe in ihrem Kampf gegen den Absolutismus des Kurfürsten. Im Preußen königlichen Anteils lebten die ständischen Selbstregierungen nämlich fort, garantiert durch das Inkorporationsprivileg. 1667 war Albrecht von Kalckstein gestorben.
Seinen Sohn, den Obristen Christian Ludwig von Kalckstein, ursprünglich in brandenburgischen Diensten gewesen, ließ Friedrich Wilhelm 1670 durch den schottischen Hauptmann Montgomery aus Warschau entführen. In einen Teppich gerollt, wurde er über die Grenze gebracht und trotz aller Proteste Polens am 8. 11. 1672 als Hochverräter in Memel enthauptet. **20** Hammerstein, Kunrat Freiherr von, a. a. O., S. 40 f. **21** Ebenda, S. 47 f.
22 Hofmann, Paul, IML/ZPA (Institut für Marxismus-Leninismus beim ZK der SED, Zentrales Parteiarchiv) EA 1808 **23** IML/ZPA, Bestand: Nazijustizakten 1–12. Sign. NJ 10 Bd. 1, Bl. 10 **24** Ebenda **25** IML/ZPA EA 1808 **26** Brief Walter Hammer an Hardenberg vom 28. 1. 1951, Institut für Zeitgeschichte, Archiv, München, im folgenden IfZ München, ED 106, Bd. 30
Küstermeier hat in der Weimarer Zeit führend in der sozialistischen und pazifistischen Studentenbewegung gewirkt, als Journalist seit 1924. Buch 1932 »Die Mittelschichten und ihr politischer Weg«. In den Zwanziger Jahren rief er den deutsch-französischen Studentenaustausch ins Leben. SPD-Mitglied seit 1922, gründete er bereits im Oktober 1932 eine im Geheimen arbeitende Gruppe, um alle zu sammeln, die sich dem NS-Regime widersetzen wollten. Mühselig brachten sie das Geld für ihre Flugschrift »Roter Stoßtrupp« zusammen. Bei den Wahlen im Frühjahr 1933 beobachteten sie z. B. die Wahlauszählung in Berlin und stellten fest, daß keineswegs 90 und mehr Prozent für Hitler gestimmt hatten; im Höchstfall waren es 70 Prozent gewesen, in der Hälfte der Berliner Wahlbezirke nur etwas über 50 Prozent.
Am 29. 11. 1933 wurde er wegen illegaler politischer Tätigkeit verhaftet und am 27. 8. 1934 durch den Volksgerichtshof zu 10 Jahren Zuchthaus verurteilt. Aus dem Zuchthaus wurde er in ein KZ eingeliefert, wanderte durch mehrere Lager und gehörte zu den wenigen Überlebenden, die im April 1945 in Belsen befreit wurden. 1946 wurde er Chefredakteur der Welt und blieb das bis 1950, solange die Briten diese Zeitung herausgaben. 1950 war er der erste deutsche Journalist in Israel, ab 1957 war er dort deutscher Pressevertreter. Verstorben 1977.
27 Siehe S. 46 **28** Perlitz, Fritz. In: Wissenschaftliche Zeitschrift der Pädagogischen Hochschule Potsdam, Mathematisch-Naturwissenschaftliche Reihe, Jg. 10, 1966, H. 3, S. 434 **29** Ebenda
30 Peeters, Dr. Floor, Veertig Maanden Oranienburg, Door 1946, S. 272 f. In einem Brief an Walter Hammer erinnert sich Hardenberg am 3. 11. 1953 voller Dankbarkeit an Peeters: »Ich halte ihn für einen sehr anständigen Kerl.«
31 Hammerstein, Kunrat Freiherr von, a. a. O., S. 45 ff. **32** Hingerichtet am 21. 8. 1944 **33** Hammerstein, Kunrat, Freiherr von, a. a. O., S. 45 f. **34** Ebenda, S. 46 **35** Linge, Heinz, Bis zum Untergang. Als Chef des Persönlichen Dienstes bei Hitler, München 1980, S. 263 **36** Hammerstein, Kunrat Freiherr von, a. a. O., S. 46 f.
37 Ebenda, S. 46 **38** Schlabrendorff, Fabian von, Begegnungen in fünf Jahrzehnten, Tübingen 1979, S. 244 **39** Dönhoff, Marion Gräfin, Kindheit in Ostpreußen, Berlin 1988, S. 140 f.
40 MA Potsdam, NF 1/15, Nachlaß Fedor v. Bock **41** Schlabrendorff, Fabian von, a. a. O., S. 250
42 MA Potsdam, NF 1/15 Nachlaß Fedor v. Bock **43** Turney, Alfred W., Disaster at Moscow: Von Bock's Campaigns, 1941–1942, University of New Mexico Press, New Mexico 1970, S. 195 **44** MA Potsdam, NF 1/15, Nachlaß Fedor v. Bock **45** Turney, Alfred W., a. a. O., S. 195 **46** Ebenda

47 BA-MA Freiburg, WF/2277, IfZ München, Fd-44. Militärangehörige unterstanden der Militärjustiz, z.B. dem Reichskriegsgericht. Erst nach der Ausstoßung aus der Wehrmacht konnte der Volksgerichtshof die Betreffenden anklagen. **48** Nach Information von Ursula von Kardorff **49** Schlabrendorff, Fabian von, a.a.O., S.251 **50** Geheime Reichssache, Tagebuch-Nr. 720/44 **51** MA Potsdam, SF-01/3120, Bl. 5499 **52** Kopie beim Autor **53** Oberstleutnant a.D. Graf von Hardenberg **54** Schlabrendorff, Fabian von, a.a.O., S.252.

Friedrich Carl Graf von Hardenberg, Sohn von Carl-Hans Graf von Hardenberg, wurde nach Paragraph 1 Abs. 6, 2 Abs. 1 des Vermögensgesetzes restitutionsberechtigt. Mit Hilfe des Rechtsanwaltes Albrecht Wendenburg aus Celle erhielt Friedrich Carl Graf von Hardenberg vom Landesamt zur Regelung offener Vermögensfragen (Frankfurt/Oder) einen inzwischen rechtskräftigen Bescheid vom 1. Januar 1992, in dem es heißt:

»Der Antragsteller (Friedrich Carl Graf von Hardenberg – d.A.) ist Berechtigter im Sinne des Paragraph 2 Absatz 1 Vermögensgesetz. Er ist Rechtsnachfolger des Carl Hans Graf von Hardenberg, dessen Vermögenswerte von Maßnahmen gemäß Paragraph 1 Absatz 6 Vermögensgesetz betroffen sind.«

55 Siehe Kardorff, Ursula von, a.a.O., S.189f. **56** StA Potsdam, Rep. 37 Friedersdorf, Bl.117 **57** Ebenda, Bl.118 **58** Schlabrendorff, Fabian von, a.a.O., S.251 **59** Fischer-Fabian, S., Preußens Gloria. Droemer Knaur Verlag Schoeller & Co., Locarno 1979, S.112. Marwitz' Neffe Friedrich August Ludwig von der Marwitz, der Gegner des Staatskanzlers Hardenberg, hat in seinen Lebenserinnerungen das Leben seines Onkels geschildert. (Marwitz, Friedrich August Ludwig von der, Ein märkischer Edelmann im Zeitalter der Befreiungskriege, hsg. von Meusel, Friedrich, Erster Band, Berlin 1908, S. 10f.) Über den gegenwärtigen Zustand von Kirche und Grabmal berichtet Christian Graf von Krockow in seinen: Fahrten durch die Mark Brandenburg – Wege in unsere Geschichte, Stuttgart 1991, S. 308–312

60 Johannes Tuchel/Reinold Schattenfroh. Zentrale des Terrors. Prinz-Albrecht-Str. 8. Berlin 1987, S.273

61 Hardenberg, Lebenslauf, Gedenkstätte Deutscher Widerstand, Berlin **61a** Gertrud Otto, Wirtschafterin von Bolly von der Schulenburg, später dessen Frau **62** Original Renate Gräfin Westphalen, Kopie beim Autor **63** Schlabrendorff, Fabian von, a.a.O., S. 252 **64** Baron Karl Roderich von Helldorf, StA Potsdam Rep. 37 Friedersdorf 367

65 Informationen von Heinz Freyn an Lothar Banse im Juli 1992 **66** Ebenda

Die von Heinz Freyn geschilderte militärische Situation wird durch die sowjetischen Befehle zur Durchführung der Berliner Operation sowie in den Tagesmeldungen der dort operierenden Heeresgruppe Weichsel an das Oberkommando des Heeres bestätigt. So heißt es in der »Operation Teildirektive des Stabes der 1. Belorussischen Front« vom 12. April 1945, daß »Teile der 309., 303., 169. und 712. Infanteriedivision... den Abschnitt: Solicante, Rehfeld, Sophiental, Golzow, Alt Tucheband, Podelzig, ausschl. Lebus« verteidigen.

»Die 5. Stoßarmee« mit verschiedenen zusätzlichen militärischen Einheiten »hat zum Angriff überzugehen mit der Aufgabe, die Verteidigung des Gegners auf dem Abschnitt Punkt 9,3 (2 km nördlich Zechin), Golzow zu durchbrechen und bei gleichzeitiger Entwicklung des Stoßes in der allgemeinen Richtung Zechin, Neuhardenberg, Grunow, Wesendahl, Blumberg, Blankenburg, Tegel folgende Abschnitte zu besetzen:

a) Am 1. Operationstag – ausschl. Altfriedland, Neuhardenberg, ausschl. Alt Rosenthal... Im weiteren hat sie den nordöstlichen und nördlichen Teil von Berlin zu besetzen... Mit dem Erreichen des Abschnittes Letschin, Gusow durch die Infanterie der 5. Stoßarmee ist die 2. Garde-Panzerarmee mit der 24. Flak-Division in den Durchbruch im Abschnitt Letschin, ausschl. Gusow einzuführen und hat bei Entwicklung des Stoßes in der allgemeinen Richtung Neuhardenberg, Ihlow, Prötzel, Bernau am 2. Tag der Einführung in den Durchbruch den Raum Birkenwerder, Heiligensee, Rosenthal, Schönwalde zu erreichen« (1945 – Das Jahr der endgültigen Niederlage der faschistischen Wehrmacht. Dokumente ausgewählt und eingeleitet von Gerhard Förster und Richard Lakowski. Berlin 1985, S. 259f.).

Nach Durchführung dieser militärischen Direktiven wird in der »Tagesmeldung der Heeresgruppe Weichsel an das Oberkommando des Heeres« vom 18. April 1945 festgestellt, daß in »den Brenn-

punkten der Schlacht beiderseits Seelow bis südlich Neuhardenberg und südlich Wriezen… die Entwicklung zur Krise geführt« hat (ebenda, S. 276).
67 Brief Hardenberg an Walter Hammer vom 1. 1. 1948, IfZ München, ED 106, Bd. 30. Vgl. Schlabrendorff, Fabian von, a. a. O., S. 253 **68** Ebenda **69** Kardorff, Ursula von, a. a. O., S. 302
70 Schumann, Wolfgang, Autorenkollektiv unter Leitung von, Deutschland im Zweiten Weltkrieg, Bd. 6, S. 769 **71** Siehe: Jahrbuch für Heimatkunde im Kreis Oldenburg/Holstein, Jahrgang 10 (1966), S. 167–175

VIII

1 Hammerstein, Ludwig Freiherr von, Tagebuchnotizen, Bericht an Autor **2** Ebenda **3** Hammerstein, Kunrat Freiherr von, Offiziere um Goerdeler, Frankfurter Hefte, Nr. 8, August 1955
4 Nebgen, Elfriede, Jakob Kaiser, Stuttgart/Berlin/Köln/Mainz 1967, S. 45 **5** Ebenda, S. 164 **6** Wilhelm Leuschner, von 1924 bis 1933 SPD-Abgeordneter im Hessischen Landtag und Innenminister von Hessen, seit 1932 stellvertretender Vorsitzender des Allgemeinen Deutschen Gewerkschaftsbundes **7** Nebgen, Elfriede, a.a.O., S. 170 **8** Ebenda, S. 231
9 Ebenda, S. 232 **10** StA Potsdam, Rep. 238, Frankfurt 5, Bl. 72 **11** Ebenda **12** Ebenda **13** Ebenda
14 Mit der Restitution der im Jahre 1991 angemeldeten Ansprüche wird allein nationalsozialistisches Unrecht bereinigt. Soweit nach Mai 1945 Enteignungen derselben Vermögenswerte im Sinne von Paragraph 1 Absatz 8 des Vermögensgesetzes vorgenommen wurden, sind diese gegenstandslos, weil es sich nicht mehr um Eigentum Hardenbergs gehandelt hat. Maßnahmen, welche in dieser Zeit auf besatzungsrechtlicher oder besatzungshoheitlicher Grundlage erfolgt sind, werden dadurch nicht revidiert. **15** StA Potsdam, Rep. 250, Nr. 271 **16** Hammerstein, Ludwig Freiherr von, Bericht an Autor **17** Ebenda **18** Ebenda
19 Darüber hinaus sollten ab 6. August 1947 Eisenbahnschienen des Odergebietes, der beiden Strecken Frankfurt/Oder – Küstrin und Frankfurt/Oder – Werbig demontiert werden. Das sollte geschehen, obwohl die Sowjetische Militäradministration am 1. Mai 1946 versichert hatte, »daß jegliche Demontage mit dem genannten Tage aufhören sollte«. (Brief des Kreissekretariats der SED Seelow an die Kreiskommandantur des Kreises Lebus vom 5. August 1947, Bezirksparteiarchiv Frankfurt/Oder IV/4/010/18.) In dieser Zeit waren die Verheerungen der dortigen Hochwasserkatastrophe noch nicht beseitigt.
20 Hammerstein, Ludwig Frhr. von, Bericht an den Autor **21** Siehe: Geschichte der deutschen Arbeiterbewegung in acht Bänden, Bd. 6, Berlin 1966, S. 15 **22** Siehe: Aus der Geschichte der Arbeiterbewegung im Kreis Seelow, 1946–1947, Schrift 2, 1975, S. 18 **23** Siehe: Barthel, Horst, Die wirtschaftlichen Ausgangsbedingungen der DDR. Zur Wirtschaftsentwicklung auf dem Gebiet der DDR 1945 bis 1949/50. Forschungen zur Wirtschaftsgeschichte, Bd. 14, Berlin 1979, S. 45 **24** Hammerstein, Ludwig Freiherr von, Bericht an Autor **25** Ebenda **26** Ebenda **27** Ebenda
28 Siehe auch: Die Burg Hardenberg und das historische Nörten, Herausgeber: Hans Adolf Graf von Hardenberg und Alexandra Gräfin von Hardenberg, Wolbrechtshausen 1987 **29** Brief beim Autor **30** Kopie beim Autor
31 Brief Hardenbergs an Spranger vom 5. November 1946; BA Koblenz, NL 182/183 **32** StA Potsdam, Rep. 208772, Bl. 76 **33** Brief Hardenbergs an Spranger vom 5. November 1946; BA Koblenz, NL 182/185 **34** Tietze, später anerkannter Ortschronist **35** BA Koblenz NL 182/185 **36** Steinbring, Kurt, Gölsdorf wird selbständiges Dorf. In: Heimatkalender 1965. Kreis Fürstenwalde, 6. Jahrgang, S. 87 **37** Die Vermögensverwaltung des Hauses Brandenburg-Preußen; BA Koblenz, NL 182/185 **38** StA Potsdam, Rep. 16, Nachlaß R. Schulz
39 Hammerstein, Ludwig Frhr. von, Bericht an Autor **40** Siehe auch S. 139/140 **41** BA Koblenz, NL 182/185 **42** Ebenda **43** Ebenda **44** Ebenda
45 Der Prozeß gegen die Hauptkriegsverbrecher vor dem Internationalen Militärgerichtshof, Nürnberg 14. November 1945 – 1. Oktober 1946, Nürnberg 1947, Bd. 17, S. 337 **46** Siehe S. 105/106 **47** BA Koblenz, NL 182/185

48 Zitiert nach StA Potsdam, Rep. 16, Nachlaß Schulz A 151, S. 25. Darüber informierte Fritz Perlitz auch den Autor im Jahre 1969. **49** Gemeindearchiv Neuhardenberg **49a** Ebenda **50** Ebenda **51** Ebenda **52** Ebenda **53** Ebenda **54** Ebenda

55 Der Autor informierte auf einer Großveranstaltung Anfang 1990 in Marxwalde über die mysteriösen Hintergründe der 1949 vollzogenen Umbenennung des Ortes in der Absicht, einen Beitrag zu dessen Rückbenennung zu leisten. Darüber schrieb Albrecht Hinze: »Der Lokalhistoriker Klaus Gerbet überraschte die Marxwalder kürzlich mit seiner neuesten Erkenntnis: Perlitz habe den seinerzeitigen CDU-Ortsvorsitzenden (CDU-Kreisvorsitzenden – d. A.) wegen irgendeiner kriminellen Sache in der Hand gehabt.« (Hinze, Albrecht: Stimmenfang in der Roten Ecke. In: Süddeutsche Zeitung vom 8. März 1990.)

56 Hardenberg, Bericht Silvester 1945 **57** Ebenda **58** Ebenda **59** Siehe auch S. 88 **60** Gründung einer konservativen Partei **61** BA Koblenz, NL 64/15 **62** Ebenda **63** Ebenda **64** Ebenda **65** Ebenda **66** Ebenda **67** Ebenda **68** Ebenda **69** BA Koblenz, NL 182/185 **70** HA 40010124/18 **71** Ebenda **72** BA Koblenz, NL 182/185 **73** Zitiert nach Brief Walter Hammer an Hardenberg vom 28. 1. 1951 **74** BA Koblenz, NL 64/15 **75** Ebenda **76** Ebenda **77** Ebenda **78** Ebenda **79** Ebenda **80** Ebenda **81** Ebenda **82** StA Potsdam, Rep. 16, Nachlaß Schulz; StA Potsdam, D 151, und Stadtarchiv Fürstenwalde, Demokratische Bodenreform im Lande Brandenburg, Tempelberg, Kreis Fürstenwalde, S. 26 **83** BA Koblenz, NL 182/185 **84** Ebenda **85** Ebenda **86** Ebenda

87 Siehe S. 150–154 **88** BA Koblenz, NL 182/185 **89** Ebenda **90** Ebenda **91** Ebenda

92 Ebenda **93** Brief Marwitz vom 7. 2. 1958, siehe auch S. 154 und FN 4 auf S. 228/229

94 Semper talis = »Immer die Gleichen« stand auf den Mützen der Grenadiere des Ersten Garde-Regiments zu Fuß. Dessen Tradition übernahm das Wachbataillon des Bundesministeriums der Verteidigung in Bonn. In der Kaserne der 2. Kompanie des Wachbataillons in Bergisch-Gladbach befinden sich Traditionsräume mit Erinnerungsstücken vielfältigster Art. Die Fahnen- und Ehrenhalle ist ihr Mittelpunkt. Dort finden sich auch Hinweise auf den vorhergehenden Traditionsträger: I. R. 9 und die Regimenter, deren Tradition das I.R. 9 fortführte. Der Semper-Talis-Bund pflegt die Gardetradition. **95** BA Koblenz, NL 182/185 **96** Ebenda **97** Schlabrendorff, Fabian von, a. a. O., S. 253

Quellen- und Literaturverzeichnis

Archivalien

Bundesarchiv Koblenz (BA Koblenz)
R 2/188 72
NL 64/15
NL 182/183
NL 182/185

Bundesarchiv-Militärarchiv Freiburg (BA-MA Freiburg)
100/64
NF 1/2
NF 1/4
NF 1/6
NF 1/8
NF 1/12
NF 1/16
NF 1/17
NF 1/20
N 26/2
N 26/3
N 121/3
N 492/2
RH 22
WF-2277
WF-0111180

Zentrales Staatsarchiv der DDR Potsdam (ZStA Potsdam)
Nr. 392, Bl. 12, Dok. NG-453
Nr. 40594, Film, Bl. 1065
Nr. 5045, Film, Bl. 404808

Staatsarchiv Potsdam (StA Potsdam)
Rep. 16 NL Schulz
Rep. 37 Neuhardenberg 2000
Rep. 37 Neuhardenberg 1900, Bl. 13, 17
Rep. 37 Friedersdorf 347
Rep. 37 Friedersdorf 362
Rep. 37 Friedersdorf 366, Bl. 99, 114
Rep. 37 Friedersdorf 385
Rep. 37 Friedersdorf 388
Rep. 37 Friedersdorf 435
Rep. 202 A, Büro des Ministerpräsidenten, Nr. 392, Bl. 44
Rep. 238
Rep. 250
Rep. 208772
Nr. 18482, Film, Bl. 274
Nr. 18474, Film, Bl. 342
D 151

Militärarchiv Potsdam (MA Potsdam)
NF 1/2, S. 6
NF 1/4, Bl. 36
NF 1/15
SF-01/4098
WF-01-11180, Bl. 644
WF-02-6686, Bl. 803

Institut für Zeitgeschichte München (IfZ München)
ED 106, Bd. 30
Fd-44
Z5/A-29, Bd. 2
ZS 49

Institut für Geschichte der Arbeiterbewegung (IfGA ZPA)
NJ 1323/1
NJ 10 Bd. 1
EA 1808

Haniel-Archiv Duisburg (HA Duisburg)
HA 400 101 24/1-18
HA 400 101 290/43
HA 400 101 290/155
HA 400 101 290/156

Gedenkstätte Deutscher Widerstand Berlin (GDW Berlin)
Konvolut über Carl-Hans von Hardenberg
Theologische Erklärung zur gegenwärtigen Lage der evangelischen Kirche, seitens der Bekenntnissynode der Deutschen Evangelischen Kirche vom 31. Mai 1934

Evangelisches Zentralarchiv Berlin
Korrespondenz mit Carl-Hans von Hardenberg

SED-Bezirksparteiarchiv Frankfurt/Oder
IV/4/010/18

Hardenbergsches Familienarchiv

Filme/Fernsehdokumentationen
»Auch er wollte Hitler stürzen«, Dokumentarfilm von Kurt Seehafer und Jürgen Eike, Fachberater Dr. Klaus Gerbet (Juni 1990, Deutscher Fernsehfunk)
»Das Erbe derer von Hardenberg«, Fernsehfilm von Jürgen Boetcher (November 1990, Sender Freies Berlin)
»Beck kontra Hitler«, Dokumentarfilm von Kurt Seehafer und Jürgen Eike (Juni 1991, Deutscher Fernsehfunk)

Stadtarchiv Fürstenwalde
Demokratische Bodenreform im Lande Brandenburg, Tempelberg, Kreis Fürstenwalde

Ungedruckte Quellen außerhalb von Archiven
Korrespondenz Renate Gräfin Hardenberg an Bürgermeister von Marxwalde

Privatarchiv Dr. Klaus Gerbet
Freyn, Heinz, Bericht, Juli 1992
Marwitz, Bodo v. d., Laudatio auf den Amtsrat Adolph Schmelzer auf Sachsendorf/Oderbruch, 1833–1913
Werkmeister, Frieda, Bericht, August 1989
Wernicke, Fritz, Bericht, August 1989

Privatarchiv Martin von Essen

Privatarchiv Heidrun Tretner

Nachfolgend genannte Personen stellten sich dankenswerterweise zu mündlichen und schriftlichen Auskünften zur Verfügung:
Franz Engelke
Martin von Essen
Ludwig Freiherr von Hammerstein

Waltraud Strauch
Heidrun Tretner
Frieda Werkmeister
Fritz Wernicke

Zeitungen, Zeitschriften
Die Union, Dresden, 20./21. Juli 1991
Forum, Frankfurt/O., Nr. 4/1966 (Beilage)
Frankfurter Hefte, Jg. 1955
Heimatkalender 1965, 6. Jahrgang, (Fürstenwalde)
Jahrbuch für Heimatkunde im Kreis Oldenburg/Holstein, Jahrgang 10 (1966)
Neue Preußische (Kreuz-)Zeitung, Jg. 1871
Neue Zürcher Zeitung, Jg. 1943
Odal, H. 4/1941
Süddeutsche Zeitung, 8. März 1990
Volksfreund (Frankfurt/O.)
Wissenschaftliche Zeitschrift der Pädagogischen Hochschule Potsdam, Mathematisch-Naturwissenschaftliche Reihe, Jg. 10, 1966, H. 3

Literatur

Aufstand des Gewissens, Der militärische Widerstand gegen Hitler und das NS-Regime 1933–1945, hrsg. vom Militärgeschichtlichen Forschungsamt, Mittler Verlag, Herford 1985
Aus der Arbeit der Archive. Beiträge zum Archivwesen, zur Quellenkunde und zur Geschichte. Festschrift für Hans Booms. Herausgegeben von Friedrich P. Kahlenberg, Boppard am Rhein, o. J.
Autorenkollektiv, Neuhardenberg, Nicolai, Berlin 1991
Balzer, Karl, Der 20. Juli und der Landesverrat, Schütz-Verlag, Göttingen 1967
Beck, Ludwig, Studien, hrsg. und eingel. von H. Speidel, Koehler Verlag, Stuttgart 1955
Bethke, Hildburg (Hrsg.), Eid – Gewissen – Treuepflicht, Stimme-Verlag, Frankfurt a. M. 1965
Bindrich, Oswald/Römer, Susanne, Beppo Römer. Ein Leben zwischen Revolution und Nation, Berlin 1991
Broecker, Paul Michael von, 125 Jahre Brandenburgische Provinzial-Genossenschaft des Johanniterordens, Berlin 1979
Bücheler, Heinrich, Generaloberst Erich Hoepner und die Militäropposition gegen Hitler, Landeszentrale für politische Bildungsarbeit, Berlin 1978
Deutsches Geschlechterbuch, Bd. 111 (1. Brandenburgischer Bd.) und Bd. 150 (2. Brandenburgischer Band), Limburg a. d. Lahn, 1969
Der Nürnberger Prozeß. Der Prozeß gegen die Hauptkriegsverbrecher vor dem Internationalen Militärgerichtshof. Delphin Verlag, München 1984
Der 20. Juli 1944, Reden zu einem Tag der deutschen Geschichte. Hrsg. Informationszentrum Berlin, Band 1, 1984, Band 2, 1986
Die Casino-Gesellschaft in Berlin im Rahmen des Zeitgeschehens 1786–1970 (ohne Hrsg., Ort und Datum)
Die Hassell-Tagebücher 1938–1944, Ulrich von Hassell. Aufzeichnungen vom Andern Deutschland. Siedler Verlag, Berlin 1988
Dönhoff, Marion Gräfin, Kindheit in Ostpreußen, Berlin 1988
Finker, Kurt, Die militärischen Wehrverbände in der Weimarer Republik und ihre Rolle bei der Unterdrückung der Arbeiterklasse und bei der Vorbereitung eines neuen imperialistischen Krieges (1924–1929), Habilitationsschrift, Potsdam 1964

Finker, Kurt, Stauffenberg und der 20. Juli 1944, UNION-Verlag, Berlin 1989
Fischer-Fabian, S., Preußens Gloria, Droemer Knaur Verlag Schoeller & Co, Locarno 1979
Foerster, Wolfgang, Generaloberst Ludwig Beck. Sein Kampf gegen den Krieg. Aus nachgelassenen Papieren des Generalstabschefs, Isar-Verlag, München 1953
Förster, Gerhard/Lakowski, Richard, 1945 – Das Jahr der endgültigen Niederlage der faschistischen Wehrmacht. Dokumente, Berlin 1985
Forschungen zur Wirtschaftsgeschichte, Bd. 14, Berlin 1979
Fritzsche, Hans Karl, Ein Leben im Schatten des Verrates. Erinnerungen eines Überlebenden an den 20. Juli 1944, Herder Verlag, Freiburg i. Br. 1984
Gerstenmaier, Eugen, Streit und Friede hat seine Zeit, Berlin 1981
Geschichte der deutschen Arbeiterbewegung in acht Bänden, Bd. 6, Berlin 1966
Gisevius, Hans Bernd, Bis zum bitteren Ende. Knaur Verlag, München 1982
Gossweiler, Kurt, Aufsätze zum Faschismus, Berlin 1988
Gossweiler, Kurt, Kapital, Reichswehr und NSDAP 1919–1924, Berlin 1982
Groeben, Klaus von der, Nikolaus Christoph Graf von Halem im Widerstand gegen das Dritte Reich, Wien/Köln 1990
Häbisch, Theodor, Deutsche Latifundien, Verlag Graefe-Unzer, Königsberg 1930
Haffner, Sebastian/Venohr, Wolfgang, Preußische Profile, Athenäum Verlag, Königstein/Ts. 1980
Hammerstein, Kunrat Frhr. von, Flucht, Walter Verlag, Olten/Freiburg i. Br. 1966
Hammerstein, Kunrat Frhr. von, Spähtrupp, Walter Verlag, Olten 1963
Handwörterbuch der Preußischen Verwaltung, 1928
Hardenberg, Adolf Graf von/Hardenberg, Alexandra Gräfin von, Das Geschlecht von Hardenberg, Portraits, Bilder und Stammtafeln, 1139–1983, Selbstverlag, Wolbrechtshausen 1983
Hardenberg, Adolf Graf v./Hardenberg, Alexandra Gräfin von (Hrsg.), Die Burg Hardenberg und das historische Nörten, Wolbrechtshausen 1987
Hassell, Ulrich von, Die Hassell-Tagebücher 1938–1944. Aufzeichnungen vom Andern Deutschland, Berlin 1988
Heinemann, Ulrich, Ein konservativer Rebell – Fritz-Dietlof Graf von der Schulenburg und der 20. Juli, Siedler Verlag, Berlin 1990
Herrlich, Carl Hugo, Die Balley Brandenburg des Johanniter-Ordens, C. Heymann Verlag, Berlin 1904
Hoffmann, Peter, Widerstand – Staatsstreich – Attentat. Der Kampf der Opposition gegen Hitler, Piper Verlag, München 1969
Holmsten, Georg, 20. Juli 1944 – Personen und Aktionen, hrsg. vom Informationszentrum Berlin, Berlin 1983
Holmsten, Georg, Deutschland Juli 1944, Soldaten, Zivilisten, Widerstandskämpfer, Düsseldorf 1982
Jacobsen, Hans Adolf, Spiegelbild einer Verschwörung, Seewald Verlag, Stuttgart 1984
Johanniterorden, Wochenblatt der Johanniter-Ordensballey Brandenburg, Monatsschrift, Jg. 1908–1944
Kardorff, Ursula von, Berliner Aufzeichnungen aus den Jahren 1942 bis 1945, Nymphenburger Verlags-Handlung, München 1976
Knobloch, Heinz, Mehr war nicht drin, Halle-Leipzig 1979
Kopp, O. (Hrsg.), Widerstand und Erneuerung. Neue Berichte und Dokumente vom inneren Kampf gegen das Hitler-Regime, 1966
Kramarz, Joachim, Claus Graf Stauffenberg. Das Leben eines Offiziers. Bernhard & Graefe Verlag, Frankfurt a. M. 1965
Krebs, Albert, Fritz-Dietlof Graf von der Schulenburg. Zwischen Staatsraison und Hochverrat, Leibniz-Verlag, Hamburg 1964
Krockow, Christian Graf von, Fahrten durch die Mark Brandenburg – Wege in unsere Geschichte, Stuttgart 1991
Lehndorff, Hans Graf von, Die Insterburger Jahre, München 1991
Linge, Heinz, Bis zum Untergang. Als Chef des Persönlichen Dienstes bei Hitler, München 1980
Madajczyk, Czeslaw, Das Drama von Katyn, Dietz Verlag, Berlin 1991
Marwitz, Bodo v. d., Laudatio auf den Amtsrat Adolph Schmelzer auf Sachsendorf/Oderbruch, 1833–1913, Stemmen 1972, Ms.
Maschke, Erich, Es entsteht ein Konzern. Paul Reusch und die GHH. Rainer Wunderlich Verlag. Oberhausen 1969
Meding, Dorothee von, Mit dem Mut des Herzens. Die Frauen des 20. Juli. Siedler Verlag, Berlin 1992
Melnikow, Daniil, 20. Juli 1944, Legende und Wirklichkeit, VEB Deutscher Verlag der Wissenschaften, Berlin 1967

Meusel, Friedrich, Friedrich August Ludwig von der Marwitz, 2. Bd., Berlin 1913
Michalsky, Werner, Karl Friedrich Schinkel im Lebuser Land, Seelow 1992
Nebgen, Elfriede, Jakob Kaiser, Stuttgart/Köln/Mainz 1967
Norden, Albert, Die Nation und wir, Bd. 1, Berlin 1964
Obernitz, Wilhelm von, Die Balley Brandenburg des ritterlichen Ordens St. Johannis vom Spital zu Jerusalem. Wesen und Wirken einst und heute, Rhenania-Verlag, Düsseldorf 1929
Ohff, Heinz, Auch sie waren Preußen, 15 Lebensbilder, Safari-Verlag, Berlin 1979
Oppen, Dietrich von, Lebensskizzen, Selbstverlag, Marburg/Lahn 1983/85
Paar, Hans, Dilettanten gegen Hitler, Schütz Verlag, Preußisch-Oldendorf 1985
Paul, Wolfgang, Das Potsdamer Infanterie-Regiment 9, 1918–1945, Biblio-Verlag, Osnabrück 1983
Peeters, Floor, Veertig Maanden Oranienburg, Door 1946
Pflugk-Harttung, Julius von, Die Anfänge des Johanniterordens in Deutschland, besonders in der Mark Brandenburg und in Mecklenburg, Verlag J. M. Spaeth, Berlin 1899
Preußen, Wilhelm Karl Prinz von, Auftrag der Johanniter, Ansprachen und Aufsätze, Nieder-Weisel 1984
Preußen, Wilhelm Karl Prinz von, Herrenmeister des Johanniterordens, *Freytag von Loringhoven, Bernd Baron,* Ordenskanzler des Johanniterordens, Johanniter und der 20. Juli 1944, Nieder-Weisel 1985, Schriftenreihe der Hessischen Genossenschaft des Johanniterordens, Heft 14
Ritschel, Wolfgang, Leben und Kampf von Fritz Perlitz, Diplomarbeit, Dresden 1979
Ritter, Gerhard, Carl Goerdeler und die deutsche Widerstandsbewegung. Deutsche Verlags-Anstalt, Stuttgart 1954 und München 1964
Rothfels, Hans, Die deutsche Opposition gegen Hitler. Eine Würdigung. Neue, erw. Ausgabe, Fischer Bücherei, Frankfurt a. M. 1969
Scheurig, Bodo, Henning von Tresckow, ein Preuße gegen Hitler, Ullstein, Frankfurt/M., Berlin 1990
Scheurig, Bodo, Ewald von Kleist-Schmenzin. Ein Konservativer gegen Hitler. Stalling Verlag, Oldenburg/Hamburg 1968
Schlabrendorff, Fabian von, Begegnungen in fünf Jahrzehnten, Rainer Wunderlich Verlag Hermann Leins, Tübingen 1979
Schlabrendorff, Fabian von, Offiziere gegen Hitler, Fischer Verlag, Frankfurt a. M. 1960
Schmädecke, Jürgen/Steinbach, Peter (Hrsg.), Der Widerstand gegen den Nationalsozialismus. Die deutsche Gesellschaft und der Widerstand gegen Hitler. Piper, München 1990
Schoellgen, Gregor, Ulrich von Hassell 1881–1944. Ein Konservativer in der Opposition. Beck Verlag, München 1990
Scholder, Klaus, Die Mittwochsgesellschaft, Severin und Siedler, Berlin 1982
Schröter, Bernhard, Der Soldatentod des Generalfeldmarschalls Fedor von Bock bei Lensahn. In: Jahrbuch für Heimatkunde im Kreis Oldenburg, Holstein 10 (1966), S. 167–175
Schumann, Wolfgang, Autorenkollektiv unter Leitung von, Deutschland im Zweiten Weltkrieg, in 6 Bänden, Berlin 1974–1985
Schwerin, Detlef Graf von, »Dann sind's die besten Köpfe, die man henkt«. Die junge Generation im deutschen Widerstand, Piper Verlag, München 1991
Spiegelbild einer Verschwörung. Die Kaltenbrunner-Berichte an Bormann und Hitler über das Attentat vom 20. Juli 1944. Geheime Dokumente aus dem ehemaligen Reichssicherheitshauptamt, hrsg. vom Archiv Peter für historische und zeitgeschichtliche Dokumentation, Stuttgart 1961
Stahlberg, Alexander, Die verdammte Pflicht. Erinnerungen 1932 bis 1945, Ullstein, Frankfurt/M. 1987
Stauffenberg, Alexander Schenk Graf von, Denkmal, Düsseldorf/München 1964
Steinbach, Peter (Hrsg.) Widerstand. Ein Problem zwischen Theorie und Geschichte, Verlag Wissenschaft und Politik, Köln 1987
Steinbring, Kurt, Gölsdorf wird selbständiges Dorf. In: Heimatkalender 1965, Kreis Fürstenwalde, 6. Jahrgang, 1965
Thielen, Peter G., Karl August von Hardenberg, Grote'sche Verlagsbuchhandlung KG Köln und Berlin, Köln 1967
Thun-Hohenstein, Romedio Galeazzo Graf von, Der Verschwörer, General Oster und die Militäropposition, Severin- und Siedler-Verlag, Berlin 1982
Tuchel, Johannes/Schattenfroh, Reinold, Zentrale des Terrors, Prinz-Albrecht-Straße 8, Berlin 1987

Turney, Alfred W., Disaster at Moscow: Von Bock's Campaigns, 1941–1942, University of New Mexico Press, New Mexico 1970

Venohr, Wolfgang, Stauffenberg – Symbol der deutschen Einheit, Ullstein Verlag, Frankfurt a. M. 1986

Wegner-Korfes, Sigrid, Friedrich Werner Graf von der Schulenburg, Botschafter Nazideutschlands in Moskau und Mitverschwörer des 20. Juli 1944. In: Alternativen. Schicksale deutscher Bürger, hrsg. von Olaf Groehler, Berlin 1987

Weizsäcker, Richard von, Der 20. Juli 1944 – Attentat aus Gewissen. In: Derselbe, Die deutsche Geschichte geht weiter. Siedler-Verlag, Berlin 1983

Wienand, Adam (Hrsg.), Der Johanniterorden. Der Malteserorden. Der ritterliche Orden des hl. Johannes vom Spital zu Jerusalem. Seine Geschichte, seine Aufgaben. Wienand Verlag Köln, Köln 1988

Wilmowsky, Tilo Frhr. von, Rückblickend möchte ich sagen ..., o. Ort, 1961

Zeller, Eberhard, Geist der Freiheit. Gotthold Müller Verlag, München 1952; Rinn/München 1956 und 1965

Zur Wirtschaftsentwicklung auf dem Gebiet der DDR 1945 bis 1949/50. Forschungen zur Wirtschaftsgeschichte, Bd. 14, Berlin 1979

Bildnachweis:

Archiv des Verfassers, Archiv der Familie von Hardenberg, Haniel-Archiv, Ludwig Freiherr von Hammerstein, Siegfried Gebser

Erratum:

Das rechte Bild auf Seite 84 wurde leider verwechselt.

Namensregister

Das Namensregister mit ausführlichen Erläuterungen erscheint als Supplement

REIHE GEDENKSTÄTTE HAUS DER WANNSEE-KONFERENZ

1 Johannes Tuchel **Am großen Wannsee 56–58**
Von der Villa Minoux zum Haus der Wannsee-Konferenz

2 Wolfgang Scheffler **Abgewandert nach Osten** (erscheint Herbst 1993)
Die Bevölkerungsstatistik der Reichsvereinigung der Juden in Deutschland 1941–1945

3 Ruta Sakowska **Zwei Etappen – Ghetto Warschau**
Die NS-Ausrottungspolitik gegen die polnischen Juden, gesehen mit den Augen der Opfer

REIHE DEUTSCHE VERGANGENHEIT

lieferbare Titel

1 **Steinerne Zeugen** Stätten der Judenverfolgung in Berlin *
2 **Machtergreifung** Berlin 1933 *
3 **Kurt Tucholsky** und Deutschlands Marsch ins Dritte Reich *
5 **„nicht mißhandeln"** Das Krankenhaus Moabit 1920–1945 *
7 **Zerstört · Besiegt · Befreit** Der Kampf um Berlin bis zur Kapitulation *
8 **Verfolgung und Widerstand** Der Bezirk Tiergarten 1933–1945 *
11 A **Erwin Piscator,** Bd. I, Berlin, 1916–1931
11 B **Erwin Piscator,** Bd. II, Moskau, Paris, New York, 1931–1966
14 **Berliner Konfektion und Mode** 1836–1939 (2. erweiterte Auflage) *
15 **Sand im Getriebe** Neuköllner Geschichte(n) *
16 **„Der Frau ihre Arbeit!"** Lette-Verein 1866–1986 *
17 **„totgeschwiegen" 1933–1945** (2. erw. Aufl.) Die Wittenauer Heilstätten Berlin *
18 **Die Sexualberatungsstellen der Weimarer Republik 1919–1933** *
19 **250 Jahre Böhmen in Berlin** Band I *
20 **250 Jahre Böhmen in Berlin** Band II *
21 **Berliner Straßen** Beispiel Wedding *
23 **Verfolgte Berliner Wissenschaft** *
24 **Vom Columbia-Haus zum Schulenburgring** *
26 **Aktion T 4** Die „Euthanasie"-Zentrale (2. erw. Aufl.) *
27 **Fritz Kortner** Schauspieler und Regisseur
28 **Tod eines Pianisten** Karlrobert Kreiten und der Fall Werner Höfer
29 **Zehn Brüder waren wir gewesen** Spuren jüdischen Lebens in Berlin-Neukölln *
30 **Humor als Hochverrat** Albert Hopf und die Revolution 1848
31 **Erinnern – und nicht vergessen** Die Opfer des Nationalsozialismus in Berlin-Tempelhof *
32 **Letzte Spuren** Ghetto Warschau · SS-Arbeitslager Trawniki · Aktion Erntefest
33 **Juden in Spandau** Vom Mittelalter bis 1945 *
34 **Der Wert des Menschen** Medizin in Deutschland 1918–1945
35 **Zerstörte Fortschritte** Zur Geschichte des Jüdischen Krankenhauses zu Berlin ab 1756 *
36 **Die Goldmedaille** Erinnerungen an die Bar Kochba-Makkabi
37 **Der Fall Oskar Panizza** Ein deutscher Dichter im Gefängnis
38 **Kirchengemeinden im Nationalsozialismus** Beispiele aus der Ev. Kirche Berlins *
39 **Heinz Hilpert – Leben und Werk**
40 **Kurt Steffelbauer – Ein Lehrer im Widerstand** *
41 **Rixdorfer Musen** Musik- und Theatergeschichte *
42 **Erich Kuttner – Ein Leben für Freiheit und Recht** *
43 **Das Columbia-Haus in Tempelhof** Konzentrationslager 1933–1936 *
44 **Die Endlichkeit der Freiheit** Handbuch zu einem Projekt in Ost und West *
45 **Fritz Wisten · Drei Leben für das Theater** Stuttgart/Jüdischer Kulturbund/Berlin bis 1962
46 **Deutsch in einem anderen Land** DDR-Gedichte 1949–1990
47 **Die Distel** Band 1 – Von der Wende bis zum Ende *
48 **Über Leben** Flucht- und andere Geschichten
49 **Beppo Römer** Ein Leben zwischen Revolution und Nation *
50 **Die Badewanne** Ein Künstlerkabarett der frühen Nachkriegszeit *
51 **Die Kinder von Izieu** Eine jüdische Tragödie · Der Fall Klaus Barbie

(* Stätten der Geschichte Berlins)

EDITION HENTRICH BERLIN